Y²
72.12
+A

LA NARQVOISE IVSTINE.

Du couuent de nazareth a Paris

LECTVRE PLEINE DE RECREA-
tiues auentures, & de morales railleries,
contre plusieurs conditions humaines.

A PARIS,

Chez PIERRE BILAINE, ruë sainct
Iacques, prés S. Yuë à la bonne Foy.

M. DC. XXXVI.

AVEC PRIVILEGE DV ROY

Sa

AV PVBLIC.

ENfin, Meſſieurs, aprés tant d'années qu'il y a que Iuſtine ſe pourmene par la France, elle a trouué vn Amy qui luy en a apris le langage. Pluſieurs, ont ſouuentesfois entrepris de luy faire cette faueur là, & en meſme temps la main leur eſt demeurée immobile, faute peut eſtre d'auoir la methode neceſſaire pour luy enſeigner à exercer les pointes & gentilleſſes de ſon eſprit, auſſi bien en cette langue comme elle fait en la ſienne. Mais la perſeuerance & l'in-

á ij

dustrie de l'Autheur de cette traduction, en est parfaictement venuë à bout. Le desir qu'il a eu de partager auec vous les plaisirs qu'on peut receuoir dans le delectable entretien de céte facetieuse Espagnole luy a fait heureusement surmonter tous les fâcheux obstacles qui se sont rencontrez dans la poursuitte de son entreprise. Pour cét effect il l'a corrigée presque de toutes les imperfections qu'elle auoit aportées de son païs: Et au iugement de ceux qui l'y ont veuë & des plus experts, elle est maintenant plus discrette & mieux reglée qu'elle n'estoit cy-deuát: Elle a moins de superfluité en ses propos, & on ne luy void plus mesler les choses sacrées auecques les prophanes; ou si elle le fait c'est bien plus sobrement qu'elle n'auoit accoustumé; c'est en obseruant le respect qui leur est deub, & pour paruenir a quelque bonne fin.

Bref la voicy la mieux purgée des reproches, qu'on a iugez vous pouuoir aporter du dégoust & la moins dissoluë qu'il est possible à vne personne de sa condition. Que si dauenture son humeur libre la portoit à dire quelques galanteries, representez vous que ce n'est pas vne Vierge de Cloistre qui parle, mais vne Narquoise libertine. Ne vous amusez donc pas à mettre ses paroles dans le trebuchet, écoutez seulement ses plaisantes auentures, remarquez les moralitez de ses railleries & en tirez le profit & le diuertissement que vous desire.

MESSIEVRS,

Vostre tres-humble seruiteur

AV LECTEVR.

Lecteur, la connoissance que i'ay de l'impatience où vous estes de sçauoir qui estoit Iustine auāt que de sçauoir sa vie m'oblige à vous dire que ce fut vne femme de rare esprit & de fort heureuse memoire: elle n'estoit que moyennement belle à la considerer en détail, mais en gros elle auoit des attraits dans le visage, & vn ie ne sçay quoy si doux qu'elle estoit capable de donner des sentiments d'amour à tous ceux qui s'accostoient d'elle. Sa conuersation estoit fort diuertissante, elle estoit vnique en subtilitez d'esprit, en reparties & railleries. Dés son enfance elle s'adonna à lire des Romans qui se trouuerent par occasion chez son

AV LECTEVR,

pere qui tenoit hostellerie, en laquelle vn passant humaniste, pour auoir fait long seiour dans cette hostellerie fut contraint d'y laisser presque toutes ses humanitez & sa peau quát & quant: De sorte que la frequente lecture de ces liures, & par la hantise ordinaire de tant de diuers hostes qui logeoient chez son pere: Elle deuint si suffisante & si sçauante en gausseries, si prompte en reparties, que les plus forts en bouche & les mieux fertez craignoient d'en estre attaquez. Lisez & vous le verrez.

TABLE DES CHAPITRES CONTENVS EN CE LIVRE.

La Scrupuleuse historienne, 1.
La Mignarde tachée, 11.
La Doüillette paoureuse, 26.
L'Historienne gaussee, 42.
La Vindicatiue iritée, 51.
La Genealogie ridicule, 60.
Les Ancestres ridicules, 73.
L'Hostellier expert, 82.
Preceptes d'vn Hôtellier instruisant ses filles au mestier, 92.
L'Hôteliere accorte, 110
Le Deceds ridicule, 125.
La mort facetieuse d'vne Hôteliere, 140.

TABLE

Aduis pour les filles seruantes d'Hôtellerie,	150.
Le debut de la débauche de Iustine,	155.
L'yurongne amoureux,	173
Le banquet ioyeux & triste,	182.
Le rauissement de Iustine,	200.
La fureur amoureuse moderée,	211.
L'Entretien frauduleux,	224.
Les Matois dupez,	243.
La mal fardée,	257
Le rencontre fauorable,	277.
L'innocence pipeuse,	286.
Le faux Hermite,	314.
Les inuectiues Satyriques,	331.
Lettre du Bachelier Saladin à Iustine,	334
Responce de Iustine,	343.
La Pellerine friponne,	357.
L'Asnesse perduë & retrouuée où elle n'estoit pas,	373.
La Pauure-honteuse,	387
L'Equiuoque mal expliqué,	414.
Le miel d'amertume,	432
La confiance ingratement reconnuë,	454.

DES CHAPITRES.

Le secours nuisible, 476
La fole entreprise, 497
L'Hôteliere escroquée, 513
L'offense rengregée, 529
La Sœur maltraitée, 552
Le profit trouué dans la pauureté, 572
La vieille Morisque, 973
L'Hoirie vsurpée, 604
Le Sacristain piqué d'amour 620
L'argent triomphe de tout, 631
L'impudent pretendant, 644
Le fous amoureux, 655
Le Mariage extrauagant, 670
Les noces facetieuses, 691

EXTRAICT DV PRIVILEGE du Roy.

PAr grace & Priuilege du Roy, Donné à Paris, en datte du premier May 1635. Signé Par le Roy en son Conseil. CHOVIN. Il est permis à PIERRE BLAISE, d'imprimer ou faire imprimer vn liure intitulé *La Narquoise Iustine*, durant le temps de douze ans, & deffences sont faites à tous Libraires, Imprimeurs, & autres de contrefaire ny alterer ledit liure, sur les peines portées par ledit Priuilege.

Et ledit Blaise a associé audit Priuilege PIERRE BILAINE, & ANTHOINE DE SOMMAVILLE, marchands Libraires, pour en ioüyr suiuant l'accord fait entr'eux.

LA NARQVOISE IVSTINE.

LIVRE PREMIER.

LA SCRVPVLEVSE HISTORIENNE

ARGVMENT.

Iustine, voulant commencer à décrire l'histoire de sa vie, vn poil se met dans le bec de sa plume; d'où elle prend occasion de se railler d'el-le-mesme.

Voicy vn fort mauuais commencement; ie preuoy que mes écrits ne seront gueres nets, puisque dés la premiere lettre, vn poil s'attache à ma plume: ô plume, que tu

Ces trois premiers discours sont en forme de prologues escrits sur le suiet de ce liure.

A

es rigoureuse pour vne amie ! & quoy, à l'heure que ie me veux iouer à toy c'est lors que tu me traites le plus mal; tu prens vn poil pour barbouiller & brouiller mon ouurage. Mais ie ne dois pas trouuer estrange que tu ayes si peu d'affection, veu que tu viens des ailes d'vn oye, qui demeure tantost dans les eaux comme vn poisson, & tantost en terre comme vn animal terrestre, & à ce sujet, il a tousiours seruy de symbole pour representer l'amitié inconstante. Ie ne sçay si ie me dois fâcher, voyãt que le cours & le train de mon histoire s'est embourbé dés le premier pas, & que cette disgrace là m'est aduenuë par vn poil; mais à quoy faire s'irriter contre vne chose qui fait plaisir au lieu de nuire? tant s'en faut, ma plume, ie confesse que ce poil que tu as pris me vient fort à poil & à propos; & pense qu'il y a quelque myſtere caché.

En cette cóſideration, ô ma plume, ie m'eſtime fort obligée à tó induſtrie, veu que tu faits de ce poil vne langue delicate pour m'aduertir de mes imperfectiós, comme ſi i'eſtois quelque grande Princeſſe qu'il falût corriger en la mignardant de peur de l'offenſer. Peut-eſtre me veux-tu railler de ce que ie vay deuenir hiſtoriographe de ma propre vie? voila ta malice, ie m'en aſſeure; mais en la ruminát, ie la reçois pour benefice & inſtructió. Dy moy, me preſente-tu point ce poil icy comme pour me ſemondre à ne point diuulguer les erreurs & les folies de ma ieuneſſe ſi cela eſt, ie te remercie du bié que tu me fais: Toutefois aprens que ie ne pretens pas d'imiter la pluſpart des écriuains, ny d'emplir le papier comme ils font, de paſtez de bourdes, pour en cacher & couurir mes reproches propres, ny ceux de mō lignage: non non, mō dessein ne va pas là; ie me veux depeindre telle que ie suis, sans fard ny déguisemēt; vne peinture laide artistement faite, se vend aussi bien qu'vne belle. Dieu a fait la Lune pour nous décourir les obscurités de la nuict, aussi biē que le Soleil qui nous fait voir les clartez du iour. L'Hyuer fait admirer l'Esté, & les animaux veneneux n'ōt point esté inutilement produits par la nature: enfin, Dieu a tout fait, le laid & le beau: Et sur cette reflection, il me semble que quelqu'vn pourra bien approuuer mon intention, & le projet que i'ay fait de portraire icy vne Narquoise ingenieuse, vne madrée, vne piece libre qui se daine, à force de s'auancer de place en place comme vn pion d'échiquier.

Vn bon menager fait profit de tout excepté de la pointure du tahō qui enuenime en piquant. I'espere aussi que celuy qui se voudra diuertir icy, trouuera le goust aprés le coust de l'entrée. Ie ne veux dóc pas, ô ma plume, que tes taches d'encre, seruent de voiles aux taches de ma vie: i'entends estre icy representée au naturel, sans que la menterie y fasse pas vn trait de pinceau, ny que ses fausses couleurs y soient appliquées. Les tâches de la vie Narquoise & Espiegle, estát bien figurées, sont aussi agreables à la veuë, que celles des pies, des onces, des tigres, & leopards, du porphire & du iaspe; choses qui ne sont estimées que quád elles sont plus chargées de taches: car chaque tache ajoûte vn zero à leur valeur.

Mais, ma plume, es-tu point assez maligne pour me dire que ce poil bourru que tu as pris, est en derision du voyage de Naples, où si ie ne laissay de la peau au moins y laissay-ie

A iij

de la bourre? sans mentir, tu es bien cruelle enuers les affligez! Laisse moy ie te prie pourſuiure mon projet, ne m'accuſe point de ma pelade auant que ie la décriue & la declare moy-meſme. A voir ton impatience & ton indiſcretion, il ſembleroit que tu me vouluſſe obliger à me décoiſer & me mettre *in puribus*. Tu veux peut-eſtre dire que le poil qui eſt ſur ma teſte, tient plus de bien meuble que de l'immeuble; & quo les cheueux que ie porte, ſont comme ces oranges que l'on pend aux arcs de triomphe, qui ne conoiſſent pas pour meres les branches où elles ſont attachées: mais i'ay cette conſolation de ne craindre iamais que les ennemis eſträgers entrét dãs le Royaume, parce que ie n'ay rien ſur la frontiere. Ie t'accorde que ie ſuis pelée, que ie porte le mont de Caluaire ſur les épaules, que ie ſuis parente de

Caluin, qu'en est-il pour cela? suy-ie la premiere de mon sexe qui ait pris le mal de Naples en Espagne? il y en a des plus illustres conditions de ma patrie, qui en ont bien fait autant. Suy-ie la premiere pomme de capédu, vermeille par dehors & pourrie par dedans? Le premier sepulchre viuant? la premiere plante dont la racine a esté congrée de la vermine? & la premiere femme qui voulant trauerser quelque ruë boüeuse & troussant ses cottes & ses robes ait découuert deux veritez en vne, en disant; *ô qu'il fait sale icy?* Boute boute gausseuse; dis librement tout ce qu'il te plaira là dessus, ie n'en deuiédray pas plus honteuse, mais plus hardie; ie prendray plaisir à faire montre de mes infirmitez, afin d'en composer la guerison d'autruy : iamais les sains n'auroient bien sceu conseruer leur santé, s'ils ne l'eussent

A iiij

appris des malades: les sages, formét leur regime de viure, sur les exceds des fols: il n'y a point d'anatomie qui coûte moins & qui vale plus, que celle que la connoissance propre, fait sur l'experience & le corps d'vn autre, & partant tes attaques ne me feront iamais changer de face.

On sçait bien, ma chere amie, que ce n'est qu'vne mesme main, celle qui tond les sourcils & qui tond la honte du visage; car en mesme téps qu'elle porte les cizeaux sur les ioüës, elle les oingt quant & quant, d'vne drogue qui oste la rougeur des plus hôteuses. Vn cloud chasse l'autre; ce mal que tu m'imputes est toute honte, & partát il bánit aussi toute honte. Plume railleuse, touche donc hardiment vne autre corde, à force d'oüir celle-cy, elle ne fait plus de dissonnance à mes oreilles; & frape ailleurs, certe partie là est si batuë, qu'il s'y est fait vn cal qui l'a endurcie. Au fonds, tout consiste en l'opinion, ie ne me scandalise pas de cette maladie là, & partant quand elle m'auroit laissé le visage plus chargé d'emplastres, que les priuileges d'vn Salt'imbanque ou d'vn Empirique ne sont garnis de placards & seaux pendans, ie ne lairray pas d'aller audacieusement la teste leuée par tout: en vn mot, ie suis sortie sans poil du ventre de ma mere, ie ne suis point fille de sauuages pour estre née veluë.

Or encore que par le passé, i'aye esté larronnesse du temps, me sera-il pas permis auiourd'huy, de haranguer au public de dessus l'échelle? on fait bien cette grace là aux plus criminels: fais-ie quelque blasphéme, ou parlay-ie de cestui-cy ou de cettuy-là, pour me mettre vn baaillon? Si la Nature permet au cigne de publier sa mort; à la cigale de se plaindre des ardeurs de la Canicule, & au chariot insensible, de gemir sous le faix qu'il porte; pourquoy ne sera-t'il pas loisible, à moy, qui seule fus l'ouuriere de mes fortunes & infortunes de les aller criant & publiant par les ruës, & qu'auec la mesme liberté & le mesme iargon dont i'vsay lors qu'insensiblement (ou trop sensiblement) cette rongne pulula sur ma chair ie fasse maintenant sçauoir à tous, ce que l'aprentissage & la pratique de la vie libertine m'a couté? Non non, poil insolent quelque inuectiue que tu puisse inuenter contre moy, tu n'arresteras pas dauantage mõ dessein. Quoy, serois-tu si temeraire, de te persuader d'auoir la force & la vertu d'vne Remore, pour empescher la nauigation du vaisseau

IVSTINE. 11

de ma plume? c'est assez souffert
tes importunitez. & pour te monstrer ta foiblesse, tout presente-
ment ie te vais dénicher du bout
de ma plume, auec le soufle de
ma bouche, ou auec le bout de deux
doigts seulement.

LA MIGNARDE TACHEE.

ARGVMENT.

Pour oster le poil de sa plume, elle souffle dessus auec tant de vehemence, qu'elle fait rejallir force papillotes d'encre sur son visage, ses mains & ses habits. Et continuant à faire la description de ses vie & mœurs, elle dit vne infinité de gausseries pleines de sentences à propos des taches.

HA Dieu, qu'ay-ie fait! pour souffler ce maudit poil ie me suis toute emplie d'encre; i'en ay le visage & les doigts tous couuerts. Mais peut estre que cette encre s'est mise sur ma face, pour m'auertir, que ie la deurois couurir d'vn masque ou d'vn voile, pour cacher les rides qui s'y voyent : qu'y ferois-je ? ce n'est pas ma faute; la ieunesse s'en est volée; ie confesse bien que i'ay certains petits scillons sur le front, que quelques gés grossiers appellent rides, mais cela ne vient que d'auoir eu le cuir du visage fort tendre & delié, & mes cheueux venant à s'éparpiller la nuict, à force de me remuer, ils m'ont laissé ces traces empreintes sur la face : & moy, comme vindicatiue & colere, ie les sciay à cét Aoust dernier, & quant & quant, ie me frotay de sang de chauue-soury, pour faire mourir la racine de ces cheueux malins, si desireux de labourer en terre vierge : mais quoy que i'aye trouué remede pour donner vne lettre de change à ma teste, par le moyen d'vne fausse perruque, ie n'en ay sceu encore rencontrer pour remplir les graueures de mon visage. Dans cette affliction-là, ie me console, en disant qu'il faut que toutes choses cedent au temps. Autrefois, ie disposois de ma bonne mine comme il me plaisoit; ie changeois mon visage en plus de figures qu'il ne s'en fait au ieu de prime; de plus de couleurs que le cameleon, & de plus de metamorphoses que Nason n'en sceut composer. I'auois mile secrets dont ie me faisois en vn instant blanche ou noire, blonde ou laide, Deesse ou Diablesse; mais las, il n'y a point de déplaisir si cruel que de se ramenteuoir les commoditez passees : C'est cette maudite encre qui m'a causé ces poignantes souuenances, en me barbouillant les doigts qui opperoient tant de merueilles; mais ma saliue me vangera de cette injure.

Qu'est-ce à dire cecy? ie suis persecutée de tous costez; ie me suis déja mouillé le doigt trois fois de saliue & à ieun, & neantmoins cette malheureuse tache ne s'en va point. Il faut que cette encre là soit quelque Demon; si ce n'estoit qu'vn serpent, il en seroit mort; veu que la saliue à ieun tuë les serpens; mais au cõtraire, à ce que ie voy, plus ie crache & plus elle s'estend, comme si c'estoit de l'huile: Ie pense qu'elle a enuie de demander repit & delay auant que de deguerpir: Ce seroit bien le diable, s'il y auoit plus de peine à leuer vne tache de la chair, que des habits. Mais ie croy que ie suis troublée ou enchantée, voila le mal encore plus grand qu'il n'estoit: voyez vn peu, en pésãt m'oster vne tache du doigt, i'ay taché ma veste blanche, de toile de coton toute neufue, & que ie n'auois mise que d'auiourd'huy. Sans doute, c'est vn mauuais presage: ce sont des traits qui se tirent sur ma renommée, où il n'y a point de remede: il y a bien des sauonettes pour les taches des habits, mais non pas pour celles de la reputation, cótre laquelle ma plume propre semble declarer la guerre.

Herode s'enfla vn iour de tant d'orgueil, que se voyant couuert de robes si precieuses & si éclatantes de pierreries qu'il brilloit comme vn Soleil, deuint tellement ébloüy de sa splendeur, ou pour mieux dire de son ignorance, qu'il tomba dans cette aueugle impieté, de dire qu'il estoit Dieu, & qu'il falloit qu'on l'adorast. Mais le Ciel qui ne peut supporter le faix de la superbe, comme il le fit paroistre, quand il en ietta vne si grande charge dans les Enfers, ne se seruit, par maniere de dire, que de chiquenaudes & de nazardes pour atterrer l'orgueil de cét insolent: toute sa presomption fut confonduë auec de l'eau & des taches, qui tomboient sur ses habits, & de là penetrant iusques dans son ame, comme si chaque goute eust esté vn carreau du feu du Ciel, il reconnut bien tost que sa nouuelle diuinité n'estoit que folie. O le iuste chastiment contre vn homme qui pour se voir habillé d'or oublioit qu'il n'estoit que poudre & bouë: comme si l'or & tout ce qu'il y a dans le móde de riches metaux ne cótenoient pas la memoire de la mort & de la corruption. Le sable exhalé, par la vertu de la corruption, se conuertit en saphirs & en tout le reste des autres pierreries & metaux precieux: les soyes mesme, peuuent seruir à ramenteuoir la mort, en ce qu'elles sont filées par des vers, qui tirent à la fin en acheuant leur ouurage.

Mais à

Mais à quel propos est-ce dira quelque enquesteur, que Iustine s'éfoce si auāt dans les meditations du Mercredy des Cendres, veu que son Mardy gras n'est pas encore passé? Curieux mon amy, ie te le vais dire. Il estoit fort raisonnable que l'encre fit connoistre l'erreur impie d'Herode, comme estant tout boursouflé d'vne Déité chimerique ; mais de quelle superbe peut-on arguer vne personne, qui se sou-met à tous ceux qui se presentent? & quel orgueil y a-t'il au titre que ie me dóne en cette histoire pour meriter vn tel chastiment.

Peut estre aussi, ay-ie tort de me plaindre, veu que cette punitió s'addresse à ma iupe seulement, & non pas à ma personne: ie le veux, mais pourtāt ie ne me sçaurois representer en quoy elle peut auoir peché, pouuant veritablemét affermer que
B

je ne portay iamais d'habit qui fuſt dans vn plus grand eſtat d'innocence que cettuy-cy. Elle me fut donée il y a enuiró quatre iours, par vn des plus innocens du móde. il me la mit entre les mains, auec vne ſi pure intention, & auec tant de reuerences que ie ne m'en oſois preſque ſeruir, de peur de la prophaner. Ie faiſois grand ſcrupule de me veſtir d'vne veſte ſi reueree & ſi reuerende, m'imaginant qu'il l'auoit peut-eſtre eſcroquée à quelque image; comme fit dernierement; celuy qui apres auoir raflé toute la monnoye des offrandes de S. Antoine, il luy prit auſſi tous les petits cochons de laict qu'on luy auoit donnez le iour de ſa feſte; il en fit de meſme à ſaincte Luce à laquelle apres luy auoir emblé l'argent qu'elle auoit amaſſé pour ſa lāpe, il luy dit Madame, vous pouuez bié vous coucher pour vne nuict à veuglette & à tastons vous sçauez bien les estres de ceans. Chacun fasse comme il l'entend, mais ie sçay bien que si cettuy-cy eut assez d'impieté pour rauir la finance de ces Saincts, il manqua pourtát d'industrie, pour se garentir de receuoir deux cens coups de foüet qui luy furent assignez par Messieurs de l'Inquisition, aussi ne fait-il pas bon partager les noix auec les Saincts, il ne se faut point ioüer à nos maistres. Ainsi, ie pensois que ce fust quelque trait de subtilité, que mon reuerend personnage eust fait, à l'imitation de celuy qui s'estoit emparé des cochós. Mais aussi me pouuois-ie bié tróper; sans doute cette benoiste creature qui me donna la veste, auoit esté nouice de quelque Moinerie, car il me la dóna sás dire vn seul petit mot de peur de rompre le silence, si d'auenture le mouuement de ses yeux ne fi-

B ij

rent l'office de sa langue, car il me semble qu'ils me dirent beaucoup de petites niaiseries. Il est vray aussi, que trois iours après le present de la veste, il me trouua cóme i'allois à la station d'vne tauerne, & m'accostát tout tremblotant, me dit trois ou quatre paroles de guerre; & moy qui suis faite à l'épreuue de telles attaques, ie le regarday, sans arrester mon amble, auec vn œil qui eust esté capable de mettre le frein à la chaleur d'vn verat, dequoy le pauure adolescent demeura si honteux & si muet, qu'il ne m'oza depuis enuisager.

De façon que ma veste estát tout à fait innocente, il ne seroit pas iuste, qu'elle portast la peine de mes fautes: nous ne sommes plus au temps des Siconiens, Pindariens & Colopiens où l'on pendoit les habillements des malfaicteurs; ce qui fut depuis pris par les Gentils pour hyeroglyphe de l'iniustice des Iuges, quand ils imposent à l'innocent, le crime du coupable. Toutefois, comme les sacs du charbonnier se gastét l'vn l'autre, il pourroit estre, que quelque autre de mes vestes, pour auoir seulemét touché celle-cy, l'auroit entachée de la contagion de ses mal-versations, à cause de quoy, elle auroit merité ces taches: car les mauuaises habitudes de ceux que l'õ frequente, s'attachent plus viuemét, que les verges du bourreau ne s'impriment sur les espaules d'vn penitent public.

Mais pourquoy m'amuzay-ie à éplucher si exactement les fautes de ma veste? A me la voir examiner comme ie fais, on diroit qu'il ne reste plus qu'à visiter dans ses retroussements & ses replis, s'ils ne recelleroient point d'auenture, quelqu'vn de ces pechez infects, qui se pratiquét en Italie, ou quelque excommunion de chandelle éteinte, pour découurir les demerites qui peuuent auoir attiré sur elle, l'infamie de ces taches. Or ie m'apperçoy que ie m'éloigne fort du but : Car que peuuent signifier mes vestements & mes doigts tachez, autre chose qu'vn prognostic & vne figure de ce qui me doit auenir, à l'occasion de mon liure, si déja il n'est auenu? Est-ce pas auec mes doigts que i'ay écrit mon histoire? qui peut donc douter, qu'estant tombe des taches dessus, ce ne soit vn infaillible presage, des taches que l'on doit mettre & imposer sur mes écrits? Il me souuient auoir ouy dire, qu'Aristote tenant la plume, & estant tout prest d'écrire certaines inuectiues contre Platon, il tomba vne petite pierre du plancher qui le blessa au poulce, & alors combien qu'il ne se meslast pas des augures, il dit ces paroles, *vne main blessée d'vne pierre, ne doit pas entreprendre de lapider autruy.* Et là dessus il s'arresta tout court & quita son dessein. Ie coniecture de là, que mon doigt taché de la mesme matiere qui luy doit aider à écrire est vne certaine prediction, que l'on imposera des taches des reproches, & de la fraude aux doigts qui l'écriuent, & plus encore à l'intention & accomplissement de cét œuure.

Pour la tache de ma veste qui me sert d'ornement, c'est vn indice que les detracteurs n'accuseront pas seulement de dol & de fraude, la substance de cette histoire, mais ils en imputeront encore à son ageancement & à sa tissure; c'est à dire aux contes accessoires, fables, hieroglifes, humanitez, érudition &

B iiij

rhetorique, où ils trouueront plus de fautes que l'on n'en fait au ieu de la paume. Il leur est permis de murmurer & detracter tout leur saoul, sans qu'il leur en coûte rien; on n'a point encore mis d'imposition sur la médisance : qu'ils en ostent la substance & qu'ils en épreignent la matiere tát qu'ils voudront pour en tirer le suc, & le fouler aux pieds, il ne m'importe, ie ne suis que prophane, & ils ont bien médit des saincts Prophetes. Qu'ils fassent donc tel bruit qui leur plaira, ils ne m'efaroucheront point ; trois iours apres qu'vn chien est entré chez vn Mareschal, il s'endort au bruit de l'enclume. Le temps remedie à tout, il n'y a point de Medecin comme luy pour guerir les abusez. Ca, ça, Marine apporte moy vne sauonnette ; & ne te soucie, on

Elle parle à la seruante.

ne doit point craindre la tache qui s'en va auec de l'eau. O que voicy qui est plaisant! en voulant détacher ma veste, ie l'ay mouchetée comme vne hermine: la voila griuelée de blanc & de noir & toute autre qu'elle n'estoit auparauant: mais ce n'est qu'vn perpetuel changement que nostre faict. Nous autres expertes, sommes si sçauantes en l'art des transformations que de moment en moment, nous changeons d'aage, de visage, & mesme de peau s'il en est besoin, comme fait la couleuure. Or sus, poursuiuós nostre projet, commençons a écrire; Marine donne moy du papier.

LA DOVILLETTE, PAOVREVSE.

ARGVMENT.

Comme elle est preste à écrire, elle apperçoit que son papier porte la marque de la couleuure: d'abord, elle s'effraye; puis s'estant r'asseurée, elle allegue mille curieux Hierogliphes de la couleuure, tant pour les augures malheureux que fauorables.

IEsus, Marine, hé que m'as tu apporté-là ma fille! on dit bié vray qui parle du loup il en void la queuë; ma langue n'a pas eu plutost proferé le nó de couleuure que mes yeux l'ont veuë! Mais seroit-ce point vn dragon? m'auroit-il point mordu? en mourray-je? ha Dieu il me regardé au visage! est-il point de cette maligne espece qui saute à la face? & mon Dieu où fuiray-je? Mais que ie suis fole, d'auoir peur d'vne figure de couleuure qui sert de marque au papier! Que nous sommes fragiles, nous autres femmes, de nous effrayer, & cósoler si aisément auec des choses peintes! Il me faut pourtant tirer quelque profit de cecy; Ie tiens pour vn mauuais presage, de voir vne couleuure dépeinte sur le papier, où i'écris les conceptions de mon esprit, & notamment, de l'auoir apperceuë dés que i'ay mis la main à la plume: Pourquoy ne s'est il pas rencótré, que ce fust du papier marqué à la main? i'eusse pris cette marque, pour vn augure de quelque main fauorable, qui m'eust deffenduë de mes ennemis & secouruë au besoin. mais estant marqué d'vne couleuure, ie dois apprehender que ce ne soit vne éuidente menace de l'enuie, dont les armes sont vne couleuure ou vn serpent qui engloutit vn cœur.

Helas papier mon amy, si au defaut de la marque de la main, au moins tu eusses eu celle du cœur, i'eusse esté consolée; car en l'histoire presente, où ie fais vne môtre generale de tous les mouuements du mien, tu m'eusses predit vn bon succez. Sans mentir tu aurois besoin de cœur, pour soûtenir les assauts où tu te vas trouuer; mesme quand tu aurois eu deux cœurs comme les perdrix de Paphlagonie, ce ne seroit pas trop. Tandis que le cœur est dans le corps d'vn animal, le feu a toufiours plus de peine à le penetrer; pareillement, encore que tu sois mort, si tu auois le cœur, à peine le feu de l'enuie de mes aduersaires te pourroit-il consommer; car ils feront tous leurs efforts, pour t'enduire & te froter du bitume veneneux de leurs langues, afin de te mieux reduire en cendre. La consideration de ta figure de couleuure, abat le vol de mon esprit qui tient de l'aigle, en ce qu'il vole tousiours le plus haut qu'il peut; & me semble, que comme c'est le naturel du dragon, de monter au nid de ce Roy des oiseaux pour tuer ses aiglons; de mesme, ie presume que quand ie penseray eleuer mon stile vers les nuées de l'eloquence, alors, le lasche & infame vulgaire, ioindra des ailes à son enuie, & auec le venin de la medisance, s'eforcera comme le dragon, d'etoufer les paures petis poussins de mon esprit, c'est a dire mes conceptions, mes discours ingenieux, formez sur vne diuerse lecture; fondez sur l'experience, & accōpagnez de discours facetieux, qui n'interessent, & n'offencent personne.

Mais, voyez vn peu que ie suis

impertinéte; que crains-je à m'ouyr parler quelqu'vn me prédroit pour vne deuine, combien que ie n'en tienne non plus que de Capucine. Est-il possible que la couleuure ne serue qu'à annoncer des mal-heurs, & apporter de funestes messages? non ie ne le croy pas: il n'y a point d'animal, dont le naturel soit en tout & par tout si méchant, que parmy les qualitez nuisibles qu'il peut auoir, il ne s'en trouue aussi d'vtiles & de profitables. La fourmy, fait du domage par sa gloutonnie, mais sa diligence sert d'exemple aux paresseux: la mouche à miel, pique de son aiguillon, mais elle nous donne vn miel délicieux: le Lion, tue par sa fureur, & d'autre costé, sa generosité sert de miroir aux ingrats, pour reconnoistre le bié qu'on leur fait; les elements, font mourir les hommes par leur excez & deregleiments, mais par leur temperamment, ils les viuifient. Il n'est donc pas à croire, qu'il n'y ait quelque bonne qualité en la couleuure, qui me presagera vn fauorable succez de mon dessein. Ie trouue fort étrage, qu'il ne me souuienne pas maintenant, des bonnes choses que nous signifie la couleuure, veu qu'il n'y a point de liures de Hierogliphes, ni de Naturalistes, dont ie n'aye tracé auec l'ongle, les lieux qui en traitent. Ie me frape le front auec la paume de la main, pour demander si ma memoire est à la maison. Ouy ouy, elle commence à se remuer : il me souuient de mille allegations à propos du symbole & du bon augure de la couleuure. Marine, ouure ces fenestres pour auoir vn peu d'air, car ie sens boüillir tant de diuerses conceptions dedans le pot de ma ceruelle, que ie ne pense pas qu'il y ait assez de papier chez Annette la papetiere, pour décrire les agreables prognostics que la couleuure m'annonce sur mon suiet, ce qui m'induit à bannir toute crainte de mon esprit.

Ie tire donc auantage, de ce que le papier où ie depose mes conceptions porte la marque de la couleuure; premierement, en ce que ceux qui verront que mes écrits ont pour blazon & pour enseigne vne couleuure, penseront que ie sois vne Deesse Sophie, Reine d'Eloquence, & que ie me suis conuertie en couleuure, nō pas pour tromper Adam endormy (comme les Heretiques Valentiniens disent de la Desse Sophie changée en couleuure) mais pour enseigner les esprits imbecilles, qui ne sçauent en quel mode ils viuent. I'aduoüe bien que quiconque me voudra croire ne s'abuzera

pas

pas trop, dautant que la fin où ie tends n'est pas de tromper comme vne Syrene ny de porter l'esprit à l'idolatrie comme Cecrops, si i'auois telle intention, ie ne ietterois pas mes rets, ny ne tendrois pas mes pieges aux yeux de tout le monde: ie ne diuulguerois pas mes ruzes en les faisant imprimer. Mon dessein n'est autre que d'éueiller les simples pour leur enseigner à fuïr des choses mesmes qui semble que ie persuade. Ie ne parle pas à des sots; & s'il y en a icy, lecteurs ou auditeurs, ie tiendrois à grande faueur du Ciel, qu'il luy plust de les rendre aueugles & sourds ; car en cét estat là, i'espererois que les iugeméts qu'ils feroient de ce liure, me seroient plus fauorables, que s'ils auoient vne veuë d'aigle, & vne ouïe de rats, qui l'ont meilleure que tous les animaux.

On peint Aristote, tirant ses écrits

du cœur d'vne couleuure, comme estant le symbole de la prudence de l'astuce & de la sagesse; par ainsi, ie dois trouuer bon, comme chose importante à ma reputation, que le papier où i'écris soit de la couleuure; d'autant que l'on pourra conjecturer, qu'vne partie de ce qui est écrit icy, est extrait du mesme original où Aristote prit la science dôt il illustra le monde

Esculape, Dieu de la Medecine, eut pour armoiries vne couleuure argentée, en memoire des cures merueilleuses, qu'il fit en Siconie, soubz la forme & figure d'vne couleuure, specialement pour les maux des yeux qu'il y guerit: cela me vient fort à propos; en ce que la couleuure de mon papier, me promet (& moy ie luy sers de pleige) qu'auec mes écrits, ie gueriray, & desabuzeray plusieurs aueugles; comme des meres, negligentes du soin de leurs filles: des peres impertinents & mal aduisez: des filles ou trop innocétes ou trop libertines: des ieunes gens à l'abádó des debauches: des escoliers fripós: des vieillars insensez: des veufues faciles: des Iuges mal soigneux du deub de leurs charges, & mesme iusques à des païsans ignoráts. Tellemét qu'à juste titre, ie pourrois estre tenuë pour vne femelle Esculape:

Mercure, qui estoit le Dieu des beaux esprits, des gaillards, gracieux & biendisans, auoit pour enseigne, vne couleuure entortillée autour d'vne verge d'or: En cette consideratió, tu sois la bié-venuë chere couleuure, que ie voy imprimer en ce papier où i'appuye mó cœur & mes mains, car i'espere que ceux qui verront mes œuures marquees de ta figure, seront auertis que ie ne leur veux pas faire de mal, mais plutost

C ij

que ie leur apporte d'agreables nouuelles cóme le Dieu Mercure; que ie leur parle plaisámét & de bóne grace ; que mes sauces ne sont point trop mal assaisonnées ; que si ie menace ie ne frape pas, que si ie móstre le danger, ie ne le cause pas; que si ie derobe vn grain i'en rends vn septier ; que ie parle en habile femme auec les bons esprits, & en sotte auec les sots, afin que chacun m'entende : & en fin, que si ie touche vn petit coup, c'est auec vne verge d'or qui ne blesse ny ne tuë, non plus que les coups d'vne maistresse qui se ioüe.

Mais ayant deduit tant de choses de la couleuure pour le profit de mon prochain, il est bien raisonnable de m'en approprier quelque cómodité, afin de n'estre point de l'opinion de ces forçats de galere, qui disent que ce prouerbe n'a pas esté fait pour eux ; *la chemise est plus proche que le saye* ; à quelque balourde. La couleuure ferme la porte de ses oreilles pour ne point donner entrée à la mort, lors que l'Enchanteur la coniure, elle appuye l'vne de ses ouyes contre terre, & se bouche l'autre de la queuë afin que la mort ny le diable ne puissent auoir prise sur elle. O couleuure ma mignonne, que ie reçois de bien en considerant tes instructions ! tu m'apprens comme ie me dois deffendre de ceux, qui sous ombre de merueilleuses loüanges, m'accablent d'iniures infames. Ie sçay bien, qu'vne grande multitude de Syrenes masquées feindront de m'entretenir de leurs chansons, mais ce ne sera que pour me surprendre. Les vns diront, la Narquoise est vne fort bonne piece : vn autre, voila vne riche gueuserie : vn autre,

C iij

ô le gueux liure: vn autre, cette Iustine là est de fort recreatiue conuersation: vn autre, ses pensées sont subtiles elle est plus agreable que Celestine & que le Guzman. Ma-foy ie serois tres-innocente & tres-ignoráte si ie ne sçauois pas que l'on pince en chatoüillát, & qu'il y a des mépris habillez de loüanges, & des langues qui écorchent en léchant cóme celle des chats & des vaches. à d'autre à d'autre, Messieurs, ie sçay bien que plus les cartes content, & moins elles valent: ie suis trop matoise pour me laisser attraper en des pieges si mal couuerts. Quoy qu'il en soit, ie ne lairray pas de passer ma fantaisie cóme ie l'ay resolu: va t'en mon liure ie t'ouure la porte pour aller busquer fortune: si tu es bon, à la bonne-heure: qu'on en fasse son profit sinon qu'on te iette dans la gardcrobe, & prens patiéce. console-oy & crois qu'à peine peut on bié purger les malades ou contenter les fantasques. Mais c'est trop babillé i'oubliois déja que ie suis femme: va va, à Dieu. Toutefois attens encore vn peu; il faut que ie donne vn aduertissement à mon papier.

Papier mon amy, si quelques-vns de ces hommes-chiens ou de ces chiens-hommes te remüe la queuë pardeuant, & te grince les déts par derriere, reuange toy; tu as vne couleuure; iouë de la dent contre ceux qui t'abayeront: & pour ceux qui te caresseront, soit par flatterie ou par verité, fais comme la couleuure, bouche les oreilles, retire-toy humblement & ne les écoute-pas. Le vulgaire ignorant est du naturel des chiens de vilage qui fôt feste aux paisans vestus de haillons & abayent & mordent les Gentils-hómes habillez de soye & de clinquant, sans autre cause ni sujet que leur ignorance, par ce qu'ils n'ont pas accoutumé l'éclat ni la frequentation de telles personnes: Et ne sçachant que c'est d'vne pointe d'esprit ni d'vne conception aigue, il s'élance inconsiderément contre la renommée d'vn Auteur, abaye apres & le mord s'il peut: Mais papier mon amy, tu as vne couleuure, deffends toy; siffle dessus tes aduersaires; & s'ilz te pressent, mords les hardiment. Ie t'ordonne toutefois, de t'humulier auprés du prudent & discret Lectur, qui daignera remarquer tes aduis meslez de serieux & de facetieux: car enfin, puis que tu tiens de la couleuure, tu dois le plus souuent remper le ventre en terre.

Maintenant, bien ou mal disposée i'ay du papier qui ne m'épouuente plus, mes doigts sont débarboüillez, & ma plume n'a plus de poil dans le bec: Me voila, graces à Dieu, en posture d'écrire. Il ne faloit plus pour m'acheuer de peindre, que vous monsieur le Cornet, me donnassiez quelque autre persecution pour m'obliger à vous conjurer cóme i'ay fait les autres: Mais, vous estes benin & debonnaire: car ainsi que c'est le propre des encornez de souffrir, vous, qui estes purement de corne, ie m'asseure qu vous endurerez patiemment les estocades de plume que vous tireront le sang. Or va de par Dieu, voicy le debat de l'histoire.

L'HISTORIENNE
gauſſée.

Iuſtine, commençant à décrire ſa naiſ-
ſance, s'interrompt pour faire la re-
lation d'un cenſeur, qui l'outrage en
voulant corriger ſon œuvre. Elle ſouf-
fre patiemment toutes ſes inſolen-
ces, & ne s'irrite que d'eſtre appellée
vieille.

MOn pere & ma mere me
forgerent, comme ie croy,
en iouant & en riant, & neatmoins
ie nâquis en criant & en pleurant. ô
la triſte fin pour vn ſi ioyeux commencement. Venus dominoit a-
lors; & la ſage femme qui me receut, eſtoit mediatrice d'amour:
conſidere Lecteur, quels heureux
preſages. Me voila donc née: houf,

qu'il fait froid en ce climat cy au pris de celuy d'où ie sors. Mais auant que de passer outre ie veux faire le recit de l'action d'vn critique rabajoye, autant bigeare de gestes & de mine, comme fantasque & extrauagát d'esprit, lequel se vint opposer à mon dessein. Il entra chez moy sans dire mot; le nez en l'air éuentant en chien couchant & marchát de la pointe du pied comme s'il eust passé par dessus des œufs: Il auoit la main sur le visage; & guignoit par entre ses doigts pour voir ce que ie faisois: M'ayant enuisagée, il commence à retordre sa moustache, aussi grosse qu'vn émouchoir de mareschal, il me regarde de costé & pardessus l'épaule, clignant l'œil gauche comme vn archer qui va décocher, & parlant du nez cóme vne vieille Nonne qui chante auec des lunettes, me dit ainsi.

Hé depuis quand estes vous si hardie, Dame Iustine, de décrire & mettre au iour les actes de vostre vie? pensez vous faire l'histoire d'vne Penelope, d'vne Didon ou d'vne Porcie ou de quelque autre Nimphe de cette volée? vous faites fort bien pourtant; car ie ne croy pas qu'il se trouuast d'historien capable de raconter vne vie si enseuelie dans le silence & toutefois si necessaire à sçauoir. Et n'a vous point de honte, Croniqueuse de Belzebu? voyez vn peu quelle mere Tereze voila, pour écrire ses secretes extazes, ses rauissements, & ses deuotes mortifications. Allez impudente; que maudite soit la panse qui vous a vômy. Il faut croire que la mere qui engendra vne fille si grande en merite, eut de grands maux pour s'en deliurer; ou bien il y auoit porte-cochere chez elle. Dite moy vn peu,

IVSTINE. 45

en quelle Loy ou precepte d'histoire comique à vous trouué, que l'on puiſſe cómencer vn liure sás prologue, sás titre & ſans chap. Parauenture que c'eſt icy l'original du liure des Rois de carte: cóment? eſt ce vous qui vous piquez d'entendre ſi bien les humanitez? certes, ſi vous n'en auiez point exercé d'autres que celles qui ſont décrites icy, vous n'auriez pas vn ſi grand conte à rendre à la vallée de Ioſaphat. Là deſſus il touſſa, cracha & fit les armoiries de la ville de Bourges en France; puis auec vne morgue rogue, il prononça ces ſcientifiques paroles.

En qualité de licencié, Maiſtre és arts d'Ortographe, de perſpectiue, Muſique, Mathematique, Arithmetique, Geometrie, Aſtronomie, Poete Rhetoricien, Dialecticien, Phiſicien, Medecin, Phlebotomiſte, Anatomiſte Theologien &c.

je declare ce premier chapitre, & tout ce qui s'enſuit du liure, pour apocriphe & infame, & pour meriter autant le feu, que le péché qu'on appelle abominable; attendu qu'il n'a ny prologue, ny nõ, ny intitulation. Au moins, Mere Berecinthe ſi vous pourſuiuez voſtre deſſein, ie vous donne aduis de ne pas oublier la genealogie de la Chrétienté de vôtre pere dont les ayeuls ſont ſi reconnus que nul ne les ignore ſi ce n'eſt qu'il ne ſçache pas que ceux que l'õ baptiſe ſont Chrétiens; ſpecialement quand ils le reçoiuent en l'âge de raiſon. O qu'ils répondirent ſçauamment au Curé quand ils les interrogea. Mais quãd ie penſe à voſtre projet, ie trouue que vous vous eſtes aduiſée ſur le tard: A quoy vous eſtes vous occupee depuis le temps que vous eſtes au monde? Pour moy, ie croy que

Juſtine, raillée de venir de race de Maures, Mahometans.

vous n'auez fait autre chose que tailler des plumes, composer de l'encre & choisir du papier; & que maintenant au plus petit reste de vostre vie, vous voulez deuenir Historienne; & éleuer pardessus les cornes de la Lune, vne vie qui n'a iamais fait que ramper sur le limon de la terre. Il faut aduoüer que vous estes grandemét insolente de vous estre attribuée pour apanage au commencement de vostre discours, le signe de Virgo, sans prendre garde que vous estes née deux mois auparauant, ayant eu le signe du Cancre pour ascendát, mesme vous emportez la marque à ce que disent ceux qui sçauent vos affaires secrettes. Mais quand cette signature là vous manqueroit, & que l'on ne sçauroit point le temps de vostre naissance, on deuineroit sans Astrologie & sans Magie que vous naquiftes au figne de l'écreuice par ce que vous allez autant en arriere qu'en auant c'eſt pourquoy ie vous cõſeillerois de vous inſtruire mieux de voſtre naiſſance auparauant que d'écrire voſtre hiſtoire: Mais croyez moy, arreſtez la plume & l'encre, laiſſez là Croniques & changés de meſtier; faictes vous forciere, cela vous ſiéroit fort bié, la moitié du chemin en eſt dé-ja fait; vous ſçauez tous les mauuais paſſages: quand attendez vous? que vous ſoyez peut-eſtre auſſi vieille que Matthieuſalé? mais vous ne durerez pas tant, la vielleſſe vous talonne dé-ja de fort prés.

Ie fus aſſez docile, i'obſeruay vn reſpectueux ſilence en luy voyant defiler toutes ces piquantes railleries: mais quãd il me traita de vieille, dame ce fut la, que la patience planta le *Non plus vltera*, ne pouuãt endurer

endurer cette facheuse & des agreable gausserie: & bien que ie sois vne prudente matrone, ie ne puis toutefois resister à la colere. Mais de quoy se fâcha Iustine, demandera quelqun? Amy enquereur, ie te le vay dire si tu me laisse vn peu reprendre haleine. Ie sçay bien quelles bestes ce sont que les moqueurs, i'en ay deja veu plusieurs dedans le monde; il faut que chacun viue de son mestier, & se serue de son talent; mais ie sçay bien aussi, qu'il y a des railleries qui sont tollerables, & d'autres qui sont insupportables. Ie me fâchay premieremét, de ce que cét impudent là, me vint embarasser dés l'instant que ie pris la plume en main, pour enfanter mes conceptions, qui fut vn aussi grand dómage pour moy, que la gelée sur les bourgeons de vigne, & le vent sur la fleur des épics: voila le su-

D

jet de mon couroux pour qui la voudra croire, mais si ie veux découurir entierement la verité, i'en diray vne autre, qui est beaucoup plus receuable, mais l'ozerois-ie declarer? i'ay grand dépit de me la ramenteuoir: la diray-ie? ouy, courage: Ie me courouçay donc, de ce que cét Inciuil aux Dames, m'appella vieille, qui est vne des plus odieuses injures qu'on puisse dire aux femmes; cela leur fait échaper la colere, & leur met le démenty sur les levres, quand mesme on leur representeroit deuant les yeux le liure de leur naissance car à cét âge là, il leur est aussi odieux à voir que le liure de la mort. En effet, ce sont des railleries si pesantes qu'il n'y a point de femme, pour parente d'Athlas, qu'elle fust, qui en pust porter vne oncel car de penser qu'vne femme se délecte de telles gausseries, c'est comme si on luy donnoit vne asne pour vne babiche, & comme si l'on vouloit qu'elle prist autant de plaisir à ses coups de pieds, qu'aux iouëts du petit chien: c'est piquer iusques au sang. Et de par Dieu, voila déquoy ie me mis en colere.

LA VINDICATIVE IRRITEE.

Elle témoigne comme il n'y a rien qui offense vne femme que de l'appeller Vieille. Car l'homme au contraire, repute la vieillesse honnorable. Blâme la folie de ceux qui se peignent: accuze son Critique de se teindre le poil & le taxe de couärdize.

TV en as menty Arithmeticiē faussaire & supputateur du diable; il s'en faut beaucoup de ton calcul; aprens, ignorant que tu es, qu'il ne se faut jamais joüer aux années d'vne femme; & que dés que l'on commence à mettre le zero dans le nombre de leur age, elles ne veulent plus que l'on en tienne le conte, & defendent d'y toucher non plus qu'aux choses sacrees. C'est pourquoy, la police, & le bon ordre Ecclesiastique, ont ordonné que les mesmes personnes qui gardent le secret de la conscience, gardent aussi le Registre baptistaire, afin que personne ne se joüe & ne se rie de son prochain en telles matieres. Et puis que tu te piques d'auoir feuilleté *La forest de diuerse lecture* pense tu que ce fust vn si grand affront aux femmes d'estre steriles, comme les histoires le temoignent, si ce n'estoit que la sterilité est vn meuble de vieille? N'as tu point leu que les Milans, dépourueuz de raison, se sentant vieux, & fachés de l'estre, ne paroissent plus, & se laissent mourir de faim, plutost que de se monstrer? Que la couleuure, pour pour se défaire de la vieillesse, se met en presse entre deux pierres, où elle souffre beaucoup de mal? & que le Phœnix se brusle tout vif, pour se garentir d'vn tel deplaisir. Et quoy que tu fasse l'entendu en matiere de lecture, ie croy pourtant que tu n'as pas leu que les Grecs voulant monstrer combien la vieillesse estoit odieuse, mesme entre les Dieux, dient que pour ce qu'elle entra vne fois seulement dedans le Ciel, Iupiter commanda de faire des balets de foudre, pour balayer aux endroits où elle auoit marché, craignant que l'odeur de so faguenats ne corrópist l'incorruptible? Ne sçais tu pas, que c'est dire deux injures en vne, que d'appeller vne femme vieille? car qui dit vieille, il dit laide, & que ces verités là sont autant agreables à oüir, que les noix vertes le sont à mordre.

Chef Tu me répondras peut estre, que puis que les hommes ne trouuent pas mauuais qu'on les appelle vieux, & qu'ils se fachent qu'on les appelle jeunes, il seroit raisonnable que Iustine les imitast ou au moins qu'elle ne s'en offençast pas. Il paroist bien que tu n'es pas homme, puisque tu ne sçais pas en quoy consiste son estre, ny où l'homme & la femme ont la moüelle de l'os; & ignorant ces principes là, il ne faut pas trouuer estrange si tu te trompe aux fins. Tu me fais souuenir de cét aprenty écorcheur, qui trouuant vn animal sans oreilles, disoit qu'on ne pouuoit pas déuiner ou estoit la queüe par ce que l'ignorance de la teste, fait faillir à la queüe. En cela, il n'y a point de rapport entre l'homme & la femme, non plus qu'entre vn œuf & vne pantoufle: & sçache, que les hommes, pour auoir droict de faire les serieux & les graues dans les charges, ils agreent qu'on les appelle vieillards: mais les femmes, qui se delectent à la complaisance, qui seruent de sausse au plaisir, qui sont des gelinotes prestes à manger, des petites raues de May, des petites chiennes de demoiselles, veulent toujours paroistre & passer pour fillettes, & non pas pour vieillotes. Et à le prendre de plus haut, le nom de vieillard, est fort conuenable à l'homme, ayant esté fait pour enseigner & pour gouuerner: chose à quoy la femme ne pretend rien. La femme, fut faite seulement pour luy ayder, non pas à cét exercice là, mais à vn autre qui se fait quelque fois, c'est à sçauoir la propagation du genre humain, & pour prendre soin du ménage & de la famille. De là, vient, que l'homme vieux, est plus propre à gouuerner, pour y estre plus instruit, & experimenté: de maniere, que l'appeller vieillard, c'est le flatter & le caresser merueilleusement: au contraire, il se fasche quand il rencontre quelque Iordan qui le rajeunisse; ie dis de jour seulement, car de nuit il y a vn autre Calendrier; si bien que d'appeller vn homme vieillard, c'est le contenter: & d'appeller vne femme fillette, & vne vieille, la traiter de ieune, c'est leur faire aualer vn laict d'amendes douces, ou leur donner du nectar à boire.

Dy moy rustique m'as tu veu refuzer à manger des noix faute de dents? fai-je comme toy, qui pour conuertir le grison en noir, tu te pignes auec le pigne de plõb; & tu ne vois pas, badin, que tu és comme le porreau qui a les pointes vertes & la racine blanche: Ie n'employe pas mon patrimoine comme toy, en noix de gale, en grenade, en pignon, mirre, en saulge, litarge, salicor, plomb brulé, chaux viue, sauon noir, & mille autres ingrediens, dont tu fais vn broüillamini pour conuertir le cigne en corbeau. Laisse moy conter l'histoire de ma vie, & ne te mesle point de conter celle de mes années: tu és trop grand pécheur pour entrepredre à conter si iuste: tu n'as que faire si ie suis née ou si ie suis encore dans le ventre de ma mere: pense seulement à estre sage homme si tu peux, & non pas à estre sage femme: ou bien si tu te veux employer à cét office là, que ce soit pour faire perdre la virginité à ton espée: tire là du ventre de sa gainne qui en est gros depuis si long-temps: fais respirer l'air au pauure *Iohannes me fecit*, qui s'etoufe dans le fourreau auec la chetiue Durandale.

Enfin, en faisant ces reparties, ie fis des gestes si furieuses, que le pauure Correcteur deuint aussi penault, & se monstra aussi liévre que ie fus libre; & plus par coustume vieille, que par audace nouuelle, il commença à secoüer le bord de son chapeau, & me regardant auec vn œil de honte, & vn autre de crainte, me respondit ainsi entonnant par vt: Pardonnez moy Madame Iustissime, ie ne sçauois pas que vous eussiez l'esprit cal-feutré de tant de sorte de diverse doctrine, ny que vous eussiez esté si versée & renversée. Il en alloit dire davantage, mais ie me baissay à cét instant là pour me dechausser vn patin; & le compagnon voyant cela, commença à enfiler la venelle, & à faire des enjambées de prés d'vne toise de long, regardant à chaque pas derriere luy, comme vn cerf poursuiuy, de peur qu'il auoit que mon soulier ne volast à ses oreilles.

C'est assez chamaillé contre ce vieillaque ie suis lasse d'estre si long-temps aux prises auec luy: car de luitter contre vn fol, c'est combatre contre vn fantosme, qui pour frapper est vne furie infernale, & pour estre frappé n'est que de l'air: Ie me reserue donc pour le iour & le discours suiuant, à former vn cómencement & vne teste à mon liure, car pour cette-heure la mienne est toute étourdie d'ouyr braire cét asne; duquel, afin que vous sçachiez qui il est, ie pretends faire vne exacte information, pour veriffier & prouuer l'antiquité de sa race, comme descendant en ligne directe de l'asnesse de Balaam.

LA GENEALOGIE ridicule.

Discours Satyrique sur quelques grands d'Espagne, se moquant des fragiles fondements de plusieurs Nobles: comme aussi des Roturiers ennoblis.

ON dit que le conseil d'vn fous, est comparé à l'or, d'autant que l'or est vne chose si precieuse, que son estime n'est point raualée pour estre trouué parmy la fange & la boüe. De mesme en est-il du conseil, encore qu'il se trouue en la bouche d'vn sot, il ne laisse pas d'estre fort estimable; aussi cō-pare-t'on le conseil d'vn imperti-nent, à la fleur qui naist parmy des épines ; à la proye rauie, à vn oy-seau de rapine, & à l'hiuer qui gele, mais qui ne laisse pas de profiter. Ainsi les paroles d'vn sot comme venant d'vn tel lieu, sont bien im-portunes, mais elles seruent pour-tant de conseil & d'instruction, vn conseil qui se donne sans dessein, est comparé au fumier des brebis qui demeure dans les guerets par hazard, & neantmoins il fait vn grand profit à l'heritage. Mais où me vas-je enfiler dans mes similitu-des ? Ie dis cela, pour faire voir, qu'encore que ce sot importun, m'eust irritée, offencée, & piquée, ie ne lairray par duzer, & me preualoir de ses aduis. Il m'a dit, que pour empescher que mon liure ne soit vn corps sans teste, il faut que ie raconte ma genealogie : ie le feray de bon cœur, & produiray vne fourmiliere d'ayeuls & bizayeuls, qui exciteront les plus Heraclites à rire.

Mais que fais-je ? écriray-je l'histoire d'vne lignée, & encore de ma propre lignée ? chacun croira que ie diray plus de menteries que ie ne formeray de lettres, Que si telle peinture se fait, au gré du vouloir de celuy qui la dépeint, qui est ce qui n'ajustera son honneur & sa grandeur à son ambition ? Où est celuy qui sera si équitable, que de s'empescher de rongner & charpenter la verité, pour l'approprier à son intention ? Non

illerie
stre ceux
si se cō-
sent des
rmoiries
ion leur
ntaisie.

hon, il n'est permis à personne de prendre des armoiries à sa fantaisie, qu'il n'y peigne volontiers vn *Castillo*, & vn *Lion* : il ne faut estre pour cela, que Castillan ou Lionnois. Et s'il est permis aux Orateurs de donner le nom de la teste aux piés, sans qu'on les puisse accuser de ioüer à becheuel ou à pointe contre teste, il est aussi loisible aux sujets & vassaux, de s'attribuer les titres Royaux puisque nous sommes tous membres d'vn Roy. Sur ce propos, on peut ce me semble ajuster le conte d'vn tailleur, natif de la Prouince *de Picardia* qui s'estant fait riche, prit le non de *Pimentel*, & mit sur la porte de son logis, des armoiries ridicules taillées en pierre, où estoient representées les armes des *Pimentels* garnies de coquilles: La

Chasteau

Allusió à la guenserie qui s'appelle ainsi en Espagnol.

Iustice en eut aussi tost le vent (car peut-estre, la forge fut-elle prise pour vn symbole de la Iustice, d'autant que l'vne & l'autre se gouuernent par souflements) laqu'e luy commanda d'éfacer ses blazons, ou bien de declarer quel pouuoir il auoit, de se faire soy mesme caualier à chaux & à ciment. Le Cauallier couturier, répondit au Iuge, Monsieur il y a trois raisons qui m'ont porté à faire que ce qui est écrit soit écrit; la premiere, parce que le tailleur de pierre les tailla, & les sella dans la muraille; la seconde, par ce qu'il m'é a couté mó argent; & la troisiéme, que i'ay fait faire ces armes là, par ma propre deuotion, en memoire des coquilles que ie portay à mon chapeau en allant & venant de pelerinage à sainct Iacques, où i'ay esté

sou-

souuent, & aufquels voyages ie me suis fait riche des aumofnes, & en reconnoiffance, ie mets ces coquilles dans ces armes: De façon que ie maintiens, que quiconque me voudra ofter ces marques de ma deuotion n'eft qu'à deux doigts de l'herefie. Le Iuge qui eftoit Chreftien & craintif, répondit que celuy qui l'entreprendroit meriteroit d'eftre mis à l'Inquifition: & partát, le tailleur fut quitte & abfous de la demande. Suiuant cela, chaqu'vn fe peut adapter les armes & les blazons qu'il peut payer, fpecialement ceux qui font de ma Prouince de Picardie; & fi vous leur en demandez la raifon, il vous répondront qu'il leur en coûte leur argent. Que fera-ce donc, de ceux à qui il coûte fi peu d'écrire les lignages feló leur fantaifie? Il me fouuient d'vn autre, qui difoit que fon lignage eftoit de

E

la maison des Roys d'Aragon, parce que quelques-vns de ses ayeuls, palefreniers du Palais, fuyans quelques bastonnades, dont ils estoient menacez, se sauuerent par des fenestres, & se firent descendre dans quelques panniers iusques à terre: tellement qu'il appelloit cela descendre de la maison Royale. En menterie, ie veux dire en matiere de lignage, il y a maintenant autant d'opinions comme de differences & de meslange, mais il est tres-certain, qu'il n'y a non pas seulement en Espagne, mais encore en tout le monde, que deux lignages seulement, l'vn s'appelle *auoir*, & l'autre *non-auoir*. En effect la conuoitise de l'argét est vne vraye tripiere qui fait du boudin de tout sang, parce qu'il est tout d'vne couleur. O l'heureux temps que celuy de Nembhrot, & celuy de l'estat du monde, auparauāt qu'il fut submergé, car alors, tous estoient nobles ou tous vilains; c'est pourquoy les écriuains qui se veulent illustrer & mettre du rang des Grands prennent le saut plus en arriere, ils se iettent dans la tour de Babel, ou dans l'Arche de Noé, & sortent de là, aussi haut montez sur les degrez de Noblesse qu'ils veulent. Toutefois pour tirer vne souche ou vn blazon de la Tour ou de l'Arche, cela ne s'entend pas d'vne historienne qui s'intitule La Narquoise; puis que pour former & fonder son dessein, il luy faut prouuer que la qualité de Narquoise luy est acquise par droit de succession & de substitutiō.

Et si quelqu'vn pensoit, qu'en me disant icy fondatrice de la republique Narquoise, ie voulusse imiter ces fondateurs des grandes Citez, qui se vantoient de tirer leur origine & leur descendáce de hauts lieux, & aller du pair auec les Dieux, qu'il se dezabuze; ie ne fonde point Rome pour vouloir faire dire de moy ce que les Romains publiérét de Romulus leur fratricide fondateur. Ie ne dis point que ie sois fille du Dieu Mars, & de la Vestale Ilia. Ie ne pretends non plus, estre fondatrice de la Republique Latine, comme Ænée, que l'ó feignit estre fils des Dieux, bié que cela ne lui seruit de guere quád il sortit de Troye, où il fut à demy rosty comme vn chapon qu'on a refait sur la braize pour le larder, & quand il entra en Italie où il pensa cuyre. Ie ne fonde l'école de Platon, pour feindre cóme ses disciples publierent de luy, qu'il nasquit d'vn ombre & de la Vierge Periĉtiō : car ie ne suis point fille d'vn songe qui n'a qu'vn ombre pour pere. Ie ne fonde point l'école des Gymnosophistes cóme Buda, pour dire de moy cóme ils métirent de luy, & de Celses & Cleopótus, qui furent fils de Vierges toutes pures & entieres, comme si l'acouchement d'vne femme se faisoit cóme vn esternuëment, vn pet, ou vn rot: Ie ne suis point si heretique ny si sotte.

Ie confesse que nous sommes en vn temps auquel le ᵃ *Capatero* pour auoir acquis du bien à rapetasser prend le tiltre de *çapata*: Le patissier, ᵇ*gordo godo*: celuy qui s'est enrichy ᶜ *enriquez*, & celuy qui est *mas rico*, ᵈ*marique*: le larron a qui le larcin a profité ᵉ*hurtado*: celuy qui s'est fait riche par fraudes & tromperies *Mendoce*, le tailleur qui à force de dérober des pieces & morceaux se dit *Marquis, de* ᶠ *paño fiels girō: Le Herrador* g, *Herrera*: celuy qui fut heureux en troupeaux de cheures ʰ *Cabrera*: le vacher riche de te-

Discours satyrique sur aucunes maisōs d'Espagne.
ᵃ *Sauetier ou faiseur de souliers.*
ᵇ *gras.*
ᶜ *cōme qui diroit enrichy.*
ᵈ *plus riche.*
ᵉ *derobé.*
ᶠ *drap.*
g *pointe ou chanteau d'étofe.*
ʰ *de cheures.*

stes i raisonnables & pauure de raison, *Cabeça de vaca.* Le riche More
Mora: & celuy qui marque le plus
de monnoye, *Acuña* : Celuy qui
possede beaucoup d'argent *Guzmā*;
Tout cela se fait aujourd'huy, & encore dauātage que ie sçay bié, mais
que ie n'oserois dire : toutefois, patience, la richesse, le bien & l'argent
ont de grands priuileges par tout,
mais l'illustrissime Narquoiserie, ne
va pas par cette route là : ce seroit
enueloper la verité de chifons & de
haillons.

Sus donc Iustine, puis que l'on ne
veut pas que vous naissiez au monde, pure & munde, il n'est point besoin de vous amuser à vous éplucher, monstrez vos racines, toutes
terreuses & barbouillées de fumier,
vous en serez plus propre à produire du fruict par tout où l'on vous
plantera : contez nous vostre ge-

i teste de vache.
K moresse.
l coin.

néalogie en sa pure naïfueté. Ie m'y en vais incontinent. Ie vous monstreré comme ie suis Narquoise dés la benisson, comme disent les semoneurs de nopces, sans rien oublier de ce qui appartient à nostre dignité.

Mon pere nâquit en vn vilage qui s'apelle *Castillo de Luna* au Comté *de Luna*, & ma mere en vn autre, appellé *Scia*; & à cette cause, ie suis lunatique du costé de mon pere, & sciatique du costé de ma mere.

Le principal mestier du pere de mon pere, estoit de faire des oublies; mais outre cela, il se mesloit de trafiquer en cartes: où il amassa plus de horions sur les oreilles que d'argent dans sa bource. Ce fut luy qui apprit le premier aux estafiers Espagnols à porter des

E iiij

cartes dans leurs pochettes, & qui leur enseigna les tours de souplesse pour atraper l'argent de leurs compagnós, au ieu de lansquenet, qu'il auoit appris parmy les laquais du train de l'Ambassadeur de France, & mille autres malices & friponneries, dont cette race là est inuentiue: à la fin, il fut assommé à Barcelonne, d'vn coup de paué qu'vn palefrenier luy donna dans vne écurie, l'ayant surpris en le pipant au jeu, où plusieurs fois il l'auoit plumé.

LES ANCESTRES
ridicules.

De la ressemblāce des enfans aux mœurs & habitudes de leurs geniteurs: Et description des ancestres illustres de Iustine.

IL est tres-certain qu'en naissant nous apportons quant-& nous les maux originels de nos premiers peres & meres: nous heritōs de leurs complexions, pluftost que de leurs successions, cela se void specialemēt en nous autres filles. Le iour que l'ō nous marie, nous emportons la plus part du bien de la maison; & le iour que nous naissons nous sommes salies & honnies des imperfections d'Euë: Nous en tenons la gloutonnie; nous trouuons bon tout ce qui contente nostre appetit particulier, combien que ce fuſt choſe mauuaiſe au gouſt de tous: Nous caquetons volontiers auec qui & quel viſage que ce ſoit, quant ce ſeroit quelque ſerpent, il n'importe: Nous achettons librement vn petit plaiſir aux dépens de l'honneur de tout vn lignage: pour vn ioüet & vne badinerie, nous expoſons l'hómeà mille dangers: nous iettons le chat aux iambes du diable & l'accuſons des pechez que fait noſtre chair: & en vn mot, nous achettons fort cherement, & donnons à fort bon marché: ce n'eſt pas le moyen de profiter en ſa marchandiſe. Et qu'on ne s'accuſe pas à me vouloir perſuader que ces imperfections là, ne s'heritent pas, mais que c'eſt l'vſage qui nous les rends comme naturelles, car ie tiens qu'elles ſont attachées à noſtre corps de leur formation au ventre de nos meres; mais quoy qu'il en soit, vieux ou nouueau, naturel ou accessoire, nous sommes comme des éponges & des pompes, nous suçons auec le laict les humeurs & les mœurs de nos geniteurs. Leocion, vn Medecin fameux, faisoit ses enfans comme il vouloit, en regardant seulement auec attention vne belle figure de Venus & de Cupidon, vn peu auparauant le conflit matrimonial. Et n'est-il pas vray que les femmes grosses, impriment en leurs enfans la marque d'vne fleur qu'ils sentent auec intention ? Pour moy, i'ay ouy dire que c'est vne chose fort naturelle que si les brebis peu auparauant de conceuoir regardent auec intention des verges pelées & bigarées, elles feront des agneaux tachez: Mais parmy les choses raisonnables, il se trouue bié de plus notables exéples;

une nourrice larronnesse allaicta un Empereur, qui fut si enclin au larcin, qu'il déroboit par tout où il alloit; de façon que pour remedier à son vice, & ne faire tort à personne, il fit publier par toute sa Cour, que quiconque perdroit quelque chose, il la vint sur le champ chercher dans son Palais. Qu'est-ce à dire cela sinon qu'il suça cette imperfectió auec le laict? Et quoy, Iustine veut-elle nous reciter Pline? Cher Lecteur, ie le fais pour te persuader peu à peu à ne te étonner si tu me vois dans le discours de mon histoire, tantost babillarde comme le tenant de race, & tantost sauteuse, danceuse & fluteuse : car c'est ce que i'ay herité du costé maternel, ie suis de la cõfrerie de la ventouze : car le soufle me manqueroit plutost qu'un conte : & ne vous en emerueillez pas, car i'ay vn ayeul Barbier.

Tu remarqueras dans ma legende que ie suis femme d'humeur iouiale que ie me chatoüille volontiers pour me faire rire; que ie dance la castarignette; que ie saute, que ie vole, bref que ie suis en mouuement perpetuel; mais ne le trouue pas estrange, i'ay eu vn ayeul qui estoit tambourineur & fluteur: aussi prens-ie tant de plaisir à cét instrument là, qu'on diroit que ie naquis ayant vne fluste entée dans le corps.

O le rare homme que c'estoit à ce qu'on m'a dit, chacun l'aymoit, chacun l'appelloit, car il ioüoit de la flute & du flageolet si delicieusement, qu'il n'y auoit pas vne vilageoise en la Prouince, qui n'eust desiré d'estre de sa Paroisse. Il marioit tout le monde auec son tambour & sa flute, de façon qu'on eust pû plus iustement l'appeller Semoneur de nopces, ou appareilleur, que tambourineur. Il prenoit tant de plaisir à son mestier, & il y gangna tant, qu'il laissa à ses heritiers vn tambourin tout plein de reales, qui estoit vn grand thresor en ce temps là: & afin que nul ne troublast le repos de cette caisse il luy fit vne cage de barreaux de bois qu'il pendit à son plácher, dans laquelle estoit cette precieuse piece, comme vn trophée de victoire gangnée sur l'ennemy. Le matois, disoit qu'il le reueroit cóme vne relique heritée de son pere, qui estoit du mesme mestier & des plus habiles: que c'estoit sa consolation vnique, & qu'il l'aymoit mieux tout rapetassé & cassé comme il estoit, qu'il n'eust fait vne centaine de neufs. À la fin le pauure homme mourut par vn estrange accident. Ce fut qu'en vne feste de vilage, où il estoit comme le maistre d'vne bande de menestriers, de tambours & de flustes, il se trouua vn certain de ses compagnons d'office & de ses amis intimes, lequel irrité d'enuie & de ialousie de ce que le bon-homme gangnoit quelque chose à ce marché là, qu'il auoit pensé faire, s'aprocha de luy en trahison, & comme il joüoit de la flute, sans penser à son malheur, il luy donna de la main par dessous, & la luy fourra si auant dans le gosier, qu'il l'étoufa. En cela, il témoigna d'estre de ces amys que choisissent les soldats condamnez à passer par les armes pour estre leurs bourreaux, & pour estre plutost dépechez : par ainsi il mourut en son office, & son office mourut en luy, car il estoit le plus expert, & depuis luy il n'y a eu aucun tabourineur de cósolation dans tout le païs.

Le pere de ma mere qui fut mon grand pere se mesloit de l'art de Barbarie, c'est à dire Barbier; que s'il n'estoit sçauant en son mestier, au moins estoit-il ingenieux & curieux: toute sa boutique estoit garnie & tapissée de squelets de guenons mortes, de chats, de trophées de cimetiere, & d'armoiries de papier que l'on porte aux funerailles, lesquelles il gardoit en memoire de ceux qu'il auoit aydé à tuer auec les Medecins & les Apotiquaires, & generalement pour monstrer par tous ces vtensiles, qu'il estoit expert & qu'il auoit fait de belles cures: au reste, il ne fit iamais de barbe qu'il n'eust quelque sot conte comme il y en a beaucoup pour entretenir son patient. La guitarre ne manquoit pas d'estre penduë derriere la porte auprés du balay; il aymoit vn peu le piot, & vne fois il s'é chargea si fort,

que

que pour s'en deſcharger au meſme lieu d'où il eſtoit venu, il tōba la teſte la premiere de deſſus la trape d'vne caue où il ſe rompit le cou ſans en dire mot à perſonne.

Mon biſayeul du meſme coſté, eſtoit de la ville de Plaiſance, & de ces fripiers qui loüent des habits de maſcarades de pantalōs, de brodequins & de ſonnettes où il gangnoit fort honorablemēt ſa vie, principalemēt aux habits ou il y auoit des ſōnettes qu'il loüoit aux valets de feſte de vilage; car ainſi que les compagnons venoient prēdre ces habillements, eſtās gaillard & entre deux vins, ils ne pēſoient iamais à cōter les ſonettes, & quād il les r'aportoient, mon grād pere leur faiſoit accroire qu'il leur en auoit liuré ſix fois plus qu'il n'auoit fait, & les leur faiſoit payer à ſa diſcretion, nonobſtāt cōteſtatiōs, appellatiōs, & oppoſitiōs quelconques: & vne fois, pour s'estre mis en colere à disputer sur ce sujet, il s'altera tellement que sa féme dónant à boire d'vn certain breuuage qu'elle sçauoit composer, le desaltera pour iamais:

L'HOSTELLIER EXPERT.

L'Origine de l'hôtellerie plaisâment décritte. Raisons pourquoy les pere & mere de Iustine se firêt hôtelliers. Preceptes fort facetieux d'vn hôtellier, instruisant ses filles aux friponneries de la vacation.

Voicy, à mon aduis, la premiere plume qui s'est mise à l'effor dás le Royaume d'Espagne, pour exaggerer & décrire les proprietés de l'hôtellerie: I'ay cherché & fureté les archiues & magazins des Muses, pour voir si ie trouuerois quelque meule qui me pust seruir à former

IVSTINE.

ceste matiere; mais ma peine a esté inutile, ie n'ay rien rencontré qui fust digne de vous preseter, si ce n'est vn vieux petit liure presque tout rongé de vermine, qui me souuiét auoir leu estát fille, intitulé, *l'Euphrosine* lequel parle d'vn certain Poëte vermoulu qui pour loüer l'hostellerie, dit que la maisó du Patriarche Abrahá, auoit seruy d'hostellerie aux Anges durát sa vie, & qu'apres sa mort, il logeoit encore dans son sein, les hommes pellerins & passagers du Lymbe. Mais cét Ecriuain monobiblitique, ne remarque pas deux choses, l'vne que c'est impertinence d'alleguer de telles personnes en telle comparaison, & l'autre, qu'Abraham donnoit à manger à ses dépens aux viuants & à ceux du Lymbe: qu'il ne prit iamais pour vn sou de giste; ce qui ne se fait poine dans les hostelleries du Monde ; mais ie ie ne veux pas imiter cét auteur, ni me mettre parmy les Histoires diuines; nō pas que ie les ignore, mais par ce que ie les adore. Voyons dōc, si nous trouerons sur ce sujet, quelque chose de nostre propre qui merite d'estre étalé. Il y en a, qui pour loüer les Hosteliers, les comparent aux geais; autres aux fourmis, aux abeilles, & aux cigongnes; d'autant que tous ces oyseaux, fōt office d'Hostelliers enuers les hostes de leur espece: entre lesquels, le geay est le plus loüable, d'autant qu'il ne loge pas seulemēt la cigongne quād elle passe chez luy, mais il l'accōpagne jusques à ce qu'elle soit en lieu de seureté, quand elle va passer l'Esté en quelque païs estranger, ou qu'elle en tenir. Pout estre est-ce de là, que les Hosteliers ont tant d'inclination à se munir de geais en paste, au lieu de pigeonneaux. Il me semble Lecteur que ie te voy déja réfrongner le nez, & faire la moüe, disant qu'il n'y a pas vn de ses Symboles, qui soit conuenable à representer vn Hostelier, attendu que nul de ces oyseaux là, ne demande point d'argent ny pour la depence ny pour le giste: Dame si tu es si degouté, cherche vn autre cuysinier qui te fasse de meilleures sauces: toutefois, en voicy d'autres: vn Hostelier est comme la terre & le voyageur comme la riuiere; dautant que la riuiere moüille & engraisse où elle passe, ainsi, l'hostelier profite touiours du passage du voyageur. l'Hostelier est comme la bouche & le voyageur comme la viande, en ce que la bouche en retient toujours quelque saueur de la viande, quand elle n'en feroit que l'essay aussi fait l'Hostelier; Finallement l'Hostelier est comme vne marmitte neufue, qui

F iij

tient toujours de l'odeur que l'ó met dedás; si le voyageur est riche, l'hostellerie participe à son bien; s'il est gueux, il ne luy en demeure que de guenilles & des poux.

Vn Dieu fut autrefois hostellier: il est vray qu'il fut banny du Ciel cóme Maquereau. Ie ne sache plus rié de bó que ie puisse adapter à l'hostellerie, mais en fin, la plus gráde loüage que i'y trouue, c'est que l'hostellerie n'est pas du tout si mauuaise que l'enfer, d'autát que l'enfer retiét les ames par force & pour toujours, & combié qu'il ne si gaste pas pour vn double de charbó au seruice des hostes, on ne laisse pas de leur faire payer cheremét le giste: l'hostellerie se contente seulement d'estre le purgatoire des bourses, mais quand elle les a bien purgees, elle laisse sortir les hostes, & mesme les chasse dehors. Ha, a, a, est-ce là l'excellence de

l'hostellerie? ô hostellerie hostellerie tu es vne éponge du blé, vne sang-
sue du second sang de la vie qui est
l'argent, bref tu es vne cauerne où
lon coupe la gorge aux hommes
impunement.

Sur toutes ces considerations deuo-
temét meditees, mó pere & ma mere ayás refuzé l'aprétissage & l'exercice de tous les offices de leurs predo-
cesseurs, & n'aymans point l'agitation ni le mouuement à cause qu'ils
estoient pansus & ventrus se propo-
serent de gágner leur vie de pied ferme & le cu-lu selle. C'est pourquoy
ils resolurét de leuer boutique d'hostelerie à Másille qui est vn Bourgade
du Royaume de Leon, laquelle fut
depuis appellée *l'hostelerie des Mules*, à
cause d'vne de mes actió heroiques
qui sera cy apres inserée. Il est vray
qu'il n'établit & n'ouurit pas tout
à faict l'hôtellerie, que quád ses filles

furét grandes, & qu'il nous vid assez fortes pour seruir; car le tracas d'vne hostellerie est capable d'arener vne hostesse s'il n'y a quelqu'vn qu'il luy ayde à porter la charge: à bon entédeur salut. Le Iour donc qu'il arbora l'enseigne d'hostellerie, nous estiós trois sœurs d'assez agreable trogne & fort bóne taille pour supporter la fatigue, & complaisantes en public, car en particulier, ie ne puis répondre que de moy; chacune se gouuernoit comme il luy plaisoit, & alloit le train qui luy sembloit le meilleur: mais en fin, il n'y en auoit point de forte; j'éttois pourtant auec elles, cóme l'Aigle entre les autres oyseaux: j'auois l'œil penetrát, & apperceuois toutes leurs manigances d'vne lieuë loin, mais les miennes, estoient des tours de passe-passe, où ils no voyoiét goute. Mes freres s'en allerent par le móde en rollez parmy la soudrille,

& ne resta au logis que le petit Iā, qui auoit l'esprit assez subtil pour en faire vn Partizan ou Maltautier, car il trouua l'inuention de mettre impost sur nostre vin qui se vendoit en detail, où il faisoit vn bon petit negoce en son particulier. Le mystere, estoit qu'il le suruendoit & en retenoit vn huictiesme pour luy: Il alloit abreuer les mules des voyageurs; il faisoit les messages, & alloit & venoit par la ville, principalement le soir, car nostre pere ne nous permettoit pas de sortir à heure indue, attendu qu'il y auoit des drôles & des tyrislats en nostre bourg, lesquels busquant fortune, ne faisoient autre exercice que de venir pisser autour de nostre logis, car nous estions d'assez bon rencontre, & des plus r'asinees de nostre condition. Mais nostre lesse n'estoit pas longue, mon pere nous tenoit fort de court; vne fois sur le soir, ie m'en allay chez vne de nos voisines querir vne cruchée de cidre doux, qu'elle me donna, où ie m'arrestay vn peu de temps à cageoller, & mon pere me voyant arriuer si tard de la ville, m'arrache le pot & m'en rompit la moitié sur les flancs: & comme pour m'excuser, ie luy dis que i'auois esté souz le sauf-conduit de ma mere, il s'encourt à elle, & luy casse le reste de la cruche sur les costes si bien qu'il nous mit toutes deux en tel estat, qu'à force d'emplastres d'encens-masle dont nous fusmes couuertes, tout nostre logis sentit les vespres solemnelles, plus de six mois durant: mais tous ces maux là, estoient adoucis par les sains conseils qu'il nous donnoit, & si sains, que iamais ils n'eurent seulement mal aux dents. Tant que le poulmon me soufflera l'haleine, ie n'oublireray point le discours qu'il nous fit le iour, qu'il mit chez luy *le Ceans à bon logis*, & que l'hostelerie fut à sa perfection. Il m'estoit aduis alors, que c'estoit vn general d'armée haranguant ses soldats. Non, quand il me souuient de la bonne grace qu'il auoit, i'ay peine à m'empescher de pleurer, & si ce n'estoit que ie suis hastée, ie m'arresterois icy pour letter la bode de mes larmes, & rendre encore cét honneur à sa memoire : mais afin que vous sçachiez comme il estoit excellent en son mestier & la bonne education que nous receusmes de luy, ie vous veux reciter les instructions qu'il nous donna le iour qu'il dedia sa maison à ses hostes.

Preceptes d'un Hostellier, instruisant ses filles aux friponneries du mestier.

Vn Hostellier en Espagne doit auoir à l'entrée de son logis vn tableau du taux de toutes les denrees, suiuant le reglement que la police fait.

MEs filles, nous dit-il, il faut que nostre tableau ou plateau de bois, sur lequel est colé, le placard des ordonnances que la police mal polie, oblige nous autres Hostelliers de tenir, il faut, dis-je, qu'il soit pendu, & cloué fort haut, comme vn infame, & garder qu'il n'y ait point de cofre, de banc, ny de pierre auprés, de peur que quelque maroufin, n'aille là, regarder le taux de nos denrees pour conter la despense sans son hoste, & suputer par le menu, le gain que nous pouuons faire sur ce que nous vendons: car ie pense bien gangner le profit que ie fais, & n'entends point que personne examine ma conscience aux despens de ma sueur.

Item quand il sera question de mesurer l'auoine pour nos hostes, il ne faut point s'il est possible, que ce soit au iour ny à leur veüe; pour cét effect, i'endens que le coffre à l'auoine soit en quelque bouge obscur & écarté de la clarté; & quand vous l'irez mesurer, faites demeurer le valet ou l'hoste qui vous suiura, à l'entree, feignant que vous ne voulez pas estre auec vn homme où l'on ne void goute: & si c'est quelque ioyeux, contez luy goguenettes, afin qu'il ne pense pas à ce que vous ferez: il ne sera point besoin qu'il y ait de raze dans le coffre pour ajuster la mesure, il sufira de vostre main, ie m'en fie bien à elle: Et si d'auenture vous estiez hastées, ou que l'auoine fust chere, ou bien portee du zele de faire le profit de voſtre pere, vous vouluſſiez meſurer auec le picotin de voſtre diſcretion, & auec la raze de l'œil, faites hardiment; car ie ſçay bien que vos mains valent mieux que deux picotins, & vos yeux que mille razes. C'eſt pourquoy ie vous en-charge que le coffre à l'auoine ſoit touſiours en lieu tenebreux.

Item en temps de cherté, vous ſçauez dé-ja pour me l'auoir veu fai-re, qu'en donnant vn petit clyſte-re d'eau à l'auoine, cela luy fait tous les biens du monde, elle en engraiſ-ſe & en augmente beaucoup, meſ-me elle eſt fort medecinale aux be-ſtes qui ont ces enfleures en la bou-che qu'on appelle *lampas*: mais la choſe qui engraiſſe le plus, de ce re-mede là, c'eſt la bourſe de l'hoſtel-lier, pourueu qu'il le puiſſe faire lõg-temps, & que quelque fantaſque ne le conuertiſſe point en venin; car

IVSTINE.

il y a des gens qui n'entédent point raillerie.

Item, sera bô d'auoir vn sac plein de criblures auprés de l'auoine, ou dans le coffre mesme, dont vous meslerez des poignees parmy l'auoine que vous mesurerez, car ce sera de la cresme à qui le voudra croire, & de l'écume pour l'incredule: d'ailleurs si les bestes sont bonnes elles mangent de tout, sinon, elles ne meritent pas seulement qu'on leur donne du granier à manger.

Item, quand vn hoste vous demandera, Madame de ceans, qu'auez vous à manger, auez vous point eccy, auez vous point cela? sçachez qu'encore que vous ayez la chose qu'il demande, il faut dire que non pour encherir la peine qu'il y a à l'auoir: car il est permis à chacun, de donner tel taux qu'il voudra, à ce qu'il a chez soy. Et lors que vous apporterez ce qu'il aura demandé, dites que vous l'auez achetté de voſtre voiſin à force d'argent & de prieres, afin que la choſe ſoit payee au voiſin, & à vous la ſauce & la bonne grace.

Item, ſoyez touſiours plus facecieuſes que parleuſes, plus boufonnes que rechigneuſes : Ie ne mets point de bornes à la mer, encore qu'il ſoit bon de n'en pas approcher de ſi prés, car voyez vous, la femme eſt vne figure qui ne ſe doit veoir que de loing, comme vne peinture à détrempe, vne broderie de faux or, vn ouurage de paſte, vn vieux corps mort embaumé : Et lors que vous voudrez faire paroiſtre quelque galanterie, de geſte ou de parole, que ce ſoit auant le repas, car il n'y a rien qui ſoit ſi agreable à vn voyageur, freſchement ou chaudement arriué à l'hoſtellerie, que la
vian-

viande sur la table: & quand vous verrez que la grosse faim sera étourdie, alors, vous pourrez vser de vos gaillardises, car de la panse vient la danse.

Item, s'il y a quelque bonne piece de viande sur la table, dites gentiment à celuy que vous iugerez le plus honneste homme de la compagnie, que vostre mere est enceinte & que ce cocq-d'Inde, cette perdrix, ce cochon &c. luy a fait enuie; alors, il y auroit beaucoup d'inhumanité en eux, s'ils ne luy en enuoyoient vne bonne partie. De vray, il n'y en aura point de si fin, qu'en la voyant pansuë comme elle est, il ne la tienne grosse d'enfant: & puis, il ne vous faut point entrer en scrupule si l'on vous croira ou non, car auec des filles d'esperance comme vous, la foy se rencontre tousiours. Ie vous asseure qu'en l'e-

G

stat que vous estes, il s'en rencontrera quelquefois de si credules à vos paroles, que si vous leur disiez que ie fusse gros d'enfant, ils n'en douteroient nullement.

Item, afin que vous ne disiez pas que tous les conseils que ie vous ay donnez sont seulement *pro nobis*, sçachez que quand vous serez debout deuant les hostes assis à table, il vous faudra, en feignant auoir de la dizette tirer de dessouz vostre tablier: ou de dedans vostre corset, quelque morceau de pain bis, & sec qui puisse émouuoir la cõpassion & l'enuie de vous secourir de quelque chose, pour ramolir & detremper le mortier: & si ce trait la ne touche pas au but, & qu'õ ne voꝰ voie point parce que quelque fois les disneurs afamez ne visẽt qu'au plat & à leurs assiettes, faites sẽblãt d'eternuer biẽ fort: mais gardez de peter, vous sçádaliseriez la compagnie; & cóme ils ietterét les yeux sur vous, vous mettrés à róger ce pain qui craquera entre vos dents, & qui émouuant la charité du plus barbare, prédra quelque cuisse de chapó dás le plat, & la vous donnera: Au reste, prenez hardimét dés la premiere fois que l'on vous presentera argét, où quoy que ce soit; le refus est vn peché dót plusieurs se sót repétis : Et aprés que l'ó vous aura fait quelque dó, n'é attédez pas vn second; car c'est miracle quád ces deuots là reiterét l'offráde; aprés le 1. coup, rengaignez les cizeaux, la laine ne croist pas si viste, imités la chate, laquelle tenát vn rat entre ces pates, n'é chasse pas vn autre qu'elle n'ait pris l'air auparauát: Retirez vous hónestemét, afin que l'ó ne pése pas que vous receuiez par deuoir, ce qu'ó vous donne par gratification, & faites places à vn autre

G ij

pour aller sonder le gué, & tenter sa bonne fortune.

Item, que celle qui ostera la nape, se garde bien de faire la rieuse & la ioyeuse, de peur que l'on ne la prenne pour caution de celle qui se fera renduë inuisible: pour cét effet, il faudra que ce soit celle qui aura receu le moins de bien fait, & qu'elle entre dans la chambre, ou dans la salle comme en rechignant, & se renfrongnant; afin de donner de diuerses pensées aux hostes: car les vns croiront que cette mine-là procedera d'éuie, ou de jalousie: les autres de faim, ou d'indisposition.

Item, soyez aduerties, que si l'on donne quelque chose à celle-cy, qui viendra pour leuer la nape qui soit de peu d'estime, qu'elle ne le prenne pas, mais qu'elle die, mettez le sur la table mósieur, il me faut aller disner, ie le bailleray tantost à vn pauure:

mais en oſtât la nape, il faut qu'elle l'enueloppe parmy les ſeruiettes: car de droit, tous les reliefs ſuiuét la nape cóme l'ombre fait le corps: c'eſt vn trait de Matoiſe, qui eſt ſouuentefois profitable, d'autant qu'il y a des hôtes, qui pour ne paroître meſ-quins, laiſſent ordinairement emporter parmy la nape, tantoſt vn pain entier, vn quartier de fourmage, quelque piece de chair, &c. Et quand telle occaſion ſe rencontrera, ſoyez habiles, dés que vous verrez ſeulement chăceler la veſte que vous chaſſerez, acheuez de l'abattre, & l'étoufez vitément parmy la nape & les ſeruiettes; de peur qu'il ne vienne quelque laquais qui vous rauiſſe la proye des grifes: car il y a des Hôtes ruzez qui trafiquent en monopoles auec leurs laquais, & qui font eſconte de tels hazards, ſur l'argent qu'ils leur donnét à dépen-

G iij

ser. Et pour venir heureusement à bout de tout cela, il faudra, quand vous voudrez moissonner & leuer le grain de l'aire, que vous trouuiez inuentiõ d'entretenir: ou d'occuper les laquais en quelque chose qui ne leur soit point desagreable, car lors que vous aurez vne fois passé la prise d'vn lieu en autre, la piste en sera perduë.

Item, quant la nape est leuée il a des hostes qui ont accoustumé de conter goguettes aux seruantes essayant, d'éuaporer la chaleur des viandes au despens d'vne pauure sotte, & voila le Magellan où il se fait souuent naufrage. C'est pourquoy, ie vous aduertis de fuir de tels rencontres; dés que vous les verrez comméncer à caqueter de droleries, laissez les moy là; & s'ils se leuent pour courre aprés la chasse, parlez hault, cela signifiera que vous demandez secours: que si cela ne suffit pour arrester le piqueur, mettez vous à la fenestre & criez Petit Ian: Dieu qui protege la chasteté, fera que ie vous entendray; car estant toujours au logis, i'accouray à vous au premier cry, vous me verrez venir comme vn homme qui entre chez soy, plus resolu & plus graue que le Comte Fernand Gonçalez pour vous garentir d'vn tel conflit. Et quand il se trouuera qu'il n'y en aura qu'vne de vous autres au logis il faudra que cette-là fasse toute seule les trois figures: C'est à dire qu'auant le repas elle soit flateuse comme vn petit chien de Demoiselle, durant que l'on mangera cōme vn leurier affamé, & quand on sortira de table, comme vn liévre fuyard.

Elle se raille de la grauité superbe de ce Caualier.

Item, ie vous encharge expressement, de faire honneur à tout ce qui

G iiij

entrera chez vous, ie ne parle pas des hommes : car en cela vous dserez tel branle qu'on vous le sonnera en vous conformant au merite de chacun. Ie ne vous recommande donc pas les hómes, ils ont tous vne bouche à gage & à loüage pour se loüer & honnorer eux mesmes: Ce que ie dis que vous deuez honnorer ce sont les choses qui ne sçauent pas se faire valoir d'eux mesmes: & ie m'explique; s'il entre chez vous, c'est à dire si l'on vous apporte quelque chat mort, faites luy honneur, dites que c'est vn lievre: le coc, nommez-le chapó; le geay, pigeon; la tanche, carpe; le barbeau, brochet: pour les fruits, ne dites iamais qu'ils soient creuz dedás Mansille, ny aux iardins d'alétour: cela signifieroit qu'ils ne vaudroiét rié, mais dites qu'ils sont venus de Bretagne auec les gots: c'est inciuilité de ne pas honorer les choſes, veu que l'hóneur imite le Soleil il retourne toujours d'où il viét: & puis nous sómes en vn téps où tous les noms & les qualitez s'attachent comme des poux que l'Italien appelle piatoli. Ne faites point ſcrupule de faire de tels baptesmes: car principalement dedans les hostelleries, il y a des fouds pour bailler tel nó que l'on voudra à toutes choſes.

Quand vous mettrés quoy que ce ſoit en paste, faites luy son habillement large afin qu'il croisse; & & s'il ne croist, que la faute luy en ſoit imputée: par ainsi vous pourrés dire que la truite est aussi gráde cóme elle paroist: ces fautes là ſont cóme celles des medecins & encore meilleures: car la terre couure les leurs, mais celles-cy sót couuertes de pain, qui est bié plus noble; puisque les enfans l'appellent en ce pays Cara de Dios.

Item, pour vous munir contre les finesses des hostes, qui pour connoistre si leurs draps sont blancs de lesciue, manient s'ils sont fermes & non fripés, s'ils craquent ou non dedans les mains, comme si nous y deuions mettre de l'amydon pour les roidir, ou du jus de citron pour les faire crisser: ce que vous deuez faire en cela, il ne faut que les asperger & les mettre en presse, puis les enfermer pour quelques heures parmy des racines de glageéts ou de flabes. Item. Quand vn hoste vous dira que vous apportiez du vin demandés luy tout haut, afin que les autres l'entendent, combien il en veut, & à quel pris; c'est vne bonne finesse: car bien souuent les hostes craignát qu'on ne les repute auares, font apporter plus de vin qu'ils n'en peuuent boire pour se móstrer liberaux & ils font fort bien, veu que si le vin est bon, il ne se perd jamais, mesme estant mauuais il ne laisse pas de seruir, tout duit en ménage.

Item, faites en sorte s'il est possible qu'il y ayt toujours vne de vous autres sur la porte en la ruë, proprement accomodée & agencée; vne fille de bonne mine à la porte d'vne hostellerie, est la meilleure enseigne qu'on y puisse mettre: c'est vn aymant attractif pour les chalans & pour le metal de leur bourse. Et finallement, soyez soigneuse quand vous verrez baailler les hostes, de leur demander s'ils veulent jouër; ce trafic là apporte autant de profit qu'vne mine d'Or: I'ay appris d'vn de mes oncles de nostre mestier, qu'il s'estoit enrichy auec le jeu, les cartes & les chandelles: & en effect, ie l'ay experimenté souuent, i'ay eu tel jeu de cartes, qui m'a rendu pour vn seul coup, vingt fois plus qu'il ne m'auoit cou-té: Quãd le plus pauure vous demã-deroit des cartes, donné luy en, afin que l'on ne die point de vous autres, que vous n'aimés pas les pauures. Ie vous diray toutefois, que i'oüis vne fois parler vn homme docte, qui di-soit; que l'Inuenteur des cartes y a-uoit mis trois sortes de figures, le Ca-ualier, la Dame & le Roy, signifiant qu'il n'est permis de joüer qu'à ces trois sortes de personnes: Il est vray qu'il se rencontra là vn autre habile homme, qui luy repartit vertemét; Monsieur le Bachelier, luy dit il, vo-stre interpretation n'est bonne qu'é Espagne: car la figure que vous ap-pelles Caualier n'est qu'vn valet en France: & partant, ie maintiens que soubs ce nom, sont entendues & comprises toutes les autres condi-tions au dessoubs du Roy & de la

Reyne. Que vous semble de cette réponce? or bien, s'il en faut payer quelque chose, c'est à moy à faire, car ie fus le répondát. Suiuant cela, n'oftez point le droit à personne, que chacun jouë hardiment selon sa fantaisie iusques à ce qu'il se mette Impos sur le jeu, & que l'on fasse payer vne pistole pour chaque ieu de cartes, aux Illustres & Seigneurs de vassaux, & vn pistolet aux autres.

De tout ce discours, Seigneur Lecteur, tu peux iuger de la prudence & experience de feu Monsieur mõpere, à bon droit luy rends ie cét honneur: car il estoit vnique à bien instruire ses enfans, ie t'en fais le Iuge.

L'HOSTELLIERE accorte.

Iustine, décrit la capacité & adresse de sa mere en son mestier d'hostelliere; & comme elle se rendit habille pour s'entendre auec elle, & pour l'imiter en toutes vertus. Et sur ce propos, elle fait la peinture d'vn fripon qui se fit Pedagogue.

CVrieux Lecteur, tu sçais maintenant quel fut le mary il ne seroit pas raisonnable de te cacher la femme. Ie deuine déja que quand tu verras qui fut ma mere, tu feras autant de signes de croix, que si tu voyois quelque diable: Il n'y a remede, que veux tu, si tu m'eusse donné vn autre moule, i'eussé esté mieux formée; de tel arbre tel fruit: Ie ny sçaurois que faire, noſtre naiſſance ne dépend pas de nous; ſi cela eſtoit, ie ſçay bien de qui ie voudrois eſtre fille auiourd'huy pour eſtre bien heureuſe dans le monde. Ecoute donc, & tu verras des actes heroïques d'vne autre Celeſtine, en ce qui eſt des mecaniques. Ma mere n'eſtoit pas moins experte que ſon maître-moine, ie veux ſon matrimoine: elle nous inſtruiſoit du ſeul mouuement de ſes yeux; nous nous entendions ſi bien auec elle, mes ſœurs & moy, qu'il ne falloit qu'vn clin d'œil pour nous expliquer vn grand diſcours: mais moy principalement, i'eſtois faite parfaictement à ſon badinage: elle m'aymoit cóme ſon cœur à ce qu'elle diſoit, quád elle me vouloit flater: bié qu'é verité, elle l'euſt pu deu faire: attendu que ie luy ay ſouuent preſté de la paſte pour enfermer plusieurs secrets, de si grande importance, que si mon pere eust eueuté l'air de la centiesme partie du plus petit, il l'eust prise sur le fait auec le mal-faiteur. Mais Dieu me garde de ressembler à d'autres filles indiscrettes que ie sçay, qui ne sont pas plustot enceintes d'vn secret, que les maux du vomissement leur prennent.

Elle estoit si charitable, qu'elle s'ostoit le morceau de la bouche pour le donner à tel qu'elle n'auoit iamais veu, & de qui elle n'esperoit ne terres ny vignes; il est vray que c'estoit en bien payãt: car ce qui valoit quatre, elle le vendoit quaráte: souuẽt elle nous disoit, que la meilleure prouision que nous pouuiõs faire pour la maisõ, c'estoit d'auoir forcé gros pigeons en paste; d'autant qu'il y auoit de la chair dure & du pain tout ensemble; & d'ailleurs

par

par ce que l'on dōne aux choses que l'on met en paste, telle grandeur que l'on veut en effect, les patissiers ont autant de pouuoir que les Roys d'Espagne: car en faisant couurir vne chose, ils luy donnent le tiltre de grand. Et si d'aduenture c'est quelque corneille au lieu d'vn pigeon, il n'y aura personne qui puisse porter tesmoignage au contraire: car lors qu'vn geay ou vne corneille sont plumez & enfermez dans vne bierre de paste, il n'y a point de Deuin qui pût dire si c'est vn pigeon, vne cercelle ou vn puert: Iamais femme ne fut plus adroite qu'elle, à emprunter la moitié de la pitance d'vne beste, sur vne lettre de change qu'elle luy bailloit pour se reprēdre sur la premiere hostelerie. Elle auoit tant de cōpassion des pauures qu'elle n'en receuoit pas vn chez elle, de peur de le voir mal traicter à faute

La dignité dont les Caualiers Espagnols sont plus ābitieux est le titre de Grand, que le Roy leur donne en leur commandant vne fois de se couurir en sa presence, & cette dignité va de pere en fils, & appellēt cela estre du rang de los Grandes, dequoy Iustine se raille.

H

d'argēt: car elle desiroit que to⁹ ceux qui entroiēt en sō logis fussét riches. En sa vie elle n'apresta disner qu'elle ne luy fist payer le passe-port; iamais elle ne mit riē à la broche, outre qu'elle en tiroit la quinteessence, pour des roties qu'elle n'é fist l'essay, de peur que ses hôtes ne fussét empoisōnez & pour déguiser le dechet & le tribut qu'elle imposoit de sa propre autho-rité sur toutes les pieces rôties, elle v-soit de plaisātes finesses quelquefois elle disoit, que les hôtes ayāt tardé à venir, le chat s'estoit hasté de dérober: tātôt elle soudoit la marque de la piece éportée. auec de la cédre cō-me on fait vn chaudrō cassé: tātôt el-le brûloit l'endroit auec vn tizon, & si delicatemét, que le rosty & le cha-stré estoiét tout d'vne couleur: Mais quād le mal étoit desesperé, & qu'elle ne le pouuoit guerir par les reme-des susdits, elle faisoit quelque étuuée hachis, haricot, ou salmigondis, dãs la sauce duquel elle noyoit toutes ses fautes, prenant garde toutefois, que l'assaisonnemét ne fût pas de grand coust, ny de trop bõ goust, afin qu'il n'y eust guere de fraiz pour elle, & qu'il luy en restast dauãtage. Regardez mes enfãs, nous disoit-elle alors, regardés cóme vne étuuée est propre à excuser vne friponerie: Et dautant que tout se iette là dedãs pesle-mesle, les os, & la chair & les boyaux, sans qu'õ y puisse rié distinguer, c'est où se void la pure verité du prouerbe, *vne riuiere trouble est le gain des pescheurs.* Et croyez-moy qu'vn hoste harassé du chemin est fort aise & prete plus que ne fait vn bas d'estame, quand il void qu'vne hostelière essaye de luy faire quelque ragoust pour luy exciter l'appetit : car bien que la sausse soit mal-faicte, comme cela est ordinaire, ils excusent l'ignorance, & disent aussi tost, ce ragoust n'est ny bon ny mauuais, son intention fut bonne, la pauurette n'en sçauoit pas dauantage, car si elle l'a fait de son propre mouuement, il est à croire qu'elle l'auroit mieux fait, si elle l'eust sceu. Et aprés que chacun aura vn peu gousté de ce tripotage pour en dire son aduis, ils le leueront de dessus la table: La belle fille diront-ils à celle qui les seruira, (car pour conuertir vne masque en belle fille, il ne la faut que faire seruante d'hostelerie) est-ce vous qui auez fait cette sauce? vous en feriez bien vne meilleure si vous vouliez: il y manque quelque chose, le goust n'en est pas assez friand. Alors: il faut que la fille fasse l'innocente & la honteuse, & répóde, en verité, Monsieur, i'auois esté pour l'amour de vous, querir pour deux sols d'espice & pour quatre de-

niers de vinaigre, afin que cette e-
ftuuée vous femblaft meilleure; &
pour témoignage, i'y ay laiffé en
gage ma bague d'argent : & là def-
fus, fillettes, il faut faire vne reuerence : car vous ferez en hazard fi
celuy qui parlera à vous eft liberal;
de tirer quelque piece d'argent en
reconnoiffance de voftre naïfueté,
quoy que vous n'ayez rien engagé
ny rien perdu.

Ie n'acheuerois iamais fi ie voulois inuentorier par le menu toutes
fes rufes ; fineffes & tourts; ie con-
clus en te difant, que pour embrazer toute la maifon, il ne luy falloit
qu'vn petit boüillon d'imaginatió:
Et le plus fouuent elle fe prenoit à
moy, me difant en mettant le
doigt indice à cofté du nez, comme en me menaçant ; Iuftinetté
vous eftes bien friquette m'amie,
vous l'enuierez quelque matin par

dessus les plus Matoises, qui furét iamais de vostre race; ie voy bié toutes vos fredenes sás faire sēblant de rié, mais quád vous m'afinerez vous en tróperez bien d'autres, quand vous m'éblouÿrez, vous aueuglerez bien d'autres. Ie sçauois bié pourquoy elle me tenoit ce langage là, & toutefois ie n'en diray rien, de peur d'acquerir mauuaise renommée : l'exposeray seulement pour ma defence, qu'elle faisoit comme l'écreuice qui commandoit à sa fille d'aller en auant, quand elle alloit à reculons. Enfin, ie fus meilleure disciple de ma mere que mes autres sœurs; il n'y auoit rien en son iardin que ie ne transplātasse dās le mien: que veux-tu dauātage, Lecteur? quicōque dōne ce qu'il a, ne doit plus rien & celuy qui enseigne ce qu'il sçait, encore moins.

Les aigles aprennent à leurs petits à regarder fixement le Soleil, dautāt que cōme ils naissent ayans les yeux tédres & humides, elle preténd que le Soleil les deseche & les éclarcisse, afin de découurir la proye de loin pour fondre sur elle: car c'est la proprieté vnique de l'aigle, de voir du pl⁹ haut des nuës l'agneau sur la terre, ou le poisson dás les eaux, sur lequel il s'élace cóme la foudre: & diuisant l'eau auec ses ailes va prédre le poisson au fonds: ainsi, ie puis dire que ma mere estoit vn aigle en cette matiere, puis qu'elle éclaircit mes tédres yeux pour aperceuoir la chasse de fort loin & la sçauoir attrapper, quoy qu'elle fust couuerte d'vne mer de difficultez. Il est vray, que ie n'auois que faire qu'ó me tirast l'oreille qu'on me pinçast pour m'aprédre, mó humeur y estoit fort disposée; & en cela, ie deuáçois les aigles qui sont si paresseux de leur nature, qu'il faut que la mere les pique à coups de bec, & iusques au sang, pour les faire sortir

H iiij

du nid mesme, iusques à les prendre auec ses ongles, & les enleuer hors de l'aire pour leur faire regarder le Soleil par force. La colombe enseigne à ses petits à nettoyer leur nid: car elle n'est pas porcque, ny sale comme la hupe, laquelle combien qu'elle ait le plumage doré a tousiours de la plus sale ordure dans son nid: & c'est pourquoy elle represente les femmes habillées de dorures, qui laissent leur maison plus orde & plus infecte qu'vne latrine. Cen'est donc pas merueille, que ma mere comme vne colombe m'enseignast à balayer non seulement la maison, mais aussi les bourses, pochettes, & malettes des hostes qui logent chez nous. Ie pourrois rapporter icy plusieurs exemples des subtilitez qui furent inuentées par les Anciens, pour instruire plus facilement leurs enfans comme firent entr'autres les Egyptiens auec des figures hierogliſiques, mais mes pere & mere n'eſtoient pas ſi induſtrieux, ils ne ſçauoient que le iargon de la tauerne ou du cabaret, & ne pratiquoient point d'autre doctrine que celle de iour *à rapio, rapis, propter meus, mea, meum.* De quoy t'emerueille-tu? écoute vn conte ſur ce propos.

Vn certain ſoldat, fit deſſein de gangner ſa vie à peu de fraiz. Pour cét effect il s'acouſtra en Pedant, il ſe coiffa d'vn chapeau qui eſtoit de naturel tout different des cheuaux qui maigriſſent à force de ſeruir: car il s'eſtoit tellement engraiſſé en cét exercice, que l'on en euſt bien tiré dequoy façonner quatre cuirts de vache: Il auoit fourré ſa teſte iuſques au fonds de la forme qui luy touchoit le ſómet; il portoit vn colet à demy

dedans & à demy hors son pourpoint, & gras comme l'est celuy
d'vn garçon chaircuitier sur la fin
de la semaine; vn visage d'vn homme mort à la fumée, vne demy sou-
tanne & vn manteau aussi ample
qu'vne cedule pour emprunter de
l'argent; des bas de chausses qui se
rioient du temps passé & du present;
vn soulier éculé & en pantoufle, &
l'autre chaussé, mais si fort tourné
qu'il en estoit sendessus-dessous; vn
friponement d'épaulles, côme s'il se
fût demágé, vne voix aigre & graue,
qui hannissoit & brayoit plus fort
qu'vn asne quád il vouloit. Auec céte
figure & cette taille, il se fist Pedagogue & maistre de quelques petits
escoliers qu'il trompa de plus de
moitié de iuste prix, comme principalement il fit, vn tiercelet de noblesse de cápagne, qui voulant faire
son fils suffizant pour estre capable,

le luy mit entre les mains: mon maistre mon amy, luy dit-il, ie vous dóne ce garçon en charge, qui est miéure & poste, afin que vous le moriginiez & luy enseigniez tout ce que vous sçauez de bon. Le Magister luy promit, & l'accóplit fidellemét. Au troisiéme iour, il cómença à découurir naïfuemét toute sa science à son disciple. Garçon, luy dit-il, tu pense que ie sois quelqu'vn de ces sept sages de Grece, tu t'abuse: Tu pense que tout ce qui est iaune soit or, tu t'abuse: tu pense que l'habit fasse le singe, tu t'abuse: tu pense que ie sois ce que tu pense, & tu t'abuse: Le diable emporte, encore que ie voulasse t'aprendre plusieurs bónes choses, il me seroit impossible: car aprés deux choses seulement, ie ne sçay plus rien. De ces deux choses là, il y en a vne de guerre, & l'autre de paix: celle de paix, c'est que i'entends le trantran des enfans de la Mate; ie sçay plumer la Dupe fort industrieusement quand elle tombe dás le piege de mes mains: & pour témoignage, tien, voila les instrumēts dont ie me serts, cartes & dez. Celle de guerre là voicy; prens cette épée, étens le bras, la pointe à la teste; que le pied suiue le visage: aprés cela ie te baise les mains. Le ieune gentillastre, profita si bié auec ce docteur, que dás peu de iours il firent voyage en plusieurs villes d'Espagne, où ils vesquirent de leur esprit. De façon, amy Lecteur, que chacun ne peut enseigner que ce qu'il sçait, encore qu'il se trouue souuent beaucoup de maistres, qui ne sçauent pas ce qu'ils enseignent.

LE DECEDS RIDICVLE de l'Hostelier.

Iustine fait une moralité sur la vie & sur la mort. Conte par quel accident son pere mourut subitement: La façon dont il fut enseuely: La cruauté d'un chien enuers son maistre; Et le deüil gaillard.

TElle vie, telle fin : Il me souuient d'auoir toûjours ouy dire que les gens meurent comme ils viuent, excepté qu'ils viuent de vét & d'air, & neantmoins ils meurent faute d'air : comme nous pechons, nous endurons, sauf que le plaisir du peché est Nain, & les peines de la reparation sont Geantes. Le plaisir, dif-je, est imperceptible, & la peine griefuement sensible. Ie laisse à part l'histoire de Iezabel, qui fut precipité par vne fenestre & mangé des chiens; & plusieurs autres exéples des liures sacrez de certaines personnes de qui les plaisirs furent leurs mesmes bourreaux: car ie ne me hazarde pas d'aller sur de si hautes échasses i'aurois trop peur de tomber: l'allegue seulement pour caution de mō dire ce Roy de Thrace, Diomede, qui engraissoit les cheuaux de chair de Roys vaincus, & de la chair duquel Hercules fit faire vn bon repas à ses chiens. Ma Camarade Herodias rendera aussi témoignage pour moy, laquelle pour le merite des sarabandes qu'elle dança, demanda la teste d'vn tres-sainct personnage, de laquelle aprés estre tranchée, elle transperça la langue de plusieurs coups de son aiguille de teste: aussi mourut-elle en dançant; elle se rompit le cou entre deux aiz d'vn theatre où elle dançoit, lesquels se desioignirent.

Vn des principaux soins de mon pere, estoit de mesler force poussiere de criblure parmy l'auoine qu'il mesuroit à ses hostes, comme il nous en fit leçon, quand il erigea sa maison en tître d'hostellerie. Or vn iour, il me commanda d'en mesler vn peu plus que de coustume, & moy, comme fille plus qu'obeissante, i'aioustay encore quelque chose à son commandement : Mais le diable y fut : car celuy qui auoit interest à la besongne nous oüit sans que nous y prissions garde : C'estoit vn esperlucat, vn esgrillatt, qui prenant cette galanterie là pour outrage, se prit quant-&-quant de parole auec mon pere; il le taxa à l'honneur, & l'appella larron ; dequoy mon pere irrité, leua la main pour le frapper;

& l'autre se saisissant d'vn certain demy boisseau de bois fort épais & ferré tout au tour, qu'il trouua sous sa main, il luy en deschargea vn si pezant & si furieux coup sur le timbre, ie veux dire sur la temple, qu'il luy mit l'ame dans cette mesure, & laissa le corps gisant par terre: Ainsi sa vie fut mesurée par cette mesure; il pecha auec elle, & patit par elle: tout le bien qui nous arriua de ce mal, ce fut que le pauure homme mourut comme vn moineau; il ne donna peine quelconque à personne, & si nous ne fusmes point sujets aux tyrannies des Medecins, Apotiquaires & Chirurgiens, Dieu mercy.

[Il falloit que cét hoste là, fût quelque homme pieux & de bonne conscience: car il n'eut pas plutost fait le coup, qu'il demanda pardon au trépassé. Il estoit encore liberal &

& resspectueux, il s'en vint a nous autres filles, & nous donna à chacune vingt-quatre reales & vne par dessus, pour nous consoler : Il en donna cent à ma mere, en la baisant amiablement, se sen tant obligé de la grande constance qu'elle temoignoit en cette occasion. De sorte que pour le merite du Caualier & de ses reales, & aussi pour satisfaire au commādement de ma mere, no° deguisames la cause de la mort de mon pere, & fismes courir le bruit, qu'il estoit tombé du haut de l'escallier, comme cela luy arriuoit assés souuent, ayant la teste étourdie des vapeurs de la eaue : Et par cette honnorable relation, la chicane, des cohuës ne trouua point à mordre, ny mesme à ronger sur nous.

Quand il fut question d'enseuelir le mort, nous eusmes paroles ma mere & moy, par ce qu'elle

I

me donna le plus meschant drap du logis, & qui auoit seruy à quelque laquais, qui auoit dansé la courante la nuit au lieu de dormir, peut estre pour auoir trop gourmandé le jour. A la fin ma mere vaincue des remonstrances d'honneur que ie luy fis, apporta vn autre linceul plus propre, car il auoit esté relaué, mais troué en plusieurs endroits.

Tout ce soir là, nous ne voulusmes receuoir aucune visite de condoleances; nous fermasmes nostre porte comme gens reclus & retirés; nous auions quelque dessein de veiller le corps, mais nous en prismes vne autre. L'argent qu'on nous auoit donné, bannissant nostre melancolie, nous excita la gayeté & l'enuie de faire vn petit morceau de bonne chere, à quoy ma mere se trouua fort disposée: nous allasmes donc pouruoir à noſtre mangeaille, & cependant, nous laiſſames le corps de mon pere, à la garde d'vn maſtin qu'on nous auoit donné depuis deux jours comme eſtant de bonne garde, eſtimans qu'il ne luy arriueroit point de mal ayant vne ſi bonne ſentinelle auprés de luy : Neantmoins nous fuſmes deceües en noſtre opinion, cét antropophage de chien, ou pluſtoſt ce diable de loup affamé, ſentāt la fumée de la marmite, ſe mit a abayer & heurler pour ſortir, mais nous eſtions loin de là à faire gode chere, nous n'en oyons rien : & comme perſonne ne l'alloit ſecourir, il ſe alla plaindre a ſon maiſtre cété du ſur le carreau, & voyāt qu'il y gagnoit rié, qu'il ne ſe leuoit point pour lu ouurir la porte, iugea qu'il eſtoit ſourd, de façon qu'il ſe delibera de luy parler a l'oreille. Il abaye, il heurle, il parle, Lapó, il parle Chinois, & rié

I iij

pour tout cela à la fin, il se mit en colere, il le prend à belles dents par vne oreille, & voyant qu'il perseueroit en son obstination, il luy arracha l'oreille auec la racine & la trásplanta dás son chien de ventre, cela fait, iugeant qu'il estoit sourd de cette oreille là, il a recours à l'autre, il luy fait la mesme harague, & puis le mesme effet qu'à sa cópagne. pour moy ie presume qu'il raisonnoit ainsi: cét homme cy est parfaitement mort; mes maistresses sont fort viues & fretillantes: ie meurs de faim & elles font ripaille sans moy: il est donc raisonnable que ie fasse aussi mon festin sans elles. Tellemét qu'il se iette sur le pauure corps de cu & de teste, & l'acoutra de telle sorte, que le diable mesme ne l'eust pas reconnu quoy qu'il fut son camarade. Quand i'arriuay, & que ie vis le mastin si saoul de chair d'hostelier, & la figure de mon pere si défigurée, cela me fit grand pitié, & i'aurois cru que ma mere eust côpaty à cette douleur, si ie ne luy eusse ouy dire toute en colere, au diable soit le mort & le mortuaire, où trouueray-ie maintenant du fil & vne aiguille pour recoudre ce linceul & pour r'enseueillir cettuicy? Nous le rauaudasmes & r'apetaçasmes pourtant du mieux qu'il nous fut possible, j'entend pour le drap le suaire, mais pour la chaire, n'y eut point de remede, la rentraiture y estoit inutile, car le mastin auoit taillé son ouurage à piece emportee. I'auois bien enuie de prendre quelques lopins de chair, sur le corps d'vn pauure tauernier d'vne tauerne borgne, pour reparer les bréches de celuy de mon pere, mais par ce que mon pere estoit hostelier, & de qualité plus releuée que de

I iij

tauernier, cela n'estoit pas conuenable : c'eust esté refaire vn haut de chausse de drap d'Espagne, auec du bureau. Tellemét que pour ne point faire cette friperie charnelle, nous l'enterrasmes en cét estat. Ma mere n'en dit non plus mot, que si elle eust esté la morte. Il est vray que cét honneste homme, l'homicide de mon pere, luy dit que si elle se remuoit seulement, qu'il l'accuseroit d'auoir ietté son mary aux chiens ; car il estoit fort aysé de le prouuer : ma mere qui estoit tres aduisée, demeura aussi muette qu'vne statue : aussi ne pouuoit elle pas faire dauantage : & puis, le bon hóme estoit mort, & la perte n'é estoit pas grande : car nous pouuions supleer à son defaut, sçachát par cœur tout le negoce & le trafic de nostre logis. En effet mon pere estoit cause de sa mort : & quand nous eussions entrepris de la venger, c'eust esté seulement enrichir les officiers qu'on appelle de iustice, & quant & quant perdre les reales, que nous auions receuës de gré à gré sans aucune dispute. Qu'y a-uoit il donc à faire, sinon prier la terre, qui couure tant de fautes de medecins & de medecines que tuent les gens, de couurir aussi celle d'vn demy boisseau.

Nous n'vsasmes point de larmes en cét enterrement, ma mere auoit les yeux fort secs, & nous autres ne pouuions pleure qu'elle ne commençast la premiere : mais quand elle eust commencé, ie ne sçay si nous eussions pû suiure le courant de ses larmes, par ce que no' estiós fort empeschees à prendre garde que nos robes de deuil ne trainassent dans les boües, car c'estoit en hiuer

I iiij

nous ne les auions qu'à loüage & les falloit rédre à leur maistre quãd la tragedie seroit acheuée de jouer: Au moins me puis-ie vanter de n'auoir pas enterré ainsi mes deux maris, comme tu le verras Lecteur: & faut que i'aduoüe que quand il falut prendre le deüil, ie fus aussi aise & mes sœurs aussi, que les enfans qui vont mettre vn habillement neuf, & aduint qu'estant habilles, il nous prit enuie à toutes trois de nous regarder au miroir, tant nous estions amoureuses de nous mesmes, pour voir si ce changement là nous estoit auantageux, & si nous auions bonne sirlimouse: mais par ce qu'il y auoit à cét heure là des personnes chez nous, & que les vns empeschoient les autres, nous n'osasmes leuer nos voiles ni nous presenter à la glace. Il fut donc question de s'aduiser de quelque finesse pour contenter nostre dessein: cela ne fut pas trop difficile, nous estions assez Chimeristes; chacune donc trouua moyen de se mirer auec bien-seance, & sans preiudicier au respect du temps lugubre ou nous estions: l'vne, & la plus lourdaude d'entre nous, prend le miroir, disant, i'ay enuie de mettre ce miroir deuant la bouche de mon pere, pour voir si son haleine ne le ternira point, & estre asseuré s'il ne luy reste point encore vn peu de vie. En disant cela, elle dépend le miroir, & se contente sans faire semblant de rien & le remit en sa place. L'autre vn peu plus fine, ie veux voir, dit-elle, si le cloud de ce miroir tient bien: on passe & repasse si souuent contre cet endroit là, que i'ay peur qu'on ne le fasse tomber: elle s'approche donc & iouë son ieu: Et quand ce vint à mon tour ie dis en faisant la serieuse & la prude femme, baillez, baillez moy ce miroir que ie l'enferme dans le coffre: vraymēt il fait beau voir vn miroir contre des fenestres parmy des funerailles. Par ainsi, ie fis mon fait comme les autres: & ainsi que ie l'alois serrer, ma mere qui sourioit sous sa coiffe, admirant la gentillesse de nostre esprit, nous voulut aussi imiter & faire paroistre qu'elle n'estoit ny moins curieuse, ny artificieuse que nous, Elle s'en vint donc à moy; i'ay peur, dit-elle, que vous autres n'ayez cassé ce miroir à force de le patiner, monstrez le moy: & aprés l'auoir consideré, elle me le rend; tenez Iustine enfermez-le, aussi bié desormais n'en aurons nous plus guere à faire: de façon que nous satisfismes toutes à nos appetits à nostre discretion. Finalement, nous portasmes le corps mort au Cimetiere; & ie vous protefte que quand il y fuft allé luy mefme de fes propres pieds, il n'y euft iamais arriué fi toft qu'il fift. Nous retournafmes au logis, & l'eau reprit fon cours par où elle fouloit; c'eft à dire que nous n'en fufmes pas plus chagrines ny melancoliques, nous nous refignafmes à la patience & à la conftance. Ie ne fçay que c'eft de glofer fur les chofes, mais il me femble que la mort vouloit faire paffer celle de mon pere pour vne de fes actions heroïques, & que pour monftrer quelque chef d'œuure de fon meftier, elle auoit auec vn demy boiffeau, fait vne biere à vn hoftelier gros cóme vn tonneau. Voila donc la Cataftrophe de la vie & la mort de mon pere: ie te femós maintenát, pieux Lecteur, de venir à l'enterremét de fa féme qui affeuremét étoit ma mere, ie dis afsûrement, eftát pl°

certaine de ce costé-là que de l'autre.

LA MORT FACETIEVSE de l'Hostelliere.

Iustine décrit la cause de la mort de sa mere, & conte comment elle fut enseuelie. Le retour de ses freres venans de la guerre. Aduis folastres de Iustine aux filles & seruantes d'hostelleries: & concluid qu'elle ne peut ressembler qu'à ceux qui l'ont engendrée.

MA mere, aimoit merueilleusement les grillades de chair de pourceau, & principalement les menuz droits dudit animal, comme les saucisses les andouïlles & boudins. Or vn soir en hiuer estant oysiue auprés du feu, el-

IVSTINE. 141

le aduisa certaines andoüilles enfumees, qui se panadoiét dans le vaste du manteau de la cheminée, à cheual sur vne broche, morgant vne troupe de jambons, de costelettes, echinées & pieds de porceaux qui passoient aussi carriere au mesme lieu: elle leur commanda aussi tost la presente veuë, de mettre pied à terre & descendre de la broche. Les andoüilles s'excuserent honnestement, disant qu'elles n'estoient pas encore assez colorées de l'air du feu, & partant qu'elles ne seroient nullement proffitables. Elle leur fit iteratif cōmandement de son appetit, de descendre maintenant & sans delay, nonobstant oppositions ou appellations quelconques: & voyant leur rebellion, elle prit vn baston de fagot & en fit tomber vne bonne demy douzaine par le foyer, & pour reparation de leur desobeïssance, elle les condamna à estre roties & englouties sur le champ. L'execution de ce decret s'ensuiuit incontinant elle estoit si irritée contr'elles qu'elle les aualla quasi toutes entieres. De sorte, qu'elle contenta si excessiuement ses appetits, qu'ayant redoublé le nombre des tripes, des boyaux de son ventre, elle en pensa creuer: mais elle en fut quitte pour étoufer, comme elle fit quatre heure aprés. Ie me suis cent fois étonnée comment son ame auoit pû sortir, veu qu'elle auoit vne andoüille toute de son long dans le gozier qui luy étoupoit le passage.

Vn fameux larron, disoit que l'ame d'vn larron se traitoit comme l'eau de puits que l'on ne tire qu'auec la corde: Ma mere qui tenoit plus de latronnesse que de niaize pouuoit dire le mesme, & encore ajouster que comme les gros larrons

meurent auec des cordes de soye, elle mourut auec vne corde d'adoüil-
le, au moins la mort luy fit elle plus
de courtoisie qu'à son grand pere le
tambour, dont tu as ouy parler cy-
deuant: car elle luy boucha le gozier
auec vne fluste de boyaux, & a l'autre, auec vne fluste de bois: ie ne
sçay ce que cela veut dire, que la
mort ait emporté toute ma genera-
tion auec l'enflutement, cela me fasche fort: mais va de pourtant, ie ne
versay pas beaucoup de larmes pour
ma mere: car si elle auoit vn tapon
dans la gorge, i'en auois vn autre
dans les yeux, qui empeschoit les
pleurs de sortir: il y a des temps, que
quand vne personne se frotteroit les
yeux de ciboules & d'oignons, il
n'en sortiroit pas vne larme; car les
larmes vont comme les saisons, &
sans doute c'estoit alors vn esté
brûlant, qui auoit seché toutes

les sources; mes sœurs pleurerent aussi peu que moy, il est vray qu'elles attendoient que ie commençasse la premiere: car elles me respectoient comme l'aisnée. Au fonds, ie ne perdois rien en sa mort, quel sujet auois-je donc de lamenter veu que persone ne pleure la mort d'autruy que quand il y perd quelque chose? Ie voyois que j'allois bien toute seule, & que ie me pouuois alimenter sans mere, c'est pourquoy ie fus à l'instant consolée. Comme il fut question de l'enseuelir, le mauuais traitement qu'elle auoit fait à mon pere en pareille occasion, fut bien vangé; il ne se trouua point de drap dans le logis pour la mettre, il falut quelle se contentast d'vne chemise qui n'auoit qu'vne manche, ie la luy vestis & luy mis les deux bras ensemble, & puis ie la cousis tout à l'entour: Et
ie croy

ie croy que ie fus inspirée de quelque bon Demon quand ie m'aduisay de luy coudre les deux bras dans cette manche; car si ie les luy eusse laissez libres, elle les eust fourrez de biere en biere, & de fosse en fosse pour chercher des andoüilles; & en cas qu'elle n'en eust point trouué, elle se fust prise à tout ce qui se fust presenté, quand c'eust esté des triquebilles, tant elle y estoit affriandée; & si quelque mort l'eust querellée, elle luy eust dit des iniures si atroces que tout le Cimetiere s'en fust mis en rumeur.

Quant à ce qui est de l'argent qui se trouua au logis, nous n'osasmes en donner à l'Eglise, par ce que comme nous sçauions qu'il estoit mal acquis, nous craignions que l'on ne nous reprochast, que nous derobions le porc & que nous en donnions les pieds à Dieu:

K

de sorte que pour ne luy faire de mauuaise offrande & aux dépens d'autruy, nous retismes la finance pardeuers nous. Depuis, il nous prit quelque sentiment de charité: car il n'y a point d'impie si resolu, qui n'ait quelquefois de bons mouuements: Nous voulusmes faire quelque bien pour les morts: mais les viuants qui estoient mes freres, nous firent tant de mal, qu'il n'y eut pas lieu d'executer nos sainctes intentions.

Si le depart du monde, de nos pere & mere, ne put attirer nos larmes, l'arriuée de la gurre de nos freres nous en sceut bien exiger. Il reuindrent tous dépoüillez d'habits aussi bien que de honte; & la premiere chose qu'ils firent chez nous, ce fut des'emparer des Sceptres de l'Empire, les clefs de la maison, qu'ils nous osterent. C'e-

ſtoient des Diables; ils crochet-
toient les ſerrures ils enfonçoient
les coffres, ils grimpoient par deſſus les murailles, bref quand ils
mirent le pied dans le logis, il
ſembloit qu'ils allaſſent piller vne
ville priſe ſur le Turc; & tout cela, pour fureter & chercher ſi nous
n'auions rien caché. Nous voyant
ainſi deſtituées de pouuoir, nous ne
puſmes faire autre choſe que de leuer la bonde de nos larmes ieuſner
& digerer à loiſir les bons morceaux que nous auions aualez. Nous
n'eſtions pas alors aſſez experimen-
tées, pour nous premunir de gladia-
teurs & de protecteurs: mais ſi i'euſſe eſté druë cóme à cette-heure, mes
freres euſſent bien pû aller ſe loüer
pour gangner leur vie, à quelque
payſan pour garder vne cheneuie-
re nouuellement ſemée, & ſeruir
d'épouuentails aux oyſeaux. I'ay à

K ij

presentât d'intelligence & de credit dans le monde, que ie mettrois en campagne douze Pairs pour ma defence; ie fais la nique aux plus déterminez.

Il me semble, Lecteur enquesteur, que tu me demandes quelques particularitez du discours de ma vie & des auentures que ie courus du temps que ie fus hostelliere, en tutelle & sous la conduitte maternelle: tu és bien simple de me faire de telles questions, que veux tu que ie te conte; puis que tu sçais dé-ja que ie dansois au branle que ma mere menoit? Laisse laisse moy passer outre, ne m'importune point ne crois pas pourtant que ie neglige de les dire pour en faire peu de cas, car ie fis des choses de tel merite, qu'elles pourroient entrer en rubriques dans le calendrier de Celestine; mais c'est par discretion que ie garde silence : ie ne veux pas tirer gloire, des choses que i'ay faites à l'ombre de ma mere, de peur de rauir l'honneur d'autruy pour me l'attribuer, me lairras tu aller? A la fin, puis que tu és si opiniastre, t'en faudra-t'il faire quelque Epitome pour t'amuzer & me defaire de toy; Ce ne sera pourtant qu'vn doigt du Geant, & vn échantillon de la piece ; neantmoins tu pourras bien iuger du reste si tu as bonne iugeoire. I'auois fait vn certain petit abrégé, pour estre insinué dans mon testament, en faueur de quelque apprentisse de nostre mestier : mais ie le veux inserer icy, soubs le titre de donnation entre vifs pour seruir d'exemple, de modelle, de miroir, & d'aduis aux seruantes d'hostellerie, aux filles de mon ordre qui voudront imiter mes regles ; mais pour estre plus amplement instruites, elles pourront recourir aux scientiques preceptes de mon pere cy-deuant écrits.

Aduis pour les filles & seruantes d'hostelleries.

La seruante d'hostellerie doit estre ieune de seize à vingt-cinq ans, forte & robuste pour soustenir les charges qu'il luy faudra porter, & pour subsister au trauail où elle sera soumise.

Elle doit estre souple, preste, pronte à l'esperon; c'est à dire quand on luy commandera, qu'elle obeisse incontinent, à la charge de remuneration; car assez demande qui bien sert.

Qu'elle ne prete rien que sur bon gages.

De jour farouche & de nuit priuée.

Fertile à promettre, & sterile à tenir.

Auant la repeüe, comme vne ieune chienne; & aprés, comme vieille chatte.

En intriques, comme vn écheueau de fil meslé.

Complaisante à tous.

Vn peu sage, vn peu friponne.

Moitié verjus, moitié raisins.

En public discrette, en secret, folastre: & vogue la galere aprés cela.

De courtoisie, Lecteur, cependant que la verue de sagesse me tient, permettez que ie fasse vn peu la Dame prudente durant quelques moments, pour expliquer vne conception qui s'est logée dans ma petite ceruelle à propos de ma naissance. Or me voila preste à parler, comme vne personne bien sensée; & dure ce qu'il pourra durer.

K iiij

Ie me suis mise à considerer que mes inclinatiõs ne seront pas insupportables quand l'on se voudra representer d'où ie suis issuë, & des leçons que l'on m'a faites si souuentefois repetées; mais ie croy que s'il y auoit transmigration d'ames, & si au sortir d'vn corps elles entroient dans vn autre corps, cóme certains Philosophes inspirez des vapeurs du tonneau l'ont resué, que les ames de mon pere & de ma mere, logeroient alternatiuement en ma personne. que si elles s'y trouuoient ensemble, il auroit danger que celle de mon pere n'epoussetast celle de ma mere, en véageance des outrages qu'elle fit à son corps aprés sa mort. Et puis qu'é ce petit interuale de temps, ie puis parler eñ docte, ie dis que ie croy maintenant que toutes choses retournent à leurs principes & d'où elle sont venues: La terre s'en va au centre qui est só principe; l'eau à la Mer qui est sa mer: le Soleil au bout de vingt-quatre heures, retourne à son orient: les vieilles gens retournent en enfance qui donna commencement à leur estre. L'epic meur & abondant de grains, se baisse & s'incline vers la terre pour retourner d'où il est sorty: le Phœnix, va mourir dans les cendres qui furent le principe de sa vie : l'homme.... Et où te vas-tu fourrer Iustine? En bonne foy Lecteur, si tu ne m'eusse arrestée ie m'en allois parler. Par de la Caresme-prenant, & iusques au iour que l'on dit : *souuien toy homme que tu es cendre.* Mais ce n'est pas à moy à faire telles predications. Ie m'contente de te representer, que quiconque n'aist des mœurs & des humeurs que ie t'ay cótées, ne se retient pas peu, quand il refrene son naturel, ny ne s'emporte pas beaucoup, quand il s'y laisse aller: Nous autres filles sommes les épouses de nos meres. Mais il me semble que i'ay monté ma chanterelle bié haut ie commence déja à baailler & à m'estendre, i'ay les bras tous engourdis, ie suis fatiguée d'auoir s'y long temps contrefaict la sçauante; Ie voy bien à cette heure qu'il n'y a point de plus grand trauail pour vn homme, que d'estre obligé à parler demy heure de bon sens: ie me suis veuë si empestrée dás le discours que ie viens de faire, que mes sens exterieurs ne faisoient pas leurs fonctions, tant i'estois bandée a me demesler de mon entreprise: mais tu m'as fait vn singulier & plurier plaisir de me prester la main pour m'en retirer.

LIVRE SECOND

LE DEBVT, DE LA DEbauche de Iustine.

Elle conte ses inclinations à dancer & à courre deça & de là: Deduit des raisons d'où vient que les femmes aimēt à dancer & à troter: Son premier voyage, & d'vne broüillerie quelle eut auec sa compagnie.

QVAND i'ay cy deuāt parlé d'Herodias, qui fut cause de la mort de S. Iean Baptiste, ie l'ay nómée ma Camarade, parce que i'ay eu deux fortes inclinations en mes mœurs; la premiere à esté d'aimer passionemēt la dāce: aussi suis-ie d'vn naturel allerte qui n'aime qu'à fringuer & à fretiller: au tēps de ma ieunesse, i'eusse quitté les meilleures choses du mōde, & les pl⁹ profitables au corps & à l'ame, pour aller baler aux nopces & aux festes de vilages. Ie dançois comme font les filles de ma conditió en nostre païs, auec ᵃ le Panderon à la main dequoy ie rauissois chacun d'admiration. Tu ris, Lecteur, & m'accuses sourdement de mensonge; mais regarde moy bien: si tu veux aduoüer le vray tu confesseras qu'il y a encore sur mon visage quelques vestiges de la beauté qui passa dessus autrefois. En effet ie deuãçois toutes mes cõpagnes tãt en la disposition qu'en la grace: mon Panderon estoit accomodé fort curieusement & garni de sonnettes d'argent qui luy faisoient rédre toute autre harmonie que les leur, aussi le touchois-ie fort dextrement. Et s'il est vray ce que l'on dit d'Orphee, qui faisoit auec sa lire dãcer les bestes, les rochers & les montagnes ie me puis vanter d'auoir esté

a. Panderon est une sorte de tãbour de Biscaye, & tantost de forme ronde, & tantost quarree garny de parchemin des deux costes dans lequel y a plusieurs petites cordes pleines de sõnetes, comme celles des petits chiens, duquel les filles vilageoises iouent en chantãt aux festes tãdis que d'autres dancent.

vne Orpheesse. De vray i'estois si experte en l'exercice que ie viés de dire qu'vne-fois vn soir, ie pris en main vne Môtagneze rude, grossiere, stupide, lourde & pezante; & deuant que la nuit fust passee ie luy auois deja apris trois dances diuerses & renduë si souple qu'elle remuoit tous ses membres come s'ils eussent esté de plumes. Il n'est que de tomber en bône main. Quiconque sçait la gaillarde la sonne. Mais quelle merueille, que i'aymasse si passionnemét le tambour, puisque ie tetay la fluste auec le laict & que ie suis de race de menestriers, issuë d'vn ayeul qui mourut la fluste au gozier.

Auant que de passer outre, ie veux faire vn petit conte à propos de la fluste qui boucha le passage des viures à mô grand pere. Ie me trouuay vne fois spectatrice d'vn ioüeur de gobelets comme beaucoup d'autres, qui faisoit gageure, que pas vn de la cõpagnie ne pourroit pas dire par quelle inuétiõ on pourroit boucher sept trous auec vn trou: la dessus ie me souuins de la mort de mon grand-pere, & au mesme temps, passant à trauers la presse, ie cõtay tout haut, cõmme le trou du gozier de mon ayeul, boucha les sept trous de la flufte, & comme les sept trous du la flufte, boucherent aussi le trou du gozier. & par ainsi, du consentemét de tous les auditeurs, ie gangnay la gageure, qui fut vne paire de patins de Damoiselle, dont ie me releuay, mais ie ments, mon époux s'en seruit pour me rabaisser & humilier ma teste. Tout beau Iustine, ce discours n'est pas pour ce lieu cy.

La secõde inclination où i'estois portée, c'estoit d'aimer à courrir & troter deçà de là. Il y eut vn Empereur qui dit autrefois, que la meilleure viande estoit celle qui venoit de plus loin: & moy, ie tenois que le meilleur pellerinage, estoit aussi celuy qui alloit le plus loin: vne certaine pellerine de mon humeur, disoit à ce sujet: le sainct que ie visite plus volontiers, est S. Longis. Cette affection de voyager est l'heritage general de tout le sexe feminin: j'ay veu plusieurs fois disputer d'où cela procedoit, il me prend enuie d'y donner mon coup de bec, comme estant vne des sciences de mon école.

Vn certain liures intitulé *l'Assemblee generale des Estats des Dames*, dit, qu'en cette congregation là (qui se fit au Mot-Parnasse) cette question fut agitée, & qu'il y eut diuerses opinios: Les vns dirent que la premiere féme fut formée d'vn hóme qui dormoit, songeât qu'il couroit la poste en vn grád voyage, sans sçauoir où il alloit ny pourquoy; & de là est venu que les fémes sót si coureuses & troteuses.

I'en ay veu plusieurs qui sortoiét de leur maison, à qui ie demandois où elles alloient, qui me répondoient, qu'elles n'é sçauoient rien & qu'elles sortoient sans dessein. Vne autre de l'assemblee reprouua cette opinion, disát, qu'vne si forte inclinatió d'aymer à troter, ne peut tirer son principe d'vn voyageur songeát ou d'vn songeur voyageant, mais, qu'elle pésoit que cette piece d'os ou de chair, dót la premiere femme fut formée, fut faite d'vne mote de terre de miniere de vif argent, qui est toujours mouuát, inquiet & petillát. Ce n'est point tout cela dit vn autre: mais voicy la pure verité: La femme fut faite d'vn homme endormie: & quand il séueilla, il se tasta au costé du cœur, & trouuant qu'il auoit vne coste moins que quand il s'endormit il la demanda à sa femme. Ma sœur où est ma coste, dit il,

Rends

dit, rends la moy, tu l'as: Alors la femme commença à compter ses costes; & voyant qu'elle n'en auoit pas vne de plus qu'il luy en falloit, luy répondit; Mon frere, vous ressuez; ie n'ay de costes que ce que ce qui m'en appartient, & partant cherchez la vostre. Ma sœur, repliqua l'homme; il n'y a personne qui me la puisse auoir prise, il faut que tu me la rende, ou que tu me la cherche. Va tout à cette heure, cherches là moy & me l'apporte icy. A l'instant comme la femme est tenuë d'obeir à l'homme, cette-cy part de la main, ie veux dire du pied, & s'en alla par tout le monde, criant; si quelqu'vn a trouué vne coste de mon mary, qui s'est perduë: ou quiconque sçaura vn autre qui ait vne coste par dessus son conte qu'il le vienne denoncer, & on luy payera outre sa peine, le

L

droit de recouuremét. Et voila pourquoy la femme aime à vreder & à courrir, pour trouuer vn homme qui ait vne coste supernumeraire.

Toutefois i'aduoüe que c'est icy vne imposture trop cruë, ou bien vne fable pour faire rire. Neantmoins il y a quelque sens moral caché sous cette folie. Mais continuons la raillerie. Il trouua en cette assemblée vn certain amoureux qu'auiourd'huy on appelle Amát pour parler à la polissure, qui dit son aduis en ces termes apophtegmatiques: Les fémes sont les Cieux de la terre: c'est pourquoy elles sont en perpetuel mouuement. I'estime que ce galant là eust eu raison en sa cóparaison, si nous autres fémes estiós incorruptibles cóme les Cieux, mais no⁹ ne le sómes pas, & ie m'asseure tout serieux qu'il étoit qu'il ne les eust pas voulu trouuer telles.

Quád cetui-cy eut tiré só coup, vne fémede l'asséblée se leua, & dit: Que c'est chose fort naturelle aux fémes d'aimer l'action d'aller: & que l'affectió qu'elles portét à la dáce n'est que pour aller. Cela se prouue en ce que celles qui peuuét beaucoup aller ne dácét guere: & celles à qui il est peu permis de se pourmener, dácét beaucoup; de sorte que ce qu'elles ne peuuēt aller en long, elles le vót en ród.

Cette opinion, à mon aduis, interesse generallemét tout le genre feminin: car c'est propremét leur dire qu'elles sont autant insensées que ce fous qui se pourmenoit tout vn iour sur vn seul carreau; & si on le táçoit; Sots que vous estes, disoit-il, quand la nuict viét il se trouue que i'ay fait autát de lieuës qu'vn courrier à pied, sinon que le chemin qu'il a fait en long ie l'ay fait en rond.

Mais aprés cellecy, il en vint vne autre qui frapa le mieux au but: car elle rédit des raisós distinctes, des deux

L ij

inclinations d'aller & de dancer, les reduisant toutefois à vn seul principe disant: Illustres & venerables Madames: l'aduoüe que c'est chose autant de nature que d'obligation, que l'homme soit seigneur & maistre de la femme; mais qu'il la tienne sujette & recluse dans vne maison contre son gré, cela n'est nullement naturel, ains contre l'humaine nature: dautant que toute captiuité est vne peine & vne espece de malediction. Et comme c'est aussi chose naturelle d'abhorrer cette seruitude forcée & contrainte à la nature, il n'y a rien que nous fuyons, ny qui nous deplaist tant, que d'estre retenuës contre nostre volonté, nous voir sujettes à celles de nos maris, & generalement à l'obeissance de tout homme. De là vient que le desir de nous voir libres de cét esclauage, nous met des ailes aux pieds. Voila l'vnique raison pourquoy nous aimons tant à rauder & trotter : & voicy celle d'où procede l'affection que nous auons à baler & à dancer. Il faut remarquer, que comme il y a deux maux en la sujection des femmes, l'vn d'estre attachées & empeschées de ne pouuoir aller où nous voulons : & l'autre, d'estre tristes & melancholiques, de nous voir ainsi cōtraintes & retenuës : De mesme, nous trouuons deux choses toutes contraires à celles-cy, l'vne d'aller beaucoup, & l'autre de nous rejoüir beaucoup ; c'est pourquoy nous nous seruons de ces moyens-cy, comme de deux ailes pour nous deliurer de nos peines, & pour seruir d'ombre & de couuerture à nos defauts. Voila la cause qui nous oblige d'aimer à baler comme nous faisons.

L'assemblée trouua cette resolution fort bien rencontrée; & pour ce sujet, elle attribua la palme de sçauante à la Dame qui l'auoit faite. Par ainsi, Lecteur & Auditeur, il ne te faut plus étonner que Iustine ait tant d'inclination à la dance & au trotoir : car outre que i'ay herité cette affectió là de ma race, c'est le naturel de plusieurs femmes, & specialement de toutes.

Donc aprés le deceds de mes pere & mere, & que nous eusmes abandonné à mes freres, le corps, du bien & l'ame quant-&-quant qui est la bourse, sans faire non plus dire de Messes pour les deffuncts que s'ils fussent morts en commençant l'Alcoran, ie pris resolution de m'en aller par tous les pellerinages de nostre contrée, selon les oraisons de festes qui se rencontreroient, & sous pretexte de faire quelque chose pour eux, essayer à faire rencontre de quelqu'vn, qui fist quelque chose pour moy. I'estois alors si allegre, si prompte & si vigoureuse, que pour faire chaque semaine sept pellerinages, de huict à neuf lieuës de distance, ie ne m'en faisois que iouër : il ne falloit que sçauoir de quel costé la giroüette estoit tournée. Le premier que ie fis depuis la mort de ma mere ce fut le voyage d'Arcuille, auec vne troupe ioyeuse de parents & parentes, dôt ie feray vn ample recit, à cause qu'il s'y passa des choses dignes de memoire.

Ie sortis de nuict, comme vne cigoigne qui va chercher le Printepts: toutefois ie suis menteuse: car iamais homme n'a veu sortir les cigoignes de nuict; mais moy, ie

L iiij

fus apperceuë par vn certain voisin, qui me voyant partir riolée & piolée, comme vn Papeguay de la S. Nicolas des écoliers commença à me chanter;

 Où s'en va la bien parée?
 Sans doute elle glissera;
 Ou plutost, elle sera
 Par quelque galant atterrée.

Ce Voisin fut deuin en quelque façon; en effect ie glissay, & si ie ne fus aculée, il ne s'en falut guere. Arriuant à Areuille, ie fus fort ioyeuse de voir tremousser tant de monde; & en mesme instant ie commençay à congedier ma timidité, & luy permettre de s'aller pourmener pour quelque temps. Alors, comme vn Orateur qui va parler en public, ie fis vn tour de veuë ou deux par toute l'étenduë du champ où estoit ce peuple vilageois, qui sentoit la chemise blanche : car c'est l'ambre gris de ce païs là, i'apperceux de loin vne dance qui me fit sauter le cœur dans le ventre. Et sans deualer de la charrette, i'accorday mes ᵃCastaignettes & fis quelque prelude en l'air, & des gestes de baladine depuis la ceinture en haut seulement: i'estois assize. Ie fus si soudainement agitée que quand ce rauissement là fut passé, & que ie m'aperceuz d'auoir ioüé des Castaignettes, si ie ne les eusse trouuées encore à mes mains, i'eusse iuré qu'elles auoient sonné toutes seules, comme les cloches de Bellila & Camora: à cette heure là, ie fis experience, que quád deux instruments sont accordez ensemble à l'vnisson, ils sonnent d'eux-mesme. Et comme mes Castaignettes se rencontroient toujours d'accord auec le Panderon, dés qu'elles en oüirent le son, elles en firent l'Echo, comme disant à Messieurs les

ᵃ Ce sont certaines petites pieces doubles de bois dur, cóme pourroit estre du boüis, de forme róde creux au milieu, que l'on attache aux pouces des deux mais que l'on fait cliqueter en dançant à la cadëce du chant. Les meilleures Castaignettes se font d'yuoire.

Menestriers, nous voila tous venus, ainsi que ce fous qu'vne Dame fit cacher sous son lict, voyant entrer son galant, lequel l'abordant, & commençant son compliment par ces paroles, *Madame, me voicy*, &c. le fous, en mesme temps sort la teste de dessous le lict, disant, *& moy aussi*.

Vn de mes cousins qui estoit cocher de la charette, ou chartier du coche, oüit le son de mes Castaignettes, dont il se scandalisa fort, non pas de ce que i'auois le cœur plutost à la dance qu'à la deuotion de nostre pellerinage, mais parce qu'il craignoit que les mules de nostre attirail, qui estoient neufues, ne s'épouuentassent; de sorte qu'il se mit à me quereller. Il faut aduoüer que vous auez bon foye, ma cousine, me dit-il; c'est bien icy le temps de mettre à l'air vos cliquettes de sainct Ladre: on void à cela que vous n'auez pas trop de sentiment de la mort de vostre mere, non plus que de celle de vostre pere qui estoit mon oncle. Voila vne belle sonnerie pour leurs funerailles. Moy voyant qu'il m'auoit fait cette correction cousinelle si publiquement, ie me mis à le railler, & luy répondis du mesme ton qu'il auoit pris. Cousin, cousin, luy dis-je, mon pere & ma mere aimoient tant ce carillon là, qu'en quelque lieu qu'ils soient, s'il leur estoit possible d'en sortir, ie suis tres-asseurée qu'ils nous viédroiét incótinent trouuer. Mais tout de bon, iureriez-vous bié d'auoir ouy mes Castaignettes? si vous l'auiez fait, ie vous accuserois à l'Inquisitió cóme coupable de faux sermét: le beau iugemét d'hóme que voila: on viét de tinter vne Messe, & il dit que ce sont mes Castaignettes. I en'euz pas plustost proferé le mot de Messe, que voicy vn Escrimeur qui s'approche de nous : car i'ay toujours esté chanceuse à estre acostée de telles gens : ô que cela est plaisant, dit-il, de dire qu'on tinte vne Messe à l'heure qu'il est : voila la derniere qui s'acheue. A cét aduertissement, nous cessames nostre querelle, le cousin & moy, & prismes le chemin de l'Eglise où nous entrasmes iustement à l'*Ite Missa est* : & tandis qu'il dura, ie fis oraison pour l'ame de mes pere & mere, & de tous mes ayeuls, & en peu de paroles : car on dit que la briefue oraison penetre les Cieux, & mesme i'ay ouy dire à vn aueugle, qu'vne oraison succinte, quand elle est ditte auec ferueur, c'est comme vn vilebrequin d'Egyptien, ou vn crochet de larron qui fait son effect en vn clin d'œil.

L'YVRONGNE
amoureux.

Iustine represente comme elle estoit parée; Et comme un inconnu imbu de Baccus fut épris de son amour, & la ruze qu'elle trouua pour s'en defaire.

Qvand nous sortismes de l'Eglise, la tremie du moulin de nostre estomac se trouua fort vuide, & les limes de nos dents tres-acerées, auec bonne enuie de les occuper. Les petits & les grands nous enuironnoient de si prés, que nous eusmes beaucoup de peine à passer. Chacun iettoit les yeux sur moy, aussi estois-ie enjoliuée & parée côme vne Reine de May; i'auois plus de couleurs sur moy que l'on n'en void à travers le verre triangulaire; plus de nœuds de chaines, de bracelets, plus de chapelets & de medailles, qu'il n'en faudroit pour garnir l'étalage d'vn mercier; au reste, la mieux attiffée de guirlades de fleurs de toutes celles qui fussent là: Bref on m'eust prise pour vne vraye Pasquefleurie. Ie me quarrois & allois plus grauemét qu'vne mule de Duc, auec son harnois & sa charge: i'auois le petit bas d'Angleterre incarnadin & les souliers de mesme couleur, mais non pas si decoupez ny échancrez qu'on les porte auiourd'huy: car de mon temps, les filles n'auoient pas tant d'air aux pieds. En vn mot, i'estois le blanc où donnoient tous les traits des regards de l'assemblée; ce qui fut cause d'vne grande dissention dans nostre compagnie, comme il se verra cy-aprés: Et si les yeux sortoient de leurs paupieres, à force de regarder fixemét en vn lieu, comme disent certains Oculistes, ie fusse deuenuë Paonne: car tous leurs yeux se fussent attachez sur moy. Iamais nous autres femmes ne sommes bien satisfaites des attours que nous portons, que quand nous voyons qu'ils seruent à nous faire regarder: aussi puis-je dire, que ie n'auois quasi pas pris garde à mon ageancement; mais remarquant que i'estois l'ayman des yeux de tous ceux qui me regardoiét, ie deuins si fiere & si pleine de vaine gloire, que ie n'eusse pas fait l'honneur à vn Narcisse ou vn Adonis, de me laisser décrotter. Les vns me disoient, Dieu benisse la belle ioufluë: les autres, l'ouurage est assez beau pour auoir esté fait à veuglette & à tastons: Autres parloient de moy en termes de mangeailles; on seroit bien degouté, disoient-ils, si l'on ne trouuoit cette viande là bonne. Et parmy ces donneurs de loüages, il y en auoit qui exprimoient leurs cóceptiós de la bouche & de l'estomac, comme faisoit entre autres vn certain homme dont la personne & la qualité n'estoit inconnuë qui m'accosta.

Il estoit gros & court de taille, le visage poly & vny cóme la gorge d'vn cocq d'Inde qui fait la rouë, les yeux à demy tournez & renuersez, couuert d'vn habillement complet, garny de bottes & d'épée qui furent trouuez entre les depoüilles des Maures, lors que Dom Fernand V. les chassa d'Espagne. Bref on n'é sçauroit faire d'autre description, sinon qu'il ne fut iamais rien si ridicule, en cette figure là, sa garbe allát vn pas deuát les iambes, & marchant droict comme s'il eust esté gommé gourmé, il s'approche de moy & me fait vne reuerence à sa mode; ie luy rends le salut à la mienne; ie me recule, il s'aduance; il me veut parler ie fais la sourde; mais enfin, il me serre de si prés, qu'on eust dit qu'il auoit entrepris d'enter son impertinence dedãs ma suffisance. De moment en moment, pour me faire feste, il tournoyoit aprés moy & me iettoit des œillades aussi douces que celles d'vn possedé du malin esprit; & à chaque fois qu'il ouuroit la bouche pour expliquer ses intentions, il laissoit aller vn soupir qui ressembloit naïfuément à vn rot. Il me fit souuenir alors, de cette petite mignonne, grosse esondrée, qui laissa sortir vne pareille vapeur au nez de son seruiteur; luy croyant qu'elle eust fait vn soupir, Madame, dit-il, qu'auez-vous à soupirer? helas Monsieur répond-elle en sou-

M

riant & faisant la petite bouche, ie ne soupire pas, c'est que ie rote. A la fin, aprés en auoir exhalé plusieurs, & que le passage de sa respiration fut libre, Madame Iobstine me dit-il, en begayant beuuons vn coup ensemble pour faire connoissance; i'ay dequoy faire vn bon repas: & là dessus, il se pensa laisser choir dessus moy ça a a, ho héé, luy dis-je alors, à qui parlez-vous Madame, dit-il? Monsieur, répondis-je, ie voy la mõ asne, qui fasche le monde, & si ie ne criois aprés luy, le Diable ne le feroit pas arrester. Le Balourde le creut, & continuë à m'importuner, & voyant qu'il n'auançoit rien, il s'aduise d'vne intention dont il crut m'obliger: il détacha de sa ceinture vne bouteille de vin, & tire quant & quant de sa pochette, vne tranche de jambon toute couuerte de miettes & de bourre, & en mettant le goulet de la bouteille dans l'entonnoir de sa bouche il boit à mes bonnes graces & me cóuie d'en faire autant aux siennes. Tandis qu'il beuuoit, ie me mis à siffler comme on fait quand on abreuue les bestes: soudain qu'il m'oüit, il regarde au tour de soy, pour voir si cela s'adressoit encore à mon asne, & n'en voyant point, il creut que le paquet alloit à luy, alors, à demy en colere, à demy amoureux, à demy étourdy & à demy raisonnable: Madame, dit-il, ie ne suis point de ces animaux que l'on siffle quand ils boiuent, ie ne suis ny asne ny cheual; & quoy que vous me voyez icy à pié, ie suis pourtant Cauallier. Cauallier? repartis-je aussi-tost, Monsieur, ie vous demande pardon; en bonne foy, parce qu'on m'a dit qu'il y auoit vne troupe de Comediens en cette feste, ie

M ij

croyois que vous fussiez le badin de la farce, mais puis que vous estes de la qualité que vous dites, ie vo9 prie de faire quelque trait de Caualier pour l'amour de moy, qui suis aussi Caualiere cõbien que vous me voyez dans vne charrette, il y a force gens de ma condition qui ne font pas de ces glorieuses qui ne veulent aller qu'en carrosse : faite donc vne galanterie, & m'apportez vne bague de jayet qui soit aussi noir que seroit vostre chappeau s'il estoit bien teint, & puis nous ferons connoissance ensemble comme vous le desirez. A peine auois-je acheué ce dernier mot, que sans me faire aucune repartie, il se va fourrer dans la presse, à dessein de satisfaire à mon ordonnance: Et par ainsi, ie conjuray ce fantosme: Il s'en alla courre la bague, tandis que ie me retiray delà pour luy donner le chãge.

IVSTINE.

Ie fus quasi honteuse & courou-cée tout ensemble, d'auoir fait vn si mal-heureux rencontre au commencement de ma carriere: mais considerant que le Soleil qui est si beau, ne se plaint pas d'estre regardé de tant de laides & difformes creatures, ie me resolus de ne me jamais souuenir de ce monstre amoureux, que quand ie me voudrois garder de rire. Ie te diray seulement Lecteur, que le bouquin me reuint chercher auec la bague au bout d'vne baguette blanche au lieu d'vne lance: mais ie m'estois de-ja faite de la secte des Rose-Croix, autrement appellez *Inuisibles*, que l'on ne void iamais aux lieux où ils ne sont pas,

LE BANQVET IOYEVX & triste.

Iustine, recite l'ordre d'vn disner de villageois fait sur l'herbe. L'entretien du repas; & comme la recreation fut conuertie en dissention. Elle est deferrée & confuze, sur vn enigme qu'elle propose dequoy elle est gaussée; elle se dépite; & quitte sa compagnie pour aller dancer.

APrés m'estre deliurée des persecutions de cet infame amant enté en sauuageon, ie me retiray sous le pauillō de nostre charrete, auec ma copagnie: Nous nous assimes tous les vns auprés des autres: i'auois là, des poulettes de cousines d'assez bonne prise & point trop farouches, mais non pas si cousines que l'enuie qu'elles me témoignoient, ne fust plus grande que l'amour qu'elles me portoient. Elles se tenoient heureuses de seruir mes cousins: mais pour mõ regard, ie viuois en sorte auec eux & auec elles, qu'ils me respectoient tous combien que i'en fisse peu de cas: i'ay souuent éprouué, que les galantes femmes ont toujours bon marché des choses qu'elles n'estiment guere. Quoy que ie reconnusse les mines d'aucunes, il me prit vne humeur gaye qui m'obligea de laisser aller le torrent de mon babil, & conter goguettes, qui est volontiers vne viande qui se sert à l'entremets, & quand l'on est presque rassasié des autres. Il est vray qu'il me souuient de n'auoir iamais en ma vie commis vne si grande faute; car les bons mots, les pointes d'esprit & galanteries de paroles, ne valent

M iiij

rien entre les lourdauts, tant y a que ie faillis: mais ie veux dire en quoy, afin que quelqu'vn fasse experience à mes dépens, & apprenne à retenir quelquefois les resnes des plaisantes rencontres de paroles, quand elles viennent le plus à souhait, car il y a de mauuaises heures au iour.

Nous cōmençâmes donc à nous entretenir auec vn iambon, vn gigot de mouton froid, garny de clouds de girofle & quelques gasteaux: le vin, la sauce qui assaisonne tout repas, n'y manquoit pas, & du meilleur qui se put trouuer: Et parce que la saison estoit seche, nous n'y osasmes mesler d'eau de peur de faire tort aux meusniers & aux poissons; d'ailleurs, que les filles de nostre païs sont ordinairement serrées auec le laict de la grape. Nous auions tous le cu aussi haut que la table: car tout estoit par terre à la mode des Turcs. Au commencement du repas, la vene du caquet n'eſtoit point ouuerte, nous faiſions vn auſſi grand ſilence que ſi nous euſſions eſté en la preſence de l'Ottoman où perſonne n'oſeroit parler: mais quand le breuuage bachique nous eut vn peu échaufez, les yeux commencerent à nous étinceler. Il falut pourtant que Iuſtine miſt la babilloire en train, que ſi elle n'euſt remué les ſoufflets, maudit le clauier qui euſt ſonné mot: il ne faut qu'vne cageoleuſe pour émouuoir toutes les autres. Ie leur propoſay mille ioyeux Enigmes, & leur donay à deuiner ſur pluſieurs iolies petites queſtions, à quoy ils répondirent auſſi ſpirituellement que des mulets de trois ans: & entre autres demandes ie leur fis celle-cy: Qu'eſt-ce à dire?

Vn pere a douze fils, qui luy naiſ-

sent sans femme,
Ces douze aussi, sans femme engendrent des enfans,
Quand vn meurt, l'autre naist &
tous viuent sans ame,
Noires les filles sont, & masles sont
les blancs.

Les voila tous à se regarder l'vn l'autre ne sachans que répondre; & quand chacun eut bien resvé, & & qu'ils l'eurent quité, ie luy dis que c'estoit l'an, qui a douze mois, lesquels engendrent des enfans, qui sont les jours & les nuicts: alors ils firent tous des signes de croix du grand ébahissement qu'ils auoient. Quelle estoit la chose qui pese le moins lors qu'elle est plus chargée? mais ils découurirent la subtilité cõme la pierre Philosophale: les vns dirent que c'estoit la massuë d'Hercules, les autres que c'estoit Bucephale le cheual d'Alexandre, mais quãd ie leur dis que c'estoit le corps humain, lequel peze moins apres auoir mangé qu'auparauant, ils temoignerent d'estre rauis des subtilitez de Iustine, ils en tremoussoient & trepignoient comme s'ils eussent dancé les matassins. En effet toutes les cousines prenoient tant de plaisir à mes deuis, que pour n'en estre point ingrates, elles me payoient à l'instant à grands coups de poings en signe d'allegresse, si bien qu'autant de plaisantes questions que ie leur faisois & resoluois i'estois asseurée de receuoir pour le moins vne bonne demy douzaine de coups de poings sur le dos, comme si ma belle humeur eust esté vne maladie de toux qui s'arreste en frapãt sur le dos.

C'est à bon droit que l'on dit que la vanité d'vne victoire nous creue les yeux & nous aueugle, ie l'éprouuay bié alors, ie ne m'auisois pas qu'à mesure que le cousinage rioit de mes folastres devis, ils envioiét quát & quant la subtilité de mon esprit; tellement que peu à peu, ils refrodirent si bié le rire qu'ils le firét mourir de froid. Mais ma vaine gloire m'avoit tellement sillé les yeux, qui ie ne m'apperceuois pas cóme le degoust leur avoit mis du fiel aux oreilles, & qu'ils ne trouuoient plus de recreation en mes paroles, n'estás pas aussi gens à repaistre de telles delicatesses. Et pour découurir tout à fait leurs ressentiments, il me prit fantaisie de proposer encore vn enigme, & sous sa faueur, dóner vn coup d'aiguillon à deux des pl⁹ huppez de cette rustique cógregation, & reprocher la gourmandise à l'vn & l'yurongnerie à l'autre. Qu'est ce à dire cecy, leur dis-ie, à vous tretous perdu la parole? écoutes ie vous vay faire encore vne questió dont ie me viens d'aduiser pour essayer à ressuciter voſtre gayeté. Ie gage que vo^9 ne ſçauez pas pourquoy Apelles peignit la Deeſſe du pain tenāt vn petit chien; & Bacchus le Dieu du vin tenāt vne guenon? Il ſe trouua là, vne couſine qui auoit parlé à mon Apollon, ie veux dire qui m'en auoit autrefois ouy dire l'explication; & eſtāt garnie des armes de ma ſcience & de celles de ſon enuie, elle viēt auec des armes doubles contre moy qui n'en auois que de ſimples & faiſant vne certaine mine dedaigneuſe. Parſin Ian, dit elle, vous nous tenez biē beſtes de nous faire des queſtions ſi cōmunes: vous feriez bien de l'entendue parmi les innocētes. pour moy ie ne ſçaurois plus faire la muette n'y la diſcrette comme i'ay fait iuſques icy: au ieu que vo^9 ioües, vous feriez toutes les cartes qui ne vous empeſcheroit; mais afin que vous voyés que nous sçauons parler quand il nous plaist, & que nostre siléce procede de discretion, & vostre importun caquet de sottise, voicy la resolution de vostre question. Le petit chien & la guenon, sont deux animaux que la nature a creez pour recreer les personnes en se iouät de leurs caresses & folastreries: & en attribuant le petit chien à Ceres la Deesse du pain, & la guenon à Bacchus le Dieu du vin, c'est pour representer que quand on a dequoy manger & boire, on ne manque point de resiouïssance: comme au contraire, ces aliments là defaillants tous les autres plaisirs sont ennuyeux. Elle rencontra fort bien: neanmoins ie me fachay d'auoir esté pris au piege que i'auois tendu pour vn autre, & empastée dedans la paste que i'auois pestrie: toutefois, ne fus-ie pas demeurée sans repartie, j'eusse bien paré cette estocade là, si elle n'eust esté secondee: Mais la fortune ne se contente iamais de faire primé sans faire encore mas & flux: elle fait toujours pleuuoir sur le moüillé, côme vne distillation d'alambic & ressemble à la mouche, qui pique plus volontiers dans la playe: elle est côme le bast d'vn mechant asne, qui se iette touiours sur les écorcheures qu'il a sur le dos. De mesme incontinant que cette cousine eût côme vne carabine, tiré son coup elle se retire: & voicy en sa place vn camarade cousin, qui se doutoit que ie le voulois gratter en l'écorchant, lequel tournant la pointe de sa langue contre moy: Iustine, dit il, la repôce que i'aurois de ma part, à faire à vostre question, ce seroit de dire que vous resseblez à vne vesse ou à ces pistolets d'Italie qui vizent aux pieds pour fraper aux nez: c'est à dire que vous feignés de demander vne chose, pour élancer vn trait de malice: mais laissant à part vos imperfections, qui sont plus grandes que celle d'vne mule de loüage, ie dis que s'il y a quelque personne en cette compagnie qui merite d'estre appellée guenon, c'est proprement vous: premierement par ce que vous auez la bouteille pendue au costé. (il disoit vray, car la pauurette de m'auoit prié deffendre sa chasteté qui couroit grand risque attendu qu'elle estoit trop petite pour resister à tant d'atteintes) & secondement, que toutes les danceuses & baleuses comme vous, sont toutes de vrayes guenons; d'autant que c'est le propre de ces bestes là, de dancer & mouuoir perpetuellement, comme aussi, d'estre flatteuses, friponnes & malicieuses. Voila dequoy m'étourdit ce gentil cousin

l'aduoüe

J'aduoüe que ce fut auec malice que ie fis la proposition; & confesse, toutefois auec honte, que quand i'oüis ces viues reparties, ie no'zay plus faire plus faire l'entendue, ni continuer, à darder mes pointes contre luy ny mesme contre nul de la compagnie, ie demeuray si confuze, que ie fus vne bonne espace de temps muette comme vne idole : en vn mot, ie fus deferree des quatre pieds.

Ces gens qui font mestier de subtilitez & de pointes de discours, dont ils veulent paroistre dans les compagnies, sont semblables à la nauette d'vn Tisserant, laquelle quoy que sa pointe dure lõg temps, & passe subtilement entre les fils de la trame, il ne faut quelquefois qu'vn malheureux filet pour l'arrester tout court. Ainsi, moy qui auois long temps passé pour subtile, ma pointe fut rebouchée par la remonte de ce fil, qui me fit perdre le fil de mes recreations: & dés ce moment là, baissant les yeux comme vne songe-creux, ie ne sçeuz faire autre chose que regarder attentifuement vne teste de lapin qui estoit restée sur le champ de la table, de la bataille des machoires que nous venions de donner, laquelle teste, auoit esté si cruellement raclée & rattissée, qu'il n'y auoit plus que l'os tout sec. Alors, vn de la compagnie que ie n'eusse iamais soupçonné de pouuoir dire vn bon mot, fit vn subtil rencontre sur l'action où i'estois, & me choqua si rudement, qu'il acheua de me ietter dans le desordre: Et comme i'ay cy deuant dit, que la Fortune aduerse est vne Tyranne & insatiable, quand elle se veut vanger, elle donne souuent pouuoir à vn buffle de desarçonner vn honneste homme. Ce compagnon cy remarquant de l'alteration dans mon visage, indice des mécontentemens interieurs, & voyant que ie regardois si fixement cette teste de lapin, que ie tenois entre les mains, & que ie gratois d'vn doigt comme si c'eust esté là, qu'il m'eust demangé. Madame Iustine, me dit il, si comme ie sçay que vous auez esté pecheresse, ie croyois que vous fussiez penitente, ie presumerois qu'en la contenance pensiue où vous estes, & regardant auec tant d'attention cette anatomie de teste de lapin, que vous vous excitez & exhortez à vne reconnoissance de vos fautes, & que vous dites ; Iustine, souuiens toy que quelque iour ta teste sera encore plus décharnée & plus hideuse que cette cy. A ce brocard,

N ij

mes enuieufes parentes, fans me dôner loifir de repliquer fe mirent à faire des éclats de rire qu'on euft oüis à plus d'vne lieuë delà : Mefme la mule de noftre charrette, qui eftoit vne ieune befte & fans experience, en fut fi éfrayée, qu'en foufflant & ronflant elle fit vne fi violente fecouffe, pour fe détacher du harnois, qu'elle nous penfa tous rompre fous la roüe: en fin, fon effort fut fi grand, qu'elle fe tira du limon, rompit vn de fes traits, & quát & quant le cours de la rifee, & s'enfuit. Elle paffe à bonds & ruades au trauers de tout le peuple, renuerfant & cullebutant les boutiques de la foire de la fefte, fi bié qu'il fembloit que ce fuft vn taureau irrité. I'euffe ry cent fois dauantage que ie ne fis, n'euft efté que i'auois paru à la mule. Tous les coufins coururent apres, & les coufines demeurerent à garder le bagage qui estoit tout bouleuersé par terre. Alors, afin d'euiter les occasions de querelle auec elles, ie deliberay de m'en aller où estoit la dáce, & de faire la figue à la Fortune & me moquer de tous ceux qui ne le trouoient pas bon. Ie m'assis auprés d'vne vilageoise, qui attendoit qui les danceurs & valets de feste la vinssent prendre pour dancer. Parmy les baladines, il y auoit vne fille qui iusques à mon arriuée, s'estoit fait admirer en la bóne grace qu'elle auoit à iouër du Páderon, laquelle s'adressant à moy, comme si elle m'eust reconnue pour estre la Princesse des danceuses, & l'Imperatrice des panderonnes: me presenta son Panderon & me pria de le toucher: ie la regarde auec vn peu de grauité, & me fais prier plusieurs fois, comme c'est la coutume de to9 ceux qui sçauent manier les instruments;

Ce mot est expliqué cy deuát.

mais en fin, ie satisfis à son desir & à mon plaisir; ie touchay le pande-ron & chantay vn air sur le suiet de mes disgraces, dont le refrein estoit.

No ay plazer que dure,
Ni humana voluntad que no se mude.

Il n'y à point de plaisir durable n'y deffection humaine qui ne change.

Et comme ces paroles là sortoient toutes chaudes du four de mes ardantes imaginations, ie m'asseure qu'elles échauferét beaucoup d'humeurs froides. Ayant fait monstre de ma galanterie, ie me retournay asseoir: & incontinant, les tenants du bal, ietterent tous les yeux sur moy, pour me donner l'honneur de la seconde dance, sans prendre garde à la nouueauté de mon arriuee, ny au mécotentemét & ialousie des autres filles, qui auoient là, plus de credit que moy, mais seulement au merite des bonnes touches qu'ils m'auoient veu faire sur le Panderon, (& sans preiudice de l'experience des castagnettes dont ie n'auois pas encore fait d'ostentation) me conuierét humblement d'accepter l'honneur de cette seconde dance; ce qui ne fit pas peu de dépit à celles qui s'attendoient que ie la leur fust deub: & moy, sans faire reiterer la semonce ie me mets à dacer. Car si i'eusse fait autrement, c'eust esté offencer les loix de la dance, qui deffendent de refuzer tels honneurs; i'obeïs donc fort courtoisement. Le premier en bonne étrenne, qui me prit la main, ce fut vn Ecolier qui auoit les jambes souples comme des marionnettes de laquais: il se met à voltiger & caprioler en l'air; & moy allant pausement terre à terre, dru menu & bien sassé; ie le lassay & quatre autres de ses compagnons auec luy & ainsi, la iournée se passa

N iiij

sans que i'eusse soucy qu'estoit deuenue ma brigade.

LE RAVISSEMENT de Iustine.

Vne troupe de ces vacabonds qui se font appeller Bohemiens s'estans deguisés la rauissent par vne plaisante fourbe.

LE iour commençoit à decliner, & la nuit se disposoit d'eseuelir nostre allegresse dans ses tenebres, quand ie vis paroistre vne troupe d'hômes deguisez, de ces vacabóds qu'on appelle vulgairement Egyptiens, lesquels venoient en ordre comme vne bande de grues, dançant & chantant d'vne certaine maniere, qui obligeoit chacun à quitter tout pour les regarder. Ils estoient sept de nombre, & reconnus pour estre des plus corrompus & rafinez qui fussent en en toutes les cohortes Egyptiénes, & pour exprimer l'excellence de leur profession ils se faisoient appeller *les determinez*. Ils auoiét pour Chef, vn grand ieune hóme sec & bazanné de visage qui auoit quitté les études de Salamanque, pour s'adonner à cette vie poltronne & vacabonde, cette-cy dés que ie mis le pied sur le territoire de la foire d'Areuille, m'ayant trouuée agreable à ses yeux; & aprés auoir soigneusement épié ma taille, ma mine, mes dances & mon effronterie, iugea que s'il me pouuoit attirer en sa trouppe que ie serois fort propre à faire valoir la Republique Bohemienne si bien qu'il complota auec ses camarades vn dessein de m'enleuer & me sou-mettre à ses armes, comme sans doute il eust fait si mon industrie ne m'eust seruy de plastron. Pour cét effet il enuoya sa compagnie à trois lieuës d'Areuille sous la conduite de son Lieutenant, afin d'estre plus exempt de soupçon s'il arriuoit quelque embaraz en son dessein, & prenant seulement sept des plus determinez ils vinrent à la feste d'Areuille habillez d'vne façon ridicule, de mesme ces mascarades que l'on fait sans premeditation, où on se vest de tout ce que l'on rencontre; & neantmoins, ils donnoient vn merueilleux plaisir. L'vn d'eux representoit vne ieune fille vilageoise, laquelle marchoit à costé de leur Capitaine. Ils arriuerent à la feste dans la mesme charrette de mes cousins, qu'ils auoient attrapée par matoiserie, à laquelle ils auoient attelé vne autre mule auec la nostre. & par ce que la charrette & la mule estoient tous couuerts de rameaux & de feüillars, ie n'en pus rien reconnoistre.

IVSTINE. 203

Auant que de s'arrester, ils alloient & venoient en chantant en gros, comme ces pellerins Alemans qui mandient; mais quand le charriot s'arrestoit ils dançoient quelque sarabande, & puis s'entremeslant ensemble, ils mettoient la vilageoise au milieu de leur dance, & l'enleuoient entre leurs bras d'vne façon pantalonesque, ils luy mettoient vn grand bonnet sur la teste, & vn manteau sur le dos si ample, qu'il l'enseuelissoit toute puis ils la iettoient habilement dedans le char auec vn grand vacarme. Cette fille vilageoise, faisoit des gestes comme s'ils l'eussent rauie; & eux, en mesme instant montoient aprés & chantoient des rimes que cette ieune fille commençoit-elle mesme en ces termes:

A la force, amis accourez,
Sauuez mon honneur & ma vie.

Las si vous ne me secourez,
Des Egyptiens ie suis.

Elle proferoit ces paroles auec des exclamations si plaintiues, qu'ó eust veritablement cru qu'ils la rauissoient & l'enleuoient. Ils pourmenoient cette momerie, tant de fois par les quartiers de la foire du vilage, que tout le peuple eut le plaisir de les voir. On les pouuoit iustement comparer à la Cigale, laquelle quand elle chante le mieux, c'est lors qu'elle mord le mieux: car alors qu'ils voulurent mordre à mó honneur, ils firent vne musique fort agreable. Ce balet dura si long-temps, & fut repeté tant de fois que personne ne le regardoit quasi plus: Et comme la lassitude & le degoût, ont vn empire sur tous les plaisirs, ils imposerent iurisdiction sur ceux-cy. La foire cessa auec le iour; les dances & les assemblées se disperferent, chacun commençoit à sonner retraite, & à tourner le timon ou le limon de sa charrette, devers le port de sa demeure. Et d'autant qu'en mon particulier, ie ne m'estois pas épargnée à dancer, & iusques à l'excez, il falut à la fin ceder à la lassitude, & donner vn peu de repos à mes iambes & à mes castaignettes. Ie m'allay asseoir sur vn sable doux couuert de pouliot & de thim. Alors, la fortune voyant le vaisseau de mon corps comme échoüé dedans le sable prit son téps pour m'attaquer en cette sorte, cette troupe deguisée me voyant seule écartée des autres & que personne ne songeoit plus à eux ny à moy, parce que chacun pensoit à s'en aller chez soy, (excepté moy estant delaissée de ma compagnie à cause de nos riottes & qui n'auois ny monture ny charrette pour m'en retourner m'inuestirent en vn instant, ils m'afublent d'vn long & ample manteau ils me coiffent d'vn large bonnet & m'enléuent habilement dans leur charrette auec les mesmes gestes qu'ils faisoient la vilageoise & à l'instant se mettent à chanter.

A la force, amis accourez, &c.
Tous ceux qui voyoient cette action, croyoient que ce fust toujours leur balet qu'ils recommençoient, & que i'estois la vilageoise: De façon que ie me trouuay rauie comme vn autre Helene, non pas dans vn nauire: mais dans vne charrette. Alors, ie consideray que i'estois comms vne ame abandonnée à ses propres peines, & vn corps aux contentements d'autruy : Et preuoyant le mal qui me menaçoit, ie criois le plus haut qu'il m'estoit possible, au secours; les Bohemiens m'é-

meinent, mais personne n'auoit pitié de moy parce que tout le monde auoit la teste étourdie de cette importune lamentation: outre que ces corrompus, pour mieux coururir encore leur ieu, chantoient à gorge depliée, & en musique complette, les mesmes paroles que ie disois, ce qui empeschoit de distinguer si ma plainte n'estoit point leur veille feinte ou vne verité nouuelle. Ie me tourmentois, ie me desesperois pour me décharpir d'eux, mais en vain. Ce qui me faisoit encore plus enrager, c'estoit que le Chef de ces belistres me mettoit quelquefois la main sur la bouche, feignant de me carresser: mais c'estoit pour diminuer la force de mes cris.

Me voyant en cét estat, ie consideroIs qu'ils auoient quelque raison d'auoir mis leurs arcs de triophe sur ma propre charrette, pour mõstrer qu'ils me vouloient vaincre auec mes propres armes. Les pauures mules de la charrette, ne furent iamais si harrassées: Il n'y eut pas vn d'eux qui ne leur donnast son coup, ou ne criast aprés elles pour les faire marcher de toute leur force: iamais aigle ne rauit si subitement le petit aignelet pour le déchirer; ny le taureau d'Europe, ne fendit point si viste les ondes de la mer, que les roüés de la charrette sillonnerent la terre, car en vn moment ie perdis de veuë le territoire d'Areuille. Ainsi donc, abandonnée à l'insolence de ces barbares, sans secours ny recours, & le cœur serré d'vne extreme tristesse i'essayois à prendre patience & ruminer à quelque moyen pour me sauuer d'vn tel detroit, car de penser que mes freres eussent le courage de me tirer de

ce dan-

ce danger, il ne s'y faloit nullement
attendre, au contraire, c'estoient
des canailles si lâches, qu'ils eussent
vendu leur propre sang pour vn pa-
nier de sardines. Aussi mes rauisseurs
sçauoient bien à qui ils auoient à
faire. Que te dirois-je, Lecteur, pour
t'émouuoir à compassion, il faudroit que tu eusses veu la pauure Iustine, penaude & étonnée entre les
mains de ces traistres comme vn rat
pris en vie dans vne ratiere de fil
d'archal; vne chose me donna toutefois quelque esperance de sortir
de leurs pattes, autant entiere que
i'y estois tombée: ce fut, que les vns
à cause des autres, se contenoient
dans quelque retenuë: il faut bien
dire que l'honneur soit grandement précieux, puisque mesme les
plus debordez luy rendent du respect: Tellement qu'estant au milieu
de ces diablotins, je ressemblois à

O

la châsse de Mahomet laquelle est de fer, à ce qu'on dit, (car ie ne fus iamais à Medine en Arabie) est posée entre quatre pieces d'aiman de pareille grosseur, lesquelles attirant également le fer, s'empéchent l'vne l'autre de contenter leur inclination, de sorte qu'ils me deuoroient tous auec les yeux. Iusques icy la Fortune se plut à me persecuter; mais à la fin cette Egyptienne celeste lassée de faire tant de graces à des vagabonds, étendit sa main droite sur moy pour me proteger & deffendre, estimant que si ce fut assez d'vne tempeste marine pour effrayer Enée; c'estoit aussi assez, d'vne charrette d'Egyptiens pour épouuenter Iustine, & qu'il suffizoit de luy auoir donné l'apprehension du mal-heur, sans que l'effet s'en ensuiuist.

LA FVREVR AMOVreuse moderée.

Iustine se trouuant seule auec le Capitaine des Bohemiens, voyant que ses detresses & tristesses ne seruent de rien, elle contrefait la determinée, & sous pretexte d'adherer à ses desirs elle les modere, & cependant elle menage sa deliurance.

LA nuit auoit mis le bonnet de lit au soleil, pour dormir si bon luy sembloit, ou s'en aller faire vn tour de promenade aux Antipodes, quand ces *determinez* se trouuans dans vne plaine & prés d'vn bois qui leur seruoit de barriere, firent arrester la charrette, en laquelle eux & moy estions accoutrez cóme vne fricassée de poulets, pieds, culs, & testes meslez ensemble. Et lors, voulant faire faire halte aux mules, ils se mirent tous à faire vne huée de hoohé, hoohé, si effroyable, que ie m'imaginay estre arriuée dans le sabat des Iuifs, tant ce tintamarre estoit estrange à ouïr. Cela fait, cette vermine redoutable, met pied à terre & auec vne grande acclamatiõ de ioye, se mettent à crier victoire, victoire: & là dessus ie me trouuay toute seule auec le Capitaine La Vigorne; car ses camarades l'appelloient ainsi. Remarque, Lecteur, à quel duel on m'engageoit, moy qui n'auois qu'vne demye douzaine d'années pour ma deffence: toute la chair me tremblotoit de peur, mais mes tremblemens estoiét autant agreables à cét infame, que ceux des drapeaux militaires, le sont aux genereux guerriers à l'heure d'vne bataille: & toutefois, essayant à me r'animer le courage, il vsa de ces paroles: Iustine, de quoy as tu peur? suis-ie pas auec toy? Helas, cher Lecteur, considere vn peu où i'estois pour me consoler de ces propos; es tu pas auec moy: comme s'il eust esté quelque Ange gardié, quelque protecteur d'integrité, ou vn Absalon, commis à la garde de Thamar.

Ie fis bien experience à ce point là, que quand nostre esprit se trouue à l'étroit, c'est alors qu'il se fabrique vne pierre où il s'aiguise & s'afile, pour trouuer quelque inuention dont il se puisse deliurer des dangers qui le menacent. Ainsi, me voyant dans ce nouueau détroit de Magellan ie commençay à remarquer le point de la difficulté. La premiere resolution que ie pris, ce fut d'entretenir ce Capitaine La Vigorne des plus gracieux deuis & subtiles

O iij

rencontrées dont ie me pourrois auiser, & tascher à l'amuzer, pour l'empescher de donner à ses plaisirs l'apast qu'il pretendoit. Ce fut là, que ie m'aperceuz de la fidelité de mon esprit; ie luy en rends graces: car par son industrie, i'embaumay si bien mon corps, que ie le garday de corruption, & le garentis des impuretez de cét infame; outre que par les inuentions que mon esprit me fournit, i'emportay tant de dépoüilles de cette victoire, comme tu verras dans peu de temps, que i'eusse pu leuér vne bonne boutique de friperie.

Comme ie me vis toute seule auec La Vigorne, qui d'vne de ses mains faisoit vne étaye pour m'appuyer le corps, comme on fait vn arbre dont le fruit est sur le point

IVSTINE. 213

de tomber: ie m'aduisay de contrefaire la Rolande furieuse comme il contrefaisoit le Roland Amoureux. Ie conuertis donc toute ma timidité en hardiesse, & faisant la determinée, ie luy parlay en cette sorte, & auec vn geste & vn ton de voix qui eust donné de la terreur à l'effroy mesme. Ecoute Capitaine de Lutins, & Lutin de Capitaines à qui pense tu auoir affaire? enuisage moy bien: car ie croy que tu n'as pas exactement mesuré les points de l'humeur que ie chausse, ny foüillé la racine de ma progeniture; si tu auois caué iusques là, tu y trouuerois vn peu d'allience & d'affinité auec Belzebu, ie suis plus méchante que tu ne pense: Vois tu, il n'y a qu'vn mot, fais estat de moderer vn peu le galop de ta procedure, *quel che va piano, va sano*, dit l'Italien. Tes façons de faire seroient peut-estre bónes pour quelque niaize, ou quelque mauuaise monture de trompette qui s'épouuenteroit au moindre bruit, mais non pas pour en vzer enuers celles de mon calibre, qui d'vn visage en sçauent faire deux quand le cas y échet, & d'vn Capitaine en faire moins de cas que d'vn goujat, lors qu'il ne se sçait pas conduire par les chemins de la raison; nous auós des mains armées qui ne nous manquent iamais au besoin. La Vigenne voyant que ie luy tenois ce iargó, fut grandement étonné. Il connut bien que le differéd qui estoit entre luy & moy ne seroit pas si tost defini, & que i'estois plus mattoise qu'il ne s'estoit imaginé; ce qui l'obligea à quelque sorte de retenuë. Et aprés m'auoir soigneusement consideréé, depuis le pied iusques à la teste, il me dit, Iustine, quoy que tu fasse la resoluë, & quelques raisons que tu me puisse alleguer, il est comme impossible que tu te degages de l'embaras où ta fortune t'a reduite, t'ayant mise entre mes mains; sans que i'obtienne de toy la chose que ie me suis proposée en t'enleuant de la feste de vilage; car encore que tu refuzasse d'adherer à mes desirs, tu vois bié que i'aurois assez de moyés de tirer par force, ce qui se doit auoir par amitié & de gré à gré, mais ie n'en veux pas venir à ces termes là. Laisse toy donc caresser, peut-estre qu'il te prendra fantaisie de consentir volontairement à mes pretentions. Regarde, aduise à me contenter; tu seras ma maistresse ou ma femme, choisis laquelle de ces deux conditions te sera agreable. Disant cela, il porte la main vers le bout de mon corps de cotte, &

comme ie veïs qu'il vouloit fraper jusques au vif, ie luy donnay d'vne baguette sur les doigts, & luy dis, *poco à poco* Seigneur La Vigorne, ne te haste pas tant, tu gasterois vn ouurage qui est peut estre plus aduancé que tu ne pense. Que si tu entreprens quelque violence sur moy, i'apelle dés à present comme dés lors du tribunal de ton iniustice à celuy de ta clemence. Ecoute, entendons nous vn peu mieux ensemble pour ton profit & pour le mien. Di moy, te sembleroit il raisonnable que mon integrité conseruée durant dixhuict ans (i'en auray autant à ces premieres herbes) meritast si peu d'honneur que d'estre prostituée icy entre deux limons? Ie ne veux point alleguer pour mon aduantage, les loix des Gentils qui donnent terme pour pleurer la virginité auant que de la perdre, mais à tout le moins, ne permets pas, puisque tu es Chretien comme ie crois, qu'vne chasteté meure si subitement, car la mort subite c'est tres effroyable dans la religion Chrétienne. Par ta foy, quel miserable gueux est-ce, qui meure dans l'Hospital, qui n'ait plus d'honneurs funebres que tu n'en ferois à la mort de mon pucelage? Il faut quelque solemnité à cette action; vn contentement qui coute si peu, n'est iamais estimé: Et puisque tu me donne le choix des deux conditions que tu m'offres de maitresse ou de femme, j'accepte dés maintenant celle de maitresse: & pour en faire acte dés cette heure ie te commande d'appeller tes camarades pour estre témoins de nôtre beuuions ensemble le vin du marché, pour suiure les vieilles coûtumes: que sçait on, de la panse vient la danse. Voi-tu comme ie me range de moy mesme au montoir: vne femme est comme vne mule, quand on la pense gourmander on la rend plus farouche; on l'apriuoise bien mieux en la flattant qu'en la batant: vne personne forcée n'est bonne à rien: non pas mesme à seruir de forçat en vne galere; à plus forte raiseroit elle propre au déduit que tu pourchasse.

Ie ne faisois tous ces preambules, qu'afin de prolonger le temps & menager ma redemption. A mesure que ie discourois, ie voyois sourire mon galant, comme prenant quelque delectation en mon babil: En effet ie le cageolay & charlatay si bié, qu'il me témoigna de suspendre l'exécution de ses lubriques projets, & d'aprouuer mes aduis. Par ainsi, le zephir de mes gracieuses paroles, tempererent l'ardeur de ses inquietudes; & des lors, ie crus que mes chasses, me vaudroient pour le moins autant que ses fautes.

On dit que les ailes des oiseaux de rapine, rongét & se consomment quád on les mesle auec celle de l'aigle: à cause d'vne certaine vertu occulte qui est en celles de l'aigle: aussi quand ie vis que les propositions & inuentions de ce mouchet, de cette buze, se mesloient auec les miennes, ie connus bien que mes astuces aneantiroient tous les stratagemes. Le meilleur prognostic que ie veisse, pour croire que la Fortune me seroit à la fin fauorable, ce fut, de ce qu'il auoit manqué à m'assener du premier trait que la mesme fortune luy auoit mis en main, ayant laissé echapper l'occasion, veu que c'est vne regle infaillible, que celuy qui perd le premier point, perd beaucoup.

Il me suruient sur ce propos d'vne agreable pensée d'vn Poëte, que feignit que l'amour se voulant vn iour aller ébatre à la chasse, mena le cõseil auec soy: Le dessein d'Amour estoit de chasser vn animal sauuage, appellé Bonne occasion. Allant dõc en queste de ce rare gibier, ils arriuerent au pied d'vn haut rocher presque inaccessible, arriuerent, où l'occasion estoit blotie & accroupie sur le sommet, cõme en son giste: Dés qu'Amour vid la proye désirée, il demanda aide au Conseil, qui la luy donna aussi tost; de sorte qu'ils monterent si prestemét, & auec tãt d'astuce qui le Conseil mit l'occasiõ entre les mains d'Amour: Luy se delectant en la possessiõ d'vne chose si agreable, vint à tourner teste vers le lieu où son cõpagnon le Conseil, s'estoit retiré, luy disant fort pausémẽt; Amy, faites aporter vne cage, en laquelle nous puissions enfermer l'occasiõ, pour l'éporter toute viue; car apres noꝰ estre dónéz tant de peine pour la trouuer, il ne faut plꝰ qu'elle noꝰ échape: Mais cependant qu'Amour s'amuzoit à faire ce discours, & qu'il auoit les yeux tournez, l'occasion prit son tẽps, & s'enfuit en vn clin d'œil, laissant Amour honteux de sa perte. Il se voulut plaindre du peu de secours que le Conseil luy auoit donné, mais il luy repartit: Amour, ne te plains pas de moy, sçache que ie n'accõpagne iamais personne que pour attraper l'occasion, & non pas pour l'ẽprisonner dãs vne cage: & par tãt, s'il y a de la faute en cecy, tu n'ẽ dois accuser que toy seul: car ayant la proye entre tes mains tu n'auois plꝰ que faire de mõ assistãce.

Ainsi ie trouuay grand sujet de me consoler, voyant que La Vigorne se deliberoit de prendre conseil à l'heure qu'il se pouuoit preualoir de l'occasion qu'il auoit en main. En fin, par mes petites inuentions, ie le rendis souple comme vn gand de chevrotin, & maniable comme de la cire.

Voulant donc executer mes ordonnances, il se mit à siffler comme font les voleurs, & les chasseurs, aussi se mesloit il de ces deux exercices. A ce reclame, ses suposts accoururent aussi tost, pensant qu'en qualité de larron, il eust fait le brigandage de mon honneur, & comme chasseur qu'il eust égorgé la pauure tourterelle prise dans les rets qu'il auoit tendus: Et comme les soldats qui voyent par terre les murs de la ville qu'ils ont assiegée, entrent pesle mesle pour butiner & prendre posses-

possession de la place conquise criás à haute voix, *viue Espagne, viue son Roy*: ainsi ces belistres pensant que leur Capitaine fust entré dans la place se mirent à crier auec des voix épouuentables. *viue Boheme viue La Vigorne & sõ amie*: & moy, pour essayer de leur complaire, & les induire d'adherer aux conseils que i'auois donnez à leur Capitaine, ie criay comme eux, *viue Boheme, viue La Vigorne & sa troupe guerriere*: & en disant cela, ie fis vne chamade de castagnettes, en signe d'allegresse; car il se falut resoudre de hurler auec les loups & s'habiller de la couleur de la chasse de peur de l'épouuenter, ce qui me reücit fort heureusement; d'autant que le mesme char qu'ils auoient preparé pour leur triomphe, seruit pour le mien, car ils y furent pris comme des liévres, ainsi qu'à plai-

P

sir, on le verra dans les deux discours suiuants.

L'ENTRETIEN FRAUduleux.

Elle represente le pouuoir imperieux du Capitaine Bohemien sur ses camarades: La harangue qu'il leur fait: l'Entretien dont elle l'amuze: Le larcin fait comme par enchantement. Le banquet nuptial où les Bohemiens s'enyurent.

Quand tous les brigandeaux furent accouruz au reclame du siffler, leur Capitaine se mit en posture de harangueur; il toussa, cracha, & renifla pour exciter la beneuolence de ses Auditeurs: car il auoit retenu quelque methode de certe action, l'ayant vcuë faire souuent en l'Vniuersité de Salamáque où il auoit frequenté les études cõme i'ay dit cy-deuant, & comme ils ouuroient la bouche & les yeux, attentifs à ce qu'il vouloit dire, Enée parla, & Didon écouta. En cette action là, ie me representay ce Hieroglyphe des anciens, pour dépeindre vne assemblée de telle racaille, gouuernée par vn aussi grand marault qu'eux. C'estoit vn Renard couronné de testes d'ails, preschant dans vn pannier à des singes & des chats : Mais silence, écoutons le Harangueux.

Mes chers camarades, dit-il reconnuz par toutes ces regions cháprestres, par vos actes heroïques, qui reluizent iour & nuit plus que des yeux de chats; vous, dis-je, qui vous rendez celebres par les gages que vous laissez au monde de vostre valeur principalement dans les tauernes; chut, (dit-il en mettant le doigt indice à costé du nez, silence, qu'ame ne bouge, & qu'on m'écoute: sçachez, que ie vous ay conuoquez icy autour de mon char, qui n'est pas encore de triomphe: mais qui le sera bien tost; pour vous declarer; premierement, que vous reseruiez & renfermiez ces chats d'allegresses, dedans vostre poitrine pour nous en seruir en temps & lieu: attendu qu'à present, le combat de cette Nymphe sauuage que voila, & de moy, n'est pas encore terminé: Et secondement, pour vous aduertir qu'il est important à mon seruice, à l'honneur de vostre profession, & à la chasteté de Iustine nostre compagne, (laquelle nous est autant cheré que nous l'auons euë à bon marché) que dés ce moment, vous vous dispersiez & écartiez par les vilages & hameaux circonuoisins, pour faire prouision de tout ce qui est bon à banqueter, pour solemniser cette iournée, laquelle ie tiens plus heureuse que celle de ma naissance: aussi veux ie publier que ie renais auiourd'huy, comme vn Phœnix, des cendres que Iustine a faictes en mon ame, ayant brûlé toutes ses puissances & ses facultez, auec le feu de sa douce rigueur. Attention, la voila, ie la vous represente autant entiere que quand sa mere l'enfanta. (A ce mot tout l'Auditoire soupira: car ils pensoient faire curée après le plaisir du Capitaine) Toutefois, i'espere que mon vaisseau prendra bien tost le port qu'il desire, & que ie planteray dedans son integrité *le non plus vltra*, attaché à mes deux colomnes. Et pour parler plus clairement, ie dis que ie croy qu'auant que la iournée se passe, la chasse de ce rare oyseau, seruira de mets délicieux au goust de mes plaisirs. C'est pourquoy, ie vous ordonne & vous commande si besoin est, de vous exposer courageusement à tous les hazards qui se pourront presenter, pour fureter par tous les poulaillers, dépences, garde-mangers, caues, & greniers, pour apporter incontinent & sans delay, tout ce que vous pourez trouuer de propre, à faire vn banquet condigne à l'action qui se doit celebrer entre Iustine & La Vigorne vostre Capitaine. Et d'autant qu'il n'y a point de principal sans accessoire, i'entens aussi, que vous apportiez quant & quant des broches, leichefrites, chenets, napes, sel, couteaux, & tous autres vtensiles que vous sçauez estre necessaires en telles affaires, & que l'on consacre tout au pieds de Iustine, à qui ie suis auiourd'huy sous-mis, à la charge d'autant. Or sus Lutins Diablotins, alerte alerte; le Dieu d'Amour porte des ailes, pour signifier qu'il n'ayme point le delay : & en mon particulier, mon amour est encore plus volant & va plus viste qu'vne hirondelle. Sus donc, chers camarades, moins de parole & plus d'effet : car puisque l'effet de mes esperances, ne peut estre retardé que du temps que vous employerez à l'execution de mes commandements, ie verray bien par vostre diligence, quel respect & quelle affection vous me portez.

Ce Pirate terrestre, n'eust pas plutost acheué cette derniere parole; quand tous ses satellites sauterent vn large fossé qui nous diuisoit, aussi prestement que les forçats de galere sautent à la rame au premier coup de siflet du Comite, & s'en allerent à la picorée, & deniaiser mau-soigneux pour satisfaire au decret de leur souuerain.

Ces diablotins me laisserent donc auec ce Belzebu, autant seule que mal accompagnée, & aussi triste que dissimulée. Alors il se mit à chanter plusieurs vaudeilles dissoluz; & à la trauerse, il me touchoit quelques petits mots tendans à son dessein, pour m'entretenir en la belle humeur, en laquelle il croioit que ie fusse. Au cómencement, ie luy répondois d'vn stile approchant du sien: & puis, afin de l'amuzer & differer toujours de plus en pl9 ie luy fis les contes les plus recreatifs dont ie me puis aduiser pour luy téperer le sang, comme entr'autres le Romant d'Arbolée & de Luzman, mais il me dit qu'il sentoit le chanfsy à force d'estre vieux; ie quitay cette histoire là, & pour luy reciter celles de Dõ Florisel & cõméçât à se lasser de ce recit il me dit que pour luy qui n'attẽdoit plº que du fruit, il n'y auoit que trop de fleurs dans ce liure là. Apres, ie le voulus mettre sur la Comedie de Celestine, mais il me dit qu'il y auoit trop de durillons parmi cette viande là & qu'il n'en pouuoit aualer. Considere vn peu Lecteur, comme les gouts dépraués trouuent toujours le sucere amer: quoy qu'il sceut dire contre ma mere Celestine, ie ne laissay pas de me seruir de ses conseils.

A cette heure là, le Dieu Apollon courant legerement dans son chariot à quatre cheuaux, car on ne sçauoit pas encore que c'estoit d'en mettre six, les Dieux de ce temps là n'estoient pas si grands Seigneurs que les hommes de cettui-cy. Ce bel astre, aloit suyuant la piste des picoreurs, pour découurir leurs larcins; vice qui luy fut toujours odieux: Et à cette mesme heure, les brigandeaux ayant fait vne chasse aussi prompte que s'ils eussent esté des aigles, arriuerent qui deça qui de là, chargez de toutes sortes de prouisions: les vns aportoient des oysons, les autres des pigeons, des poules, du sel, du pain, & plusieurs autres choses à manger, comme aussi tant d'utensiles de cuisine, qu'il y en eust bien assez eu pour fournir à deux festins d'épousées de vilages. vn autre des plus habiles de la troupe, aporta douze bouteilles de vin, qu'il auoit trouuées toutes tirees au fonds d'vne caue, preparées peut estre pour quelque autre nopce que la miéne: bref, il sembloit qu'ils fussent entrez dans vn païs de promission, où ils auoient trouué soubs leur main, tout ce qu'ils desiroient. Ce qui me plut d'auantage de ce pillage, & ce qui me fit rire au fort de ma tristesse, ce fut qu'vn de ces Lutins n'ayant point trouué de prouisiō de bouche, pour ne venir les mains vuides, & faire son present à l'épouzée, aporta deux chandelliers garnis de leurs chandelles à demy brulees, accōpagnez d'vn ieu de cartes, enuelopez en vn tapis de table qu'il auoit pris dās vn logis, à des gens qui s'estoient endormis apres auoir ioüé. Encore dit il, que comme il vid les ioüeurs assoupis dās le sommeil, il auoit essayé de joüer de l'épinette, dās la pochette d'vn de la compagnie mais parce qu'il pezoit trop sur le clauier, le dormeur s'éueilla, & le voleur se retira. En fin, il faudroit trop de papier pour faire l'inuentaire de tout ce qu'ils aporterent, si ie le voulois d'écrire par le menu; l'éfois si émerueillée, que ie m'imaginois qu'ils eussent pû transporter les maisons toutes entieres, s'ils l'eussent entrepris.

Les voila donc tous r'assemblez, & moy au milieu de cette venerable congregation, faite exprés pour decretter aux dépens de la pauure Iustine, qui dans cette occasion estoit le blanc & la visée de tous ces faquins là. Toutefois ne perdois-ie pas courage, il me sembloit, sans cóparaison, estre vne nouuelle Iudith contre ce lubrique Holophernes.

Dés que ces oiseaux de rapine se furent déchargés de leur butin, ils me tirerent de la charrette; mais cela ne se fit pas sans que leur Capitaine n'ouurist les yeux de toute leur étendüe, pour voir s'il n'y auoit point quelque main qui s'écartast de la droite voie, pour aller en garoüage. Ayant mis pied à terre, ie fis la familiere & la priuce auec eux; ie donnay ordre à l'apreſt du repas, quoy que ſans ordre, mais auec telle promptitude qu'il ſembloit que ce fuſt vn enchantement: Ils m'obeiſſoiét en tout, excepté à faire les choſes lentement, car ie voulois menager le temps, toutefois ie ne pus rien gangner ſur eux, tant ils eſtoient accoutumez à la diligence. Nous nous diſpoſames tous pour faire godechere: Iamais loups affamez qui trouuent vn carnage ne deuorerent comme ces gens là firent: Le capitaine eſtoit le moins goulu de la bande, Il aualoit plus de ſaliue en me regardant, que d'autre choſe, car vn amoureux ne mange iamais guere: ce qui me faſchoit grandement, attendu que cette ſobrieté là, nuiſoit à mon deſſein: Tellement que pour l'exciter à boire, & faire mon ieu petit à petit, ie luy repreſentay que la feste meritoit bien d'estre amplemét solemnisee, & d'ailleurs, qu'il ne faloit pas laisser le vin dans les bouteilles ; qu'il estoit trop bon pour en faire du vinaigre. I'estois deja assez bonne gourmette, cela m'estoit fort naturel estant fille d'hostellier. Ie leur portois des brindes, mais auec supercherie ; le plus souuent il n'y auoit rien dans mon gobelet, ou bien ie le verfois à terre à la dérobee : ie les prouoquois à me faire raison & à boire les vns aux autres ; & quand ie les vis à demy étourdis, ie mis quelques poignees de sel dans les bouteilles, qui firent de merueilleux effets.

De moment en moment, pour entretenir & reueiller la belle humeur, ie criois comme vne débauchee, ça ça ripaille, ripaille : qu'est-ce adire cecy, nous dormons? beuuons, beuuons. Et mon Pâris, admirant ma gaillardise dit à ses camarades en begayant; Enfans, Iustine est elle pas charmante? sa grace est le sel qui assaisonne ce baquet cy. Enfin, apres auoir plusieurs fois laué & relaué leur aualoire, ils composerent vn nouuel ortographe, ils adiouterent des S. & des R. aux mots où il n'en faloit point, ce qui me faisoit creuer de rire, car la crainte auoit deja delogé de chez moy: Les voila donc dans vn baragouin si étrange, que la confuzion des langues de Babylonne ne fut iamais si grande: Ils ne s'entendoient plus l'vn l'autre. Le Capitaine auoit le moins beu, & pourtant il n'estoit point des moins yures: car son timbre n'estoit pas à l'epreuue des traits de Baccus. Neantmoins, tel qu'il estoit, il ne laissa pas de faire vn acte de souuerain seur

cette famille troublée: il leue la main droite en haut, qui est entre eux vn indice du mode imperatif, & leur dit quelques paroles en langage Bohemié, que ie n'entédis point, & lors, chacun se retira droit à la charrette: toutefois ils n'y allerent pas si droit, n'y si au niueau qu'ils ne fissent vne infinité de digressions de feste, de parenthezes de corps, & d'x & d'y grecs de iambes: & apres auoir fait plusieurs culebutes les vns sur les autres, ils s'établerent à la fin, dans la charrette comme des pourceaux: & lors le Capitaine allant à qeüe au lieu de la teste, me seruoit d'écuyer & me menoit, mais il me chargeoit plus qu'il ne m'allegeoit; il eust eu grand besoin d'y estre porté, car à peine pouuoit-il mettre vn pied deuant l'autre. Et comme il fut à vn pas de la charrette, il fit homage aux pieds des mules, & baisa
la

la terre en grand danger toutefois, de receuoir quelque horion de ces bestes aisees à épouuenter, mais il en fut quite pour auoir le nez à demy cassé du coup qu'il se donna. Il voyoit bien que ces cadences là, n'estoient pas de mesure: il sentoit assez que les vapeurs du vin l'auoient étourdy, neantmoins, essayant de deguiser son yurongnerie; Io, io, Iostine, me dit il, ie boulois ça ça carioler, mais, mais, mais: voyant qu'il ne pouuoit acheuer d'expliquer sa pensée, i'allay au deuant, & luy dis, ie vous entens bien vous vouliez caprioler pour l'amour de moy, mais le pied vous a manqué, ouy, ouy, répont-il. Doc apres plusieurs cheutes, nous nous trouuasmes contre la charrette: il s'éforce tant qu'il peut d'y monter & à chaque fois qu'il s'éleuoit, houp, disoit il, c'est à ce coup: il me falut auoir pitié de

Q

luy, & le pousser par les fesses, comme on fait vn asne retif pour entrer en vn basteau: finalement, auec beaucoup d'han han, il entre dans la charrette tout meurtry, & auec plus de sommeil que d'amour & en m'appellant pour monter apres luy & me tendant la main, il tombe comme vn pourceau sur ses camarades déja tous enseuelis dans le sommeil, & le vin, & dans vn profond silence, laissons les là & nous retirons sans bruit.

LES MATOIS DVPEZ

Elle monstre que les femmes ont l'esprit plus prompt que les hommes & qu'elles sont propres à deliberer soudainement. Stratageme hardi pour se vanger de ses aduersaires: son retour à Marseille triomphant de ses rauisseurs & les depoüilles qu'elle gangna sur eux.

AVx affaires qui surprennent & arriuent soudainement, les meileures inuentions, & les plus salutaires moyens pour s'y bien conduire, se tirent de la ceruelle & des aduis des femmes, car d'autant que l'vsage de la raison est plus hastif en nous qu'aux hommes, aussi nos conseils sont ils plutost meurs. Les femmes sont excelentes pour les choses prontes ; il y en a vne infinité d'exemples. Le discours & le raisonnement de la femme, est comme la course d'vn lapin, la premiere est la meilleure & la plus viste, ou bien comme le choc d'vne armée de François, dont le premier est inuincible : les Anciés representoient cela, en peignant vne femme qui auoit vn amandier sur la teste, par ce que ce sont les arbres qui produisent les premieres fleurs. Vn certain homme d'experience, disoit, que les fémes parlent mieux qu'elles n'écriuent, parce que la parole se produit soudainement, & que la femme est propre aux choses prontes, & inhabile en celles qui se font à loisir & où l'on medite; c'est pourquoy, elles écriuent mal, d'autant qu'elles ne sont pas bonnes à deliberer meurement & lentement; il faut qu'elles aillent viste en toutes les fonctions de leur esprit. Pour mon regard, i'aduouë que ie suis bié femme de ce costé là; ie ne reücis iamais plus heureusement en mes resolutions que quand ie suis pressee, cóme ie l'experimentay depuis que ie fus prisonniere des Bohemiens, & notamment lors qu'ils furent assoupis dans le sommeil & dans les vapeurs de la vandange.

Quand ie les vis en cét estat, il me prit fantaisie de me sauuer toute seule & m'enfuir, mais le desir de vangeance, me fit prendre vn autre rúb. Pour rendre ma victoire plus celebre, ie pris garde que le charretier, ayant trouué le bled cher s'estoit chargé de vin à bon marché, & s'en estoit si remply, qu'il en auoit iusques à la gorge; & voyant qu'il ne pouuoit ny marcher ny monter sur les mules, il s'estoit endormy au pied

Q iij

Le considerant en cette posture ie m'aduisay de prendre vn des licous des mules, & de l'attacher à des souches d'aubepin: cela fait, ie me saisis du foüet & montant prestement sur vne des mules, ie les guide doucement vers le chemin de Mansille ma bourgade. Ie connoissois fort bien le païs, pour y auoir troté plusieurs fois auec ma mere, & auois remarqué qu'il n'estoit pas à vn quart de lieuë de l'endroit où nous estions: d'ailleurs, il sembloit qu'il y eust quelque intelligence entre les mules & moy, tant elles alloient gaillardement; Et afin de les alleger dauantage, me trouuant encore vn licou en main, voyant aussi que les pourceaux ronfloient, ie fis halte tout contre vn arbre qui se trouua sur ma route; ie me souuins du prouerbe *plus de morts moins d'ennemis* & desirant le mettre en pratique, ie prens quelques iarettieres & en attache les iambes & les mains de deux de ces coquins qui se trouuerent sur le derriere de la charrette, & de ce licou qui restoit ie m'en seruis proprement de licou ; i'y fais deux nœuds coulans & saluant les deux yurongnes de la part du Roy, ie leur mets au cou cet honnorable collier d'ordre: puis d'vn bout de corde qui se trouua fauorable à mon projet, i'attache le licou à l'arbre à la hauteur de la charrette, ie remonte agilement sur la mule, & faisant hay, ie laisse ces deux malheureux, pendus, à demy estranglez, rouëz, & precipitez tout ensemble : ils tomberent par terre aussi sourdement & pesamment que deux sacs de bled. Les mules sentans leur fardeau plus leger allerent encore plus viste, & auec ce que le chemin estoit fort beau, en moins de trois quarts d'heure i'arriuay auec mes veaux dans le bourg de Mansille ma patrie. Considerant en chemin comme mon entreprise estoit heureuse, il me prit enuie de les mener à Versailles, dans vn estang qui se rencontra sur le chemin, afin d'acheuer de les noyer dans l'eau cóme ils auoient commencé dans le vin: & ie l'eusse peut-estre fait, n'eust esté la pitié que i'auois des mules innocentes, qui eussét couru risque de la vie, & la crainte que i'auois de perdre la charrette quát-&-quát. Il me vint aussi quelque tétation de les ésgorger tous, comme il m'estoit tres facile si i'eusse voulu, mais, me contentant de la rigueur que i'auois exécuté sur ces trois, ie voulus vzer de clemence & faire grace à ceux-cy, afin de les referuer pour vn autre triomphe.

En arriuant à Manfille, ie leur fonne vne alarme qui les reueilla de leur affoupiffement: mais ce fut trop tard, ie me mets à crier; Iuftice, Iuftice, à la force du Roy; voicy La Vigorne, voicy la troupe des *Determinez*, les larrons qui ont derobé la charrette & la mule à la foire d'Areuille. Ie criay fi haut, que i'euffe pû eftre entendue à la portée d'vn moufquet au tour de moy. Ils s'éueillerent en furfaut à ce bruit là, & aprés auoir demeuré quelque efpace de temps, auffi épouuentez que s'ils euffent oüy la trompette de la Refurrection, quand ils fe virent au milieu du marché de Manfille, & chaftiez de ma main, ou plutoft de celle de Dieu, comme les trouppes de Sennacherib, ils fe ietterent promptement à bas de la charrette, abandonnant manteaux, chappeaux, épées & dagues, auec vne partie du larcin qu'ils auoient fait; car l'autre estoit demeurée au lieu du banquet. Ils sortoient de cette charrette auec tant de precipitatió qu'ils se culbutoient les vns sur les autres; & moy qui ne perdois point de temps, afin de les faire promptement releuer, ie chargeois dessus à grands coups de foüet & de la corde & du manche, & les enbriday si bien les oreilles, que ie croy qu'ils porterent de mes faueurs plus d'vn mois après. Comme ils se trouuoiét sur leurs pieds, ils fuyoiét aussi viste que des fuzées: car la peur donne des aisles: & se voyant hors de la portée de mes coups, sans chapeaux & sans épées, ils s'arrestoient comme ayans enuie de retourner pour leur équipage: mais le peuple, les petits & les grands garçons du bourg, qui estoient accouruz à la rumeur, commencerent à armer leurs fondes & à leur donner la chasse à coups de caillous, si bien que les pauures diables furent ainsi exorcisez, & chassez à trauers des bleds comme les renards de Sanson: mais ils n'auoient plus le feu à la queuë. Ie ne sçay ce qu'ils deuindrent ny mesme si le chartier lié au buisson, & les deux autres laissez par le chemin attachez à l'arbre, furent deliurez ou mangez des loups: car ie les abandonnay la corde au cou, à la mercy de leur fortune.

Quand l'orage fut passé, ie m'en allay chez nous, où ie fus receuë comme vn Ange: car bien que ie fusse mal voulue de ma proximité & particulierement de ces cousines dont i'ay parlé cy-deuant, ils prenoient neantmoins vn singulier plaisir à mes friponneries, ie veux dire à mes galanteries: Chacun accouroit pour me regarder, comme si ie fusse venuë des Antipodes, & qu'il y eust eu long temps qu'ils ne m'eussent veuë, & entre autres les filles mes compagnes: Ie m'imaginois estre quelque Panthere, qui attiroit toutes les autres bestes, rauies & charmées de mes odeurs. Ie fus loüée de tous, pour estre plus chaste que Lucresse, plus industrieuse que Berecinthe & plus vaillante que Semiramis. Il est vray, que quand ma chasteté eust esté vn peu touchée de quelque mauuais air, ie l'auois airée auec du treffle & de l'encens masle, auparauant que d'arriuer à la maison: c'est à dire que ie fis le recit de l'auenture, auec tant d'ornement & tant d'auantage pour moy, que ma renommée pouuoit passer hardiment par dessus tout.

Cette action, là fut diuulguée par tous les lieux circonuoisins, & le conte de la charrette & des mules, fut si celebre dans le païs, que deslors pour cette cause, on appella ma bourgade, Mansille des mules: car iusques alors, elle n'auoit point eu de surnom, on ne l'appelloit que Mansille simplement. Depuis cette heure là, les plus hupez du lieu, me faisoient honneur & me respectoient comme vne Dame de haut parage; en me saluant, ils baissoiét le chapeau iusques à mes pieds, & me regardoient auec d'autres yeux qu'au parauant: Mais ie ne sçay de quel sang mes boudins estoiét faits; iamais, dés mon enfance ie n'euz d'inclination pour aucun homme de mon village: Ie croy que nous autres femmes, ressemblons aux foires qui ne se plaisent qu'aux choses apportées de loin; & que nos sommes comme les defirs qui ne tendent qu'à ce qui eſt plus dificile à obtenir; Enfin, la Iuſtice curieuſe, qui veut toujours mettre le nez, ou pluſtoſt la main par tout, ayant ouy mon procés verbal, m'adiugea vne partie des dépoüilles, & garda l'autre pour foy, pour recompenſe de la peine qu'elle auoit priſe: ordonnant en outre, que le maiſtre de la mule dérobée & recouurée, me payeroit le droit de retrouuement, puis que par mó induſtrie elle auoit eſté deliurée de la captiuité d'Egypte, faiſant deffence, que nul n'euſt à ſe railler de ma conqueſte, ny à gloſer ſur mes actions, à peine d'amende honorable & proffitable.

Neantmoins, comme il y a toujours des eſprits deſobeiſſans & rebelles à la raiſon, qui blazonnent ſur tout, i'en rencontrois ſouuent de malins & de vilains qui me disoient, fillette, sortistes vous vos brayes nettes, de l'auenture d'Areuille? Les Poëtes s'en mesloient aussi: car ils sont satiriques, & vsans de leur langage me brocardoient ainsi:

Conte nous la belle fille,
Ce qu'on te fit en Areuille.

& ceux qui parloient par Metafoire, si Iustine ne fut brulee, disoient ils, au moins fut elle hauie ou tizonnee: quand on attache vne chandelle à vne muraille, quelque blanche qu'elle soit, elle en demeure barboüillee, car si la pierre ne peut bruler, elle ne se garentit pas de la noirceur du feu. Bref, il me fut tant dit de telles galanteries, qu'il ne m'en peut plus souuenir: Ie te diray seulement Lecteur, que ie les laissois dire, en me representant que les médisans auoient bien autrefois calomnié Didon qui estoit

Reine. Tant y a que depuis cette deroute là, ie me tenois sur le quant à moy, & ne regardois plus persone qu'auec dedain: car vn petit d'honneur sert d'amidon à la mine, & de gomme au vestement, pour donner de la grauité. Quand ie me souuiens, de la supercherie que ie fis à ce Roy de la petite Egypte, ie suis marrie de n'auoir pas mis ce prouerbe pour tître de ce discours.

Quiconque prend au larron.
Gagne cent iours de pardon.

Car s'il y auoit du merite en ce fait, il me semble que i'aurois deu gangner indulgence pleniere. Mais le prouerbe s'adaptant mieux au rencontre que tu verras cy aprés, il vaut mieux suiure la route de mes pellerinages, sans me mesler icy des cas de conscience: toutefois, il se faut reposer: dorts Lecteur, il sera demain iour, si Dieu plaist, & peutestre

estre que l'humeur te prendra de continuer cette lecture.

LA MAL FARDEE.

Elle declare la vaine gloire qu'elle eut de la victoire gagnée sur les Bohemiens, & le mépris qu'elle faisoit de ceux de sa patrie. Sa proposition de rauder & s'en aller à Leon: Son équipage pour son voyage: La honte qu'elle eut de son fard mal appliqué.

J'Ay souuent ouy parler d'vn prouerbe, qui est parmy les vieux Capitaines soldats, contenant ces mots: Iamais vne victoire seule; d'autant que la gloire d'vn triomphe rend les courages inuincibles, & les dispose pour entreprēdre de nouueaux & perilleux exploits. Le griffon, ne combat point qu'il n'ait cinq ans, quand les forces luy sont venuës; & s'il emporte la victoire en la premiere guerre qu'il fait, il deuiét vn prodige de vaillance, & s'il est vaincu, il demeure plus coüard qu'vn Milā, il n'ose quasi plus leuer la teste, le moindre aigle qui se presente le defait & le surmonte fort aisément; Il m'en aduint de mesme à cause de ma victoire passée: Ayant triomphé si glorieusement, ie fus si boufie de vanité que ie ne pouuois quasi plus tenir dans mes habillemens: mes fumées, mes dedains, mes pensées, tout crut à proportion de mon orgueil ; encore suis-je en doutte voyant cét accroissement vniuersel, si mon ame ne crut point quant-&-quant. Ie croyois estre deuenüe quelque Dame Damée & n'estre plus pion; toute la rusticité des mótagnes de Mansille ne me sentoit plus que l'huile de Scorpion. Alors, le temps estoit passé auquel i'eusse fait plus de cas d'vn pitaut vestu de toile, & vne plume de coq au chapeau, que de ces Narcisses de Cours, sucrez & parfumez, auec tous leurs riches habits & leurs affetteries. Ce n'estoit plus la saison, en laquelle i'eusse mieux aimé qu'vn garçon villageois m'eust promis vne liure de lin, ou vne terrinée de laict, ou vn agnelet dérobé chez sa grandmere, que si vn Courtisan m'eust presenté vne chaine ou chenestre d'or, car la plus part des villageoises, aussi bien que plusieurs dames de condition, resséblent à la louue; au téps du rut elles fleurent tous les loups, & choisissent toujours le plus chetif. I'eusse esté bien éfrayée autrefois, de voir vn galāt en baisant la main, & mettant vn genoüil en terre qui m'auroit dit; Madame receuez cette chaine d'or que ie vous donne,

R ij

& la vous mettez au cou: en bonne foy, i'eusse pris cela pour vne iniure, & eusse cru qu'il m'eust voulu encheuestrer, puis m'embaster comme vne asnesse & me mettre sa charge dessus.

Le plus grand present que ie pensois alors qui se peust faire à vne personne de mon étofe, c'estoit quelque bague de fin laiton, ou au plus haut d'argent; & s'il arriuoit que l'argent fust doré, ie croyois que ce fust vn excez; cela me faisoit perdre le sentier de la raison, ie m'imaginois que c'estoit le *finis terræ*: car a ce que dit l'autre:

L'estomac du paysan,
Ne sçait pas digerer le faisan.

Enfin ce temps qui fut, se passa, comme fera l'autre qui sera; la presomption dont i'estois pleine m'en charia vn autre, auquel ie vins à mépriser la cotte de fine écarlatte pasfementée d'or, & à n'en faire non plus de cas que si elle eust cru sur le fumier d'vne basse court, comme les méchans champignons: Et tout cela, à cause de la victoire passée, qui fit sortir ma pensée des gonds de la raison, & ma personne du centre de sa condition.

Me voyant donc si bien emmantelée, & si bien enchapellée, de la friperie de cette charrottée d'yurógnes, qui par mon industrie prit port au milieu du marché de Mansille; riche de leurs depoüilles & glorieuse de mes tours de souplesse; ie forgeay dans ma caboche, vn dessein de quitter la vie villageoise & montagneze, & me faire citoyenne. En cette fantaisie là, ie me resolus d'aller faire vne paonnade, ie veux dire d'aller faire monstre dans la ville de Leon, pour voir si ie pourrois m'instruire aux actions

Le François a esté contraint de dire tantost Leon, & tantost Lion à cause des rencontres & alusions.

ciuiles, puis que dé-ja i'estois assez stilée aux criminelles. Lió n'est qu'à trois lieuës de Mansille, & alors, il y auoit grand concours de personnes, à cause de certaine feste & foire, qui y estoit. Pour cét effet, ie priay certaines canailles, engédrez des meilleures roces de nostre bourgade qui me touchoient vn peu du sang, (nó pas trop peu, toutefois) de me chercher vne asnesse docile, sur laquelle ie pusse passer la cápagne qui est entre Másille & la noble cité de Leon.

A dire le vray, ce ne fut pas tant le dessein de passer mon temps à Lió, que la curiosité de voir à combien de degrez, les discours que les Lionnois qui logeoient chez nous, me faisoient de leur ville, s'aprochoiét ou s'éloignoient de la verité; car ces gens là, eussent quitté toutes affaires & passé les nuits & les iours, à raconter les singularitez de Lion. Il y eut vn soir vn Lionnois, qui prit tãt de delectation à reciter les merueilles de la fõtaine des poux, qu'il oublia de faire donner la soupée à sa mule, dont elle se trouua mal, & nous fort bien: car il ne laissa pas de payer son ieusne comme pour vn bon repas, on luy fit à croire qu'on l'auoit biẽ traittée. Ie m'asseure que la pauure beste auoit grande enuie que son maistre acheuast d'éplucher les poux de certe fontaine. En ma vie, ie n'ay iamais veu d'hommes plus passionnez d'amour pour leur ville que ce peuple là; ils le sont à tel point, qu'en quelque lieu que l'on trouue vn Lionnois, il croid que la moitié de la conuersation, est legitimement deuë à la couronne & à la chronique de Lion; & estime que de loüer vne autre ville c'est vn crime de leze-Majesté. O Madame, me dit vne fois vn Lionnois (aprés m'auoir bien étourdie de la fondation & antiquité de sa ville) comme le lion est le Roy entre les animaux, Lion est Reine entre les villes. Quand i'oüis cette exclamation, si i'eusse esté aussi sçauante en Chroniques qu'à present, i'eusse bien monstré le bec iaune à cét historien moderne: & luy aurois apris, qu'encore que Lion s'honnore & s'aproprie les armes & les blazons du lion, qui est le Roy des animaux, son vray nom ne vient pas de Lion mais de Legion: à cause d'vne cohorte de soldats enuoyez par les Romains pour la gangner, & la fonder ou la transplanter, & pour le répect que ie luy porte, ie ne dis pas que les diables ont quelquefois pris le nom de Legion. Mais poursuiuāt le recit de mon voyage tu sçauras lecteur, que ces gentils galans à qui i'auois expedié lettres de mes Escuyers, pour me pouruoir d'vne monture, m'amenerent vne asnesse toute harnachée, & caparaçonée, mais d'vne façon si ridicule & si bizeare, qu'il sembloit que ce fust vn singe de basteleur auec vne robe. Comme ie la vis ainsi accoutree: Certes, dis-ie alors, puisque vous estes équipée à la Hongroise, il faut que ie me pare à la diaboloise, afin que tout soit assorty.

Considere Lecteur, combien nous autres femmes, sommes enuieuses, puis que ie le fus de cette asnesse, la voyant si galamment couuerte. Mais cette foiblesse là n'est pas nouuelle. Les Poëtes parlent d'vne certaine Blandine, qui porta enuie aux ornements, & aux couleurs du perroquet, & desirant estre habillée de mesmes liurées, elle pria le Dieu pourpoint, (ou le Dieu lupin) car ie ne sçay lequel estoit l'Hebdomadier cette semaine là, de la conuertir en perroquet: cela luy fut incontinant accordé: les Dieux sont courtois aux Dames aussi bien que les honnestes hommes: Et d'autant qu'elle tenoit des deux especes, asçauoir, femme & perroquet; de jour, elle parloit en perroquette, & de nuit en femme. enfin, les Dieux lassés de tant de caquet, commanderent qu'elle fust mise en cage: car puis qu'elle estoit perroquet on ne luy faisoit point d'outrage. Elle voyát alors ses pourmenades & ses libertez accourcies, chose qui repugne si fort au naturel ambulatoire des femmes, reconnut que ses longs habillements d'autrefois, luy estoient beaucoup plus vtiles que les plumes de maintenant; de sorte qu'elle repria le Dieu qui l'auoit transmuée, de la remettre en sa premiere forme de femme, parce disoit elle, qu'elle se trouuoit mieux & plus au large, en cette condition là qu'en celle d'oiseau, ce Dieu, qui estoit bon comme le gasteau, & que peut estre estoit sous ou yure de nectar, quand il faisoit & defaisoit ces choses là, luy accorda sa petition. Ainsi ie fus enuieuse comme Blandine, & pour n'estre sujette à requerir Iupin, ny quelque autre paillard comme luy, & auoir sans eux les attours & les couleurs du perroquet, & quant-&-quant la liberté d'aller & venir, comme femme, par tout où ma fantaisie m'en donneroit enuie, i'enuoyay querir du blanc & du rouge en la boutique d'vne amye, auec quoy ie me puisse faire comme vn pagegay Royal.

On m'aporta ce que ie demanday, mais le diable se trouua parmy ces ingrediens, qui m'empescha de les accorder ensemble, & d'en composer vn bon meslange. Neantmoins, croyant auoir bien mixtionné mes drogues, ie me plante deuant vn miroir, & me mets à peindre mon visage sur son propre original: mais, comme c'estoit mon coup d'essay, & la premiere fois que ie me masquois de fard, ie le dispencé si mal, & en mis en si grande abondance, que mon sang en fut fort échaufé: ie sentis vne si véhemente chaleur, qu'en arriuant au pont de Villareté qui est à cinq quarts de lieuë de Mansille, il me falut vitement plonger le visage dans l'eau pour lauer mon vernix & mettre ma peinture en détrépe, i'ay toujours eu regret depuis, d'auoir si mal employé vne saussiere toute pleine d'vn rouge si fin, qu'vne Princesse n'en pourroit pas trouuer de meilleur; ie fis alors expérience, que la masque qui veut vzer de tels masques, s'en doit seruir iournellement, ou iamais : car de s'en mettre que par interualles, c'est comme de ne manger qu'vne fois dans la semaine, chose qui ne peut profiter, ni engraisser. Reuenant donc à mon propos, j'acheuay d'ajuster ma mine. Apres cela, ie me vestis d'vn sayon de fort belle écarlate ; vn corps de cotte de satin, vne manteline de couleur bleuë bordée de velours vers (cet habillement là, est vne espece de roquet, mais il couure la teste & descend par dessus le dos iusques à la ceinture) vne gorgerette de fine toile & fort blanche qui me faisoit ressembler à vne Nonne; des mules valenciennes, découpées & argentées à la mode des Damoiselles. Ainsi habillée selon la mode de nostre païs, billebarée & pioléé, ie m'aproche de madame l'asnesse, & mes écuyers quant-&-quant, qui me voulurent monter, mais ie les remerciay de leur courtoisie: ie mis pour housse dessus la sçelle, ce tapis que les Egyptiens auoient derobé le jour de ce festin qui leur fut si funeste, & auquel les cartes & les chandelliers des ioüeurs se trouuerent enuelopez. Dans la manche de mô sayon, ie mis vne mante de burail de soye, garny de petis grains & de papillottes de jayet, par le bord, pour m'en seruir selon les occasions où ie me pourrois rencontrer, ainsi que tu verras. Nous voila donc l'asnesse & moy, l'vne sur l'autre, si également bien parez & si ajustez ensemble qu'il sembloit que ce ne fust qu'vne piece de nous deux comme ceux d'Arauze qui croyoient que les chouaux & les Caualliers Espagnols ne fussent qu'vne mesme chose. Ie partis donc de Mansille, regardée & admirée de tout mon voisinage: que si les yeux que i'emportois auec moy se fussent attachez à mon asnesse, elle eust esté bien-tost conuertie en femelle de Paon. & sans cette conuersion, elle ne laissoit pas d'estre aussi superbe, elle marchoit auec autant de grauité qu'vne mule de Legat, aussi s'en-orgueillissoit elle de la charge honnorable qu'elle auoit, & qui n'estoit point mauuaise; car outre ma pesanteur, elle portoit quelques valizons garnis de fruits de pain, & de viandes froides; qui est vne coutume asses ordinaire entre les Espagnols: à cause que les hostelleries sont le plus souuent fournies de riens, principalement dans la ville de Lion.

Ie pris vn bon gros lourdaut de valet, pour me seruir d'escorte & d'écuyer, qui m'obeissoit au pied de la teste; & me ioignis à la compagnie de trois femmes pietonnes, qui alloient aussi à Lion, auec intention de m'en separer au bout de la carriere: Il est fort dificile, que deux femmes seulement, puissent long temps demeurer ensemble sans s'egratigner; comme il ne s'en falut guere que nous ne fissions, dés que nous fusines associées, & que nous eusmes commencé chemin, car elles s'ebatoient à se rendre déplaisantes, & non pas complaisantes. La plus matoise des trois, me voyant encore sur le visage, des traces de la nouuelle fourbisseure dont ie l'auois éclaircy, me dit, auec plus d'enuie du fruit de mes grenades, que de desir du bon succez de mes fleurs: Madame Iustine, s'il y auoit long-

long temps que nous fussions en câ-
pagne, ie dirois que le Soleil vou
ayant trouuée si belle, se seroit plu
à vous baiser, car vostre visage fait
au iourd'huy la nique à la couleur
des roses. Moy qui r'enuie toujours
sur les premieres couches que l'on
me fait, ie luy respondis sur le
champ : Madame Ragonde ce n'est
pas ce que vous pensez, cela vient de
m'estre seulement lauée auec de
l'eau de pauots de bleds, qu'on appelle vulgairement cocquericoqs.
En mesme temps elle clignote les
yeux & se met à sou-rire en regardant les autres, comme pour les
prendre à témoin de la simplicité
que i'auois, de penser que ie luy pusse
faire à croire, que parce que ces fleurs
là sont rouges, l'eau me pust colo-
rer le visage. Ie confesse, que ie luy
fis vne repartie d'ignorâte; en effet,
personne n'est instruit quand il viét

S

au monde si ce n'est à pleurer. Comme la matoise vid qu'elle m'auoit mise en confusion elle pourſuit ſa raillerie, & me dit, ma fillette, ie trouue pourtant fort étrange, que l'eau & la couleur des cocquericoqs, ſe ſoient attachez ſur voſtre viſage, veu qu'à mon aduis, vous l'auiez auparauant enduit de cire; on la void qui ſe fond & découle au long de vos ioües, d'autant que l'eau ne prend pas volontiers ſur les choſes cirees & gommées. Me voyant ainſi conuaincue par cette ruzée Celeſtine, il me falut eſtre Confeſſeuſe & Martyre tout enſemble: mais ie iuray dés lors, de ne porter iamais ſur mon viſage de ſi laſches témoins, qui dés le premier coup de corde, découurent tous les ſecrets d'vn cabinet, qu'vne femme d'honneur leur donne à garder: Pour cette cause, & pour m'oster quant-&-quant tout sujet de honte & de couroux, ie mis pied à terre, & me relauay de nouueau dans le ruisseau d'vne fontaine.

M'estant purifiée, la hardiesse de parler me reuint; car la honte de mon fard mal appliqué, l'auoit bannie; ma langue aloit plus viste qu'vn tacquet de moulin, ie faisois plus de petis contes que de pas, mais les meilleures choses que ie pusse dire, ne sentoient ny sel ny sauge au goust de ces laquais femelles; elles auoient conceu vne certaine enuie contre moy & contre mes acoutremens, ô enuie que tu es effroyable, on te compare à vne Harpie, mais la peinture n'est pas assez naïfue; veu que la Harpie ayant tué vn hôme, s'en va regarder sa figure dâs

S ij

l'eau, & voyant qu'elle a tant de ressemblance à celuy à qui elle a osté la vie, elle se noye, pour se vanger tout d'vn coup de sa cruauté & ne la commettre iamais: Toy, au contraire, tu perseuere incessamment à persecuter les hommes, ne tâchant qu'à les atterrer & deuorer. Autres, te comparent au Tigre qui ronge son propre cœur; mais cela n'est rien, car vn cœur est trop petit pour ta gloutonnie, il ne suffit pas à t'assouuir, & faut que tu te iettes encore sur l'ame: mais, quelques opprobres que ie puisse dire de toy, ce ne sōt que peintures, au pris de tes peintures trop sanglantes & trop veritables. Ie te veux donc laisser là, afin que tu en fasses de mesme de moy.

LE RENCONTRE FAuorable.

Iustine fait son entrée à Leon; se gausse de la cité & des citoyens. Elle prend logis, & aprend qu'il y loge vn ioüeur pipeur qui auoit fonds; & pour ce sujet elle fait dessein de l'accoster & de l'attrapper, dont elle vient à bout fort industrieusement.

IE fis mon entrée dans la ville de Lion, par le pont qu'on appelle du Castro, auquel lieu, ie retranchay mon train & donnay congé à mes pietonnes, ne reseruant auec moy que mon valet & m'arrestant à contempler la structure du pont du Castro, qui est vne ridicule antique de cailloux fort mal faite, & toutesfois fort estimée des ci-

S iij

toyens car ils la mettent au catalogue des merueilles du móde. Ie paſſay outre; & en allát, ie me trouuay ſans y penſer dans la place où l'ó fait les execvtiós de Iuſtice & auprés du gibet; ie regarde alors au tour de moy, s'il n'y auoit point de Preuoſt & de bourreau à ma queüe; & me voyant libre, ie tourne ma veuë de toutes parts; Ie remarquay quantité de petites moſquees, ie veux dire de méchantes maiſonnettes, aux aux feneſtres deſquelles paroiſſoiét certaines femmes, qui auoient la phiſionnomie de celles qui ont les talons courts: elles faiſoiét mille diuerſes grimaces d'affetterie, & reſſembloient, en ces niches, à des pigeons dans des meurtrieres de forterreſſes. En cóſiderant ces choſes là, ie trouuay à réprimer les Lionnois; il m'eſtoit aduis qu'eſtás ſi preuoyans de leur naturel, ils n'auoient pas logé ces Nymphes là, en lieu decent & commode, veu qu'estant prés du gibet, nul homme d'honneur Lionnois, n'eust plus ozé dire à sa femme en la querelant, *vaten au gibet* sans que la licence d'aller *in bordello*, ne fust inserée en ce commandement comme des poux dans vne couture.

C'est vne malediction fort en vsage, parmy ce peuple, neátmoins, ie sçay bien que les femmes Lionnoises n'ont garde de se preualoir de cette infame permissiõ & qu'elles se pendroient plutost; mais si d'auenture elles en vouloient vzer, elles auoient dequoy s'excuser enuers leurs maris, & leur dire qu'elles l'auroient fait par obeïssance. Ie refuay long-téps, pour sçauoir d'où procedoit cét ordre & cette police, d'auoir mis ces lieux de debauches, auprés du gibet; enfin, l'apris qu'õ l'auoit fait, afin que la coulpe

S iiij

& la peine fussent logée l'vne auprés de l'autre. Et suyuant ce que disoit vn certain Docteur; comme il n'y a point de mardy gras qui ne soit cōjoint à vn mercredy maigre, aussi n'y a t'il point de soulas, qui n'ait vn helas pour voisin, ny auprés d'vn peché vn châtiment.

Apres cette deuote meditation, ie passe chemin, & entre par la porte Saincte Anne. Chacun regardoit mon arriuée, & moy ie me mettois sur ma bone mine tāt qu'il m'estoit possible: car biē que ie fusse fatiguée du chemin & de la chaleur, ie ne laissois pas de m'ajuster & me tenir fort droite sur ma beste. Ie m'arrestay en vne hostellerie qui se trouua attachée à la mesme porte de la ville, par ce que ma lassitude ne me permettoit pas d'en aller chercher plus loin. Il y auoit d'assez jolis meubles dans cette maison là, comme entr'autres des filles fort affettées, mais non pas si adroites que nous estions mes sœurs & moy, lors que nostre hostellerie estoit sur pied. Elles estoient grossieres & mal-habiles, leur ieu se voyoit d'vne lieuë loin : elles ne le sçauoient pas cacher comme nous faisions, aussi manquoient-elles de conduite & de conseil, faute d'vne bonne mere telle que la mienne, laquelle d'vn petit clin d'œil nous faisoit entendre vne iliade de preceptes : autant d'œillades qu'elles nous iettoit, c'estoit autant de coups d'éperon, qui nous faisoient troter si dru & si menu, que nous eussions fait quinze postes le iour, & plus encores s'il eust esté besoin. C'est grand dommage de sa mort : elle, & mon pere sçauoient plus faire de transformations, que Medée ny Circé, il ne ne leur manquoit que le secret de convertir leurs hostes en mulets: & ie croy mesme qu'ils en fussent venu à bout, s'ils n'eussent eu peur qu'estans tous mulets & mules, ils eussent tous mangé l'auoine, & nul ne l'eust payée. Ie ne sçay comment ils ne fonderent point quelque Vniuersité d'Hostelliers, veu que l'on en a autrefois fondé, qui estoient de bien moindre consideration.

Ayant donc mis pied à terre, déchargé mon asnesse de l'équipage qu'elle portoit, & l'auoir conduitte à l'écurie, ces filles seruantes me menerent dans vne sallette, qui pouuoit toutefois porter le nom de sale, tant elle estoit mal propre. En entrant là dedans, ie sentis vne odeur de Filou, qu'on appelle autrement Tabac, qui me donna sujet de m'enquerir d'où venoit ce perfum ; & m'asseant dans vne chaire pour me repofer, ie me mets à cageoler auec l'vne de ces filles, que ie crus eftre la moins befte, (laquelle ie trouuay fur le point de prendre l'effor, & de vouloir trauailler à fes pieces, c'eft à dire tenir logis en fon particulier) elle me dit que cette fenteur de tabac, procedoit d'vn hofte qui en vfoit à toute heure, qu'on appelloit le Seigneur Saladin, vn Bachellier qui auoit renoncé au liure des Loix, pour fe faire commentateur du liure des Rois; qu'il ioüoit du cornet & des doigs admirablement bien, & le bon du recit qu'il auoit finance & ioyaux; entr'autres pieces, vne belle croix d'or qui pezoit bien dix efcus, fans conter ny la façon, ny des perles qui y pendoient, laquelle il portoit fouz fon pourpoint & leur monftroit fouuent.

Si la fillette euſt eu de l'eſprit, elle m'euſt demandé le droit des aduis qu'elle me donnoit: elle me fit ſauter le cœur de ioye, eſperant d'impoſer & de receuoir tribut du negoce de cet eucillé. Dés ce moment là, j'occupay mon eſprit à rechercher quelque ſtratageme pour duper le dupeur ſi le cas y écheoit: car l'heureux ſuccez de mon auenture contre les Bohemiens vacabonds, m'auoit affriolée à la friponnerie; & à dire le vray, le deſir de voir la ville de Lion, ne m'auoit pas tant attirée, que le deſſein de trouuer des occaſions de pratiquer mes tours de ſoupleſſe. Donc, ſans perdre de temps, ie m'informay encore de cette fille, à quelle heure l'hoſte reuiendroit au logis; bref, ie la fis tant cauſer, que i'en ſceus encore plus que ie n'en demandois. Ie reconnus alors, qu'il eſt veritable ce que les médisans publient des femmes, que nous auons vn courrier ordinaire, qui va la poste du cœur à la langue, & de la langue par tout le monde: mais cette regle n'est point si generale, qu'elle n'ait son exception: Pour mon regard, iamais ie ne luy dis à quelle fin ie faisois vne si exacte enqueste de ce personnage: & en effet, on nous fait tort de croire que nous ne puissions pas quelquefois cadenasser nos leures il n'y a point de femme qui ne soit secrette, quand il est question d'vn affaire dont elle espere du profit ou du plaisir.

L'NNOCENTE, PIPEVSE.

Vertus de l'or. Admirable artifice pour prendre accez auec vn inconnu. Dissimulation familiaire aux femmes: Abord de fin contre fin. Inuention subtile. Ruzes pour se deffendre de rien offrir. Troc auantageux pour Iustine.

L'Extréme affection que i'auois à la Croix, principalemét à cause du metal dont elle estoit fabriquée, me faisoit impatiemment souhaitter que le pénitent qui la portoit, reuint bien-tost des statiós qu'il estoit allé faire à la ville, afin de ménager le temps, & trouuer quelque ruse pour l'écroquer. Il faut aduoüer que l'or fait de grandes merueilles à l'endroit des femmes! des plus paresseuses & plus pezátes, il en fait des courrieres fort diligentes; parce que l'or s'élaboure auec le vif-argent qui est toujours en mouuement; & par vn contraire effet, il arreste aussi quand il veut, les plus vistes courrieres, comme il fit en faueur de ce galant qui perdoit le prix de sa course, sans le secours des pommes d'or qu'il mit dans la carriere dont il arresta Athalante. Ainsi, la seule imagination de ce ioyau d'or, me faisoit petiller d'impatience. C'estoit la piece dont le compagnon faisoit vn leurre aux oyseaux niais, pour les faire tomber dans son trebuchet.

Dés que ce Cheuallier de la nouuelle promotion, abordoit quelque fille qui fust à son gré, il faisoit aussi tost monstre de l'ordre de la Toison d'or, afin de les obliger à quelque sentiment d'amour pour luy, & dorer la pilule de leurs fautes, comme font ordinairemét ces preneurs de linottes à la pipée: Pour moy ie croy, que ce moyen seroit éfficace pour brider la bécaffe, si, cóme ils mettent la ioye aux yeux, ils mettoient quant-&-quant le joyau dans la main, faisons donc le recit de l'artifice donc ie me seruis: & qu'ó ne me presse point: car en matiere de confession il faut dire toutes les circonstances & la faire à loisir.

Tu sçauras donc, oysif Lecteur, que parmy les babioles que ie portois, i'auois deux *Agnus Dei* de moyenne grádeur, l'vn d'argét doré, & l'autre d'or qui estoient si séblables, de façon & d'apparence, qu'à peine en pouuoit-on connoistre la difference: Que fais-je? ie mets celuy d'argent dans ma manche, & attache l'autre, afin de luy donner plus de lustre & d'éclat, à vn chapellet de jayet, qui estoit alors fort estimé. Note bien cecy, Lecteur, & tu verras ce que ie fis de mes *Agnus*.

Le

Le sieur Saladin reuint enfin au logis : & cóme ie sceuz qu'il estoit dans la salette, d'où i'estois sortie pour la laisser libre quand il reuiendroit, i'entre dedans feignát ne pas sçauoir qu'il y fust, mais attifée & parée comme vne mariée de vilage. A peine le Docteur Academique m'eut-il apperceuë qu'il se mit à crier: ô le gentil oiseau pour faire vne pipée : entrez friquette, entrez. Alors faisant semblant d'estre surprise, ie me retire en arriere, disant en moy-mesme : tu seras Prophete à ton dam : ie t'apprendray à n'estre pas courtois aux Dames. Luy, me voyant en aller, s'en viét à la porte, & d'vn geste moins audacieux, me dit, m'ayant enuisagée, rentrez ma belle, rentrez : si ie vous fais peur, ie sortiray de céas. Moy au contraire, qui auois grand peur d'esaroucher la beste, ie r'étre

T

dãs la sallette en faisant la sainčte Nitouche, auec vne mine si mortifiée, vn visage d'hypocrite si bien contrefait qu'on m'eust prise pour vne beute. Ie m'en vais droit à mes hardes sãs dire mot ny presque ozer leuer les yeux. Il faut confesser que nous autres femmes sõmes fort excellentes à dissimuler, aussi fut ce auec grãde raison, que les Anciens representerent là dissimulation sous la figure d'vne fille modeste, qui cachoit vn dragon sous son vestement, dont la teste paroissoit par vne fente. La dissimulation nous est si naturelle, disoit vne fois vn Predicateur, que les plus sainčtes mesmes en vzent quelquefois : Il allegua Esther pour exemple, laquelle estant deuant Assuere, feignit d'estre si delicate & si foible qu'elle ne se pouuoit tenir debout, & falut qu'elle s'appuyast sur vne Dame de cette Cour là : Il parla mesmement de Iudith, qui feignit de n'estre pas venüe, cõme aussi de la femme d'Abraham, qui se dit estre sa sœur, & de plusieurs autres histoires sur ce propos: Soutenant à mon aduis, que toutes ces feintises n'auoient point esté accompagnées de menteries. Mais qu'elle sottize, & quelle impudence à vne pecheresse comme moy, de faire la prescheuse! Cóme le galand me vid si réplie d'humilité que de rougir en m'oyát appeller belle, il s'imagina que i'estois vne piece toute neufue & toute fresche moulée: & pour me laisser vn peu r'asseurer & me contempler ce pendant à loisir, il se teut & ie continuay ma feinte. En foüillant parmy mes besongnes, ie fis tóber vn de mes valisons, il accourt incótinent & me l'amasse, disant qu'il s'estimoit tres-heureux de me rendre ce petit seruice: ie me retourne deuers luy, & peignát à l'instát deux roses sur mes ioües, ie payay son cópliment d'vne reuerence & d'vn Mósieur, ie vous baisé les mains: Là dessus, voicy cette fille du logis qui m'auoit tát cóté de nouuelles qui entre dans la salle; Le sieur Saladin s'en va à elle, & la tirant à part, commence à luy demander tout bas qui i'estois; elle ne put satisfaire à sa curiosité, qu'en luy répondant que ie venois d'arriuer, & qu'elle n'en sçauoit rien. Mais d'où est-elle, disoit-il, elle sent son bien, & porte la mine d'estre fort sage: quelle hóneste pudeur, quelle discretió! Ie proteste, que ie dóneroistout ce que i'ay pour rencontrer vne feme de cét humeur là. Voila cóme les hómes les

T ij

doiuent chercher pour mariage. Cette hôte & craintiue retenuë, est vn émail fort riche quand il s'applique sur l'or de la beauté comme en cette personne cy. Ie ne sçay s'il estoit assez mattois, pour auoir dessein de me faire entédre ce qu'il disoit; car bien qu'il ne parlast pas haut, ie n'en perdis pas vn mot: En effect, à ce nom d'or qu'il profera, il ne s'en falut guere que ie ne témoignasse exterieurement, la ioye que mon cœur en ressentoit; mais ie reprimay tout à l'instant cette grande émotion de peur de preiudicier à mon projet.

Aprés auoir longuement discouru sur mes loüanges auec cette fille, il prend la hardiesse de m'approcher; & en me faisant mille offres de seruices; Madame, me dit-il, quelles bonnes affaires vous ameinent en cette ville? c'est volontiers la foire de My-Aoust qui vous y attire : mais peut-estre que n'estant iamais venuë à Lion, ceux qui sçauent les aistres de la ville, & qui en connoissent le monde comme ie fais, vous pourroient bien rendre quelque bon office. Alors, voyant occasion de prendre peu à peu accez auec luy, & de faire mes approches comme il vouloit faire les siennes, & chacun pour vn different dessein : Monsieur, luy dis-ie, auec vne simagrée de bigote, & vn ton de voix de celles qui mâdient pour des religieuses. Il est vray que ie n'auois iamais veu la ville de Lion, mais ce n'a pas tant esté la curiosité de voir, comme la deuotion de rédre des vœux à la bonne Nostre Dame du Chemin, qu'on m'a dit n'estre qu'à vne lieuë d'icy, afin que par son intercession, ie puisse sortir d'vne malheureuse sœur, auec la-

quelle ie demeure, & à qui ie ne ref-
semble pas, Dieu mercy; elle vit a-
uec de trop grandes libertez, & si
grandes, que ie ne pése pas scãdali-
fer mon prochain en le disant, chacun la connoist bien. Par mesme
moyen, i'ay quelque enuie de visiter les ioüailliers & orfevres, afin de
voir si ie pourois chãger & troquer
quelques pieces d'orfévrerie que
i'ay. Voila que c'est de parler, me
répont-il, on prend intelligence
les vns auec les autres; & peut-estre
pourriez-vous bié faire cette affaire là sans sortir de ceans; i'ay quelques pieces, lesquelles si elles vous
plaisoient ie m'en accommoderois
auec vous. Que t'en séble, Lecteur,
le butor se iettoit-il pas luy mesme
dans le filet? Il n'y a rien qui ne se
puisse faire, luy réponds-ie; car i'ay
appris que vous auez vne croix d'or
garnie de perles, dõt on m'a dit que

ce me sèble que vous vouliez vous
défaire ou prendre quelque argent
dessus, il ne m'en souuient pas bien.
Alors il se met à sou-rire: Et qui vous
en a tant dit, Madame? à ce que ie
voy, vous vous estes déja informée
de moy. Là dessus ie rougis, & en
mesme temps, ie portay mō mouchoir à mon visage, feignant de me
moucher, pour faire aussi semblant
de ne vouloir pas qu'il connust ma
pudeur : & luy d'autre costé, pour
r'asseurer ma contenance, nō non,
Madame, il n'importe, dit-il, ce
sont les filles de ceans qui sont dis-
crettes comme cela. Ie n'ay rien à
vendre ny à engager, i'ay encore de
resté, mes debtes payées cent pistoles à vostre seruice. Il faudroit
que mes mains fussent bien mal
adroites, si i'estois reduit à cette
necessité là, & si ie n'esperois par
leur moyen, plumer des pigeons

auant que partir de Lion, dont la dépoüille me vaudra peut-estre plus de cent pistoles: & comme ie viens de dire, si vous estes enquise qui ie suis, on vous aura dit que ie me mesle d'vn mestier qui me vaut vn petit Perou, sans craindre que ma flotte fasse naufrage dans la mer. Quant à ce qui est de la croix d'or, il est vray que i'en ay vne assez belle pour son prix, ie la monstray l'autre iour à Iuliette, vne des filles de ceans; mais elle est menteuse, si elle a dit que ie la voulusse engager ou vendre; ie luy demanday seulement en me iouant; Iuliette, combien me donnerois-tu de cette piece là ? A cette parole, ie fis encore vne nouuelle grimace d'hypocrisie, accompagnée d'vne profonde reuerence : Monsieur, luy dis-ie, ie vous supplie tres-humblement de me pardonner, la fille interpreta mal voſtre dire, ou peut-eſtre l'ay-je mal entendu de ſa bouche: car ie croy que c'eſt quelque piece que vous gardez par deuotion. Excuſez moy, me repart-il, ce n'eſt pas la deuotion qui m'oblige à la porter, ie ne ſuis pas guere fourny de cette vertu là, mais c'eſt que la façon en eſt aſſez iolie; ie vous la vais monſtrer pour en donner voſtre iugement. Diſant cela il commence à déboutonner ſon pourpoint: car il la portoit ſur ſa chemiſe: & voyant vn homme qui ſe débrailloit deuãt moy; ha Ieſus, me pris-ie à crier, Ieſus, Monſieur, que faites vous! en me retirant comme toute effrayée: Mais comme ces gens là ne manquent point d'éfronterie, il s'approche de moy & me l'a fait regarder par force. Apres cela, il la détache & la met ſur la table. Ie la conſideray à mon aiſe, de tous coſtez

& sans scrupule; ie prenois tant de plaisir à la manier & regarder, que l'ame me sortoit quasi par les yeux: Ie commençay à la loüer en gros & en détail, & la mis'iusques pardessus les nuées, pour sonder s'il me l'offriroit: mais comment y eus-ie pu attaindre si ie la mettois plus haut que les nuées? Ie recommençois toûjours à l'estimer de plus belle; & la luy remettât entre les mains; Monsieur, luy disie, en puissiez-vous ioüir longuement, auec la personne que vous aymez le mieux, croyant qu'il me repliqueroit quelque honesteté de cette sorte, dont ie n'eusse pas manqué de me preualoir, Madame, ie la vous donne, ioüissez en, comme estant celle que i'ayme le mieux.

C'est vn artifice ordinaire entre les femmes, deloüer & vanter vne chose, afin qu'on la leur donne, soit pour tirer quelque bonne parole de nous en leur faueur, ou bien pour nous empescher de creuer d'vn desir & enuie de femme grosse. Et cét vsage est maintenant si commun enuers les Dames qu'vn Cauallier est tenu pour inciuil, s'il ne se laisse prendre dans ce piege.

I'ay cóme vn mattois qui s'é dépetroit subtilement: Quád on loüoit & estimoit quelque belle piece qui luy appartint, il écoutoit sans mot dire, & quand celles là s'estoient lassées de la loüer, ou pour mieux dire de la demander, il leur disoit frédement : En bonne foy, mes Dames, cette bague vous semble-t'elle si belle que vous dites? elles répondoient toutes; ouy & le repetoient mille fois, mesme auec fermeté, afin d'obliger le personnage à faire cette repartie coüenable;

Madame, la voila à voſtre ſeruice. Mais il prenoit tout vn autre ſtile, & cótinuant ſa premiere froideur: Ie ſuis fort glorieux, diſoit-il, de ce que cette bague eſt eſtimée par des perſonnes qui cónoiſſent la valeur des choſes, cela ſera cauſe que ie la tiendray deſormais plus chere, que ie n'auois fais cy-deuant. Et quand des gens de moindre eſtofe loüoiét ſes beſongnes, il leur répondoit, ie ne m'eſtonne pas ſi cela vous ſemble beau, il m'a couté bon. Ainſi, ie croy que Monſieur de la Croix, auoit pris de la tablature de ce vilain: car il imitoit fort ſon ſens. Autát d'ouuertures que ie luy faiſois, il y appliquoit autát de ſerrures: peut-eſtre auſſi le faiſoit-il penſant que mes grands témoignages de pudeur m'empeſcheroient d'accepter ſa croix en titre de don.

Quand ie vis que cette inuention

ne m'auoit de rien profité, ie me resolus d'vser du reste de mes finesses. Ie commençay à feindre des gestes de timidité & des aualemens de saliue; à ouurir la bouche comme pour parler, & puis à la refermer pour me taire, afin de faire seblant que ie voulois dire quelque chose, que ie n'osois. Mais luy, qui prenoit plus d'appétit à mes paroles qu'vn asne ne fait à de l'herbe nouuelle, à peine voyoit-il le bout d'vn mot sur le bord de mes leures, qu'il s'éforçoit en mesme instant de me le tirer iusques à la racine. Tellement, qu'auec protestation qu'il me donneroit tout ce que ie luy pourrois demander, quand ce seroit la moitié de son Royaume, cõme disoit ce fous couronné du téps iadis, il m'arracha de la bouche le propos que voicy: Monsieur, ie desirerois) mais ie ne sçay si ie le diray) ie defirerois: non; toutefois hazard; ie defirerois changer cét *Agnus Dei* d'or que voila: & s'il vous prenoit fantaifie de trocquer auffi voftre croix, nous nous accommoderions enfemble: ce que la voftre pezera plus que la mienne, ie le payeray contant, & fi ie n'ay affez en argent monnoyé, i'ay des hardes, & entr'autres vn chapellet de coral à gros grains, fur quoy i'emprunteray le refte, ou de l'hofte de ceans ou de dehors: voftre piece me plaift. Quelles douces paroles pour luy attendrir le cœur! quel licou pour tirer l'aze! & quel lacet pour le faire trébucher! Ie n'euz quafi pas proferé ce dernier mot le m'accómoder auec luy, qu'il fort fon ioyau de fa poche, & me le met dans la main, quoy que ie fiffe le gefte du Medecin qui refuze & prend tout d'vn temps. Liseur ou Liseuse, admire vn peu quel trance, & quel rigoureux passage pour vne pauure fille honteuse comme moy! Mon Dieu, Monsieur, luy dis-ie en rougissant & tortillant la queuë deça & delà comme vne anguille, & faisant vn demy caracol autour de la table aprés luy, Mon Dieu, Monsieur, tenez vostre piece; Monsieur, ie suis vostre seruante: & que diroit-on? ie ne veux rien en don: ce que ie desirerois seulement, seroit qu'vn orfévre fist l'estime de nos deux pieces, & ce qui se trouuera que vostre croix vaudra par dessus mon *Agnus Dei*, ie le vous payeray sur le champ comme i'ay dit.

Patiéce, Lecteur, ne pése pas quoy que ie viéne de dire que ie sois si sotte de me laisser prendre aux gluaux que ie fiche: il t'est peut-estre aduis que ie vas iestre attrappée.

Sache donc, que i'auois enuie de faire interuenir vn Orfevre dans noſtre trocq, ou pour mieux dire, dans ma trôperie, afin de pouuoir maintenir en cas de beſoin, que ledit trocq auoit eſté fait en preſence des maiſtres de tels ouurages & qu'il ne puſt m'accuzer de piperie ny m'appeller en Iuſtice, & pour quelques autres raiſons qui nous ſont encore reſeruées, & qui te ſeront cy aprés communiquées.

Enfin ie le preſſay tant, qu'à mō inſtante priere, il fit venir vn Orfévre, auquel il dit en particulier. Mon maiſtre, c'eſt pour nous accómoder enſemble cette Dame là & moy. A cette parole là, cét honneſte hóme d'Orféure ſe recule trois pas, tout refrongné, croyant qu'on le priſt pour eſtre d'vn autre meſtier qu'Orfevre : non Monſieur, luy dit l'autre, c'eſt en tout bien & en tout

tout honneur que ie l'entends: Il est question d'vn trocq que nous voulons faire ensemble, de deux ioyaux d'or, vous les allez voir. Mais auparauant ie vous auertis, & vous prie de faire sa condition la plus auantageuse qu'il vous sera possible: car aussi bien, ie vous proteste que ie luy voulois donner ma piece purement & simplement.

L'orféure ainsi bien instruit, s'aproche auec sa touche, ses poids & balances; il prend la croix la considere & la peze. Il y a bien pour dix escus d'or, dit-il. A ce mot là ie fis vne grimace telle, que si i'eusse éprouué du vinaigre: Et lors le sieur Saladin, fit de l'œil à l'Orfevre, pour luy donner à entendre qu'il ne l'estimast pas à si haut pris. De sorte que pour le contenter, l'Orfevre continuant son appreciation; & en perles & en façon dit-il, il y en

V

a bien pour dix francs. Ie meure si cela n'en valoit plus de vingt. Ie fus grandement rejoüie de cette excessiue moderation. Là dessus, ie luy monstre mon *Agnus Dei*, qu'il peza, non pas tant auec ses balances qu'auec les mouuements des yeux de Saladin: & côme ils estoiét vn peu détraquez il ne prit pas bien son intention; car il dit que *l'Agnus* ne pezoit que trente francs. Comment mon Maistre luy dis-je alors, ne vaut-il que cela? ne le trouuez-vous pas d'or tres-fin? ouy da Madame, il est tres-bon & de l'or que nous appellons de Portugal.

Saladin qui me regardoit attentiuement, voyant que ie trouuois cét estime trop mediocre; cependant que ie m'aprochay d'vne fenestre, pour mediter de nouueau sur la croix que ie tenois, ils demeurerent d'accord ensemble, que ie serois côdamnée à rédre deux écus de retour:

disant, qu'ayant exactement considéré le tout, le trocq seroit legitimement fait, en donnant de ma part cette petite somme là. Saladin, paya la vaccation de l'Orfevre, comme celuy qui paye le bourreau qui le fouëtte, & luy dit Adieu.

Nostre marché estant ainsi accordé, ie mets la main à la bource, & tremblant de honte, de negocier auec vn homme en donnant & prenant, ie deliuray promptement les six liures à Saladin, de peur qu'il ne pretédist se payer en autre monnoye. En mesme temps, il m'aproche & par force me les veut mettre dans la manche de ma veste. Ie t'ay dé-ja dit Lecteur que i'auois dans cette manche, le bourseron où estoit l'*Agnus Dei* d'argent doré pareil à celuy d'or, de façon que pour empescher qu'il ne le découurist & n'interrompist le reste de l'executió

V ij

de mon projet, ie remontay mes manches deuers le coude, qui fut cause qu'il me prit le bras à nud & trouua moyen de mettre cét argent dans ma pochette. Il fut rauy de m'auoir tenuë de cette façon là, & toutefois, il me lascha promptement; il eut pitié de voir la honte que ie témoignois auoir de son attouchement. Ie faisois quasi mine de me vouloir couper la main ou bien ratisser iusques au sang, l'endroit où il auoit porté la sienne : il me demanda pardon, auec de tres-humbles sou-missions, & en cét instant se ioüa le second acte de ma tricherie.

Le trait fut, que pour luy faire connoistre la grand peine où i'estois de luy estre si obligée, ie luy dis; Monsieur, monstrez moy vn peu cét *Agnus Dei*, ie n'entends pas que vous ayez tant d'auantage sur moy de ce costé-là, & ne veux pas vous estre obligée d'autre chose que d'vne bonne volonté. Cette façon de faire l'étonna vn peu; & croyant que i'eusse intention de rompre le troc, il fit difficulté de me le rendre: mais à fine force de le presser il me le remet entre les mains: Tenez Madame le voila me dit-il; vous en ferez la guerre ou la paix comme il vous plaira, car il est à vous. Non non respondis-je, le troc est fait: s'il n'y auoit point de honte à s'en dédire, il n'en seroit rien : car i'ay regret de me separer de mon *Agnus Dei*, mais, puis que vous témoignez tant de liberalité en mon endroit, ie desirerois en quelque façon, cõpenser vostre franchise touchant les deux écus que vous me rendez. Et lors, comme faisant la honteuse & l'innocente, ie luy tournay le dos pour l'empescher de voir ce que ie

V iiij

faisois. Il demeura là, planté ainsi qu'vne statuë me regardant par derriere, comme si i'eusse en vn guichet de verre sur l'echine. On dit bien vray que l'amour est aueugle, non pas seulement pour aimer les choses laides comme il fait le plus souuent: mais aussi par ce que le sujet où il s'adonne luy sille tellement les yeux, qu'il luy fait prendre la deception pour naïfueté, la trahison pour seruice, & la perte pour profit. Toutefois, quand cét amant cy eust eu des yeux de Linx, la fourbe estoit si bien tramée, qu'il ne s'en fust pas apperceu: car tout cela se faisoit au fonds de ma manche (comme dans vn sac de Maistre Gonnin, dans laquelle ie mis l'*Agnus* d'or que ie retiray de Saladin; & tiray le bourseron de toile d'argent brodé, où estoit l'*Agnus* d'argent, les cordons non liez, & le bourseron tout ouuert, afin qu'il vist que l'Agnus y estoit: Mais ayant l'esprit emburlucoqué d'autres pensées, ie croy qu'il eust pris vn caillou pour vn ioyau, si ie l'eusse voulu tromper.

Tellement, qu'auec mes tours de passe-passe ie tiray de luy la valeur de plus de quarante cinq liures, à quoy pouuoit monter la croix d'or & les perles pour enuiron huict ou dix francs, qui valoient mon *Agnus* d'argent & le bourseron. Et en le luy rédant; tenez Monsieur voila vostre *Agnus* dans son estuy, ie l'estime estre tombé en fort bonne main: Ie vous donne ce bourson, qui me fut donné par vn ieune homme qui me recherchoit; lequel il disoit luy auoir couté plus de demy pistole; ie le vous donne dis-je pour deux raisons; la premiere, pour m'acquiter des deux écus de retour que ie debuois, & que vo9 m'auez rendus; & l'autre pour conseruer l'*Agnus Dei*, car estant d'or fort doux, la moindre chose qui froteroit contre, pourroit émousser les cizelures & gaster sa façon. Cet amant magnifique, n'eut pas plutost ouy que le bourseron reuenoit à demy pistole, qu'il la tira de sa pochette en or, & me les donna. Et moy pour n'estre trop opiniastre, ie la pris delicatement auec deux de mes petits doigts, en luy disant; sans mentir Monsieur, vous me rendez toute confuze, mais ie craindrois de vous offencer en les refusant.

Par ainsi, i'vzay du priuilege general des femes, lesquelles pour auoir esté faites de l'os d'vn homme, ont pouuoir par equité & iustice de succer leur substance iusques aux os. En fin i'executay mes propositiõs si finemét, que i'euz la croix d'or toute entiere, & sauue d'enjeu pour l'*Agnus Dei* d'or, sans qu'il me restat aucune crainte, d'é estre recherchée & accusée que iusques à la vallée de Iosaphat. De cette façõ, Saladin se vid frustré de l'effet des esperances qu'il auoit de tirer quelque fruit de ses liberalitez, dãs le seiour qu'il croyoit que ie deusse faire à Leon, car estans logez ensemble, il s'attendoit bien d'en trouuer les occasiõs fauorables; mais, dés le lendemain, ayant sceu qu'il estoit fort embarqué au ieu où il auoit relancé des dupes, ie pliay bagage, ie payay mon hôtesse, & contentay les filles pour le bon office qu'elles m'auoient rendu; feignant de tirer païs, ie sortis auec mon asnesse & mon escorte par vne porte, & r'entrai par vne autre. I'estime que Saladin fut grandement étonné, quand à son retour du ieu, il apprit mon depart: Mais Lecteur ie ne t'en puis rien conter, car onques puis ne l'ay-ie veu. C'est de quoy ie m'étonne beaucoup considerant la quantité de lieux où i'ay esté, & la chāce que i'ay tousiours euë de rencótrer de tels marchands cóme tu verras au discours qui suit.

LE FAVX HERMITE

Le déguisement d'vn hypocrite frequentant les assemblees populaires pour faire Larcins; allusion de son nom auec celuy du Paon. Iustine par vne rare finesse le deniaize & tire argent de luy.

I'Ay toute ma vie voulu grand mal à ces hypocrites, qui soubs le manteau de pieté & de déuotion, pratiquent mille piperies. Ces gens là doiuent estre odieux à chacun, parce qu'ils tédét à se faire respecter pour les vertes qu'ils ne possedent pas: Ils veulent faire passer vn singe malin, pour vn homme innocét, le plomb pour de l'or, & leurs fourbes

& larcins, pour des œuures meritoires: Ie n'euz pas plutost changé de logis, que voicy arriuer vn certain personnage doüé de telles conditions, natif d'auprés nostre Bourgade de Mansille aussi grand Larron qu'Hypocrite, & lequel deguisé d'vne robe d'hermite, se fourroint par tout comme vn furet & faisoit de subtils larrecins: Et comme il n'y a rien de si caché qui ne se découure auec le temps, on sçeut la vie & les miracles de ce Sainct personnage: Il fut mis vn iour entre les mains du Magistrat de nostre bourg, pour examiner ses actions & les enregistrer, mais il en sortit sans punition de ses delits, car par industrie il se sauuâ incontinant de la prison. Or d'autant qu'il se trouuoit toujours aux foires & aux festes, pour faire valoir son negoce, il se rendit à Leon à la my-aoust, où il y a tousiours grád concours de personnes des lieux circonuoisins, & s'é vint loger en cette hostellerie où i'estois, par ce que c'estoit le rendez-vous ordinaire de ceux de sa cabale. Cet Hermite deguisé, s'appelloit le Paon, & nó pas sans mystere: car les proprietez de cét oyseau auoiét vn grád rapport à ses qualitez. Le Paon, est la figure d'vn hypocrite, il a des couleurs en luy qui demétét les autres; il paroist vne chose & en est vne autre; il est tout plein d'yeux, aussi estoit ce mattois pour visiter & penetrer dans les secrets d'autruy, & les publier en faisant semblant de les vouloir couurir. Vn Paon, fait aussi peu de bruit en marchant que s'il auoit des pieds de laine, ou s'il marchoit sur du coton: ce charlatan en estoit de mesme, il entroit par tout sans éueiller personne, & crocheroit portes, coffres, & cabinets. Enfin, le Paon comme ayant la figure d'vn Ange & la voix d'vn diable estoit vne naïfue representation de ce Paon Hermite, fort mal nommé toutefois: car le Paon est vn symbole de superbe, & cettui-cy feignoit d'estre confit en vne profonde humilité.

L'arriuée de ce corrompu à Leon, fut justement le lendemain de la mienne. Dés que ie l'apperceus ie m'aproche de luy sans faire semblant de rien: il ne sçauoit qui i'estois; en cela i'auois vn grand auantage sur luy, car ie le connoissois bien. Dés qu'il me vid, il prit vn liure en main qu'on appelle *La guide des pecheurs*; & moy comme pecheresse desuoyée, ie m'en vais à luy pour estre guidée. Il me guigna aussi tost du coin de l'œil, & en ce peu d'instant, il remarqua que ie n'estois pas trop déchirée, mais il ne voulut pas pourtant arrester sa veuë sur moy, feignant d'éuiter la tentation; & moy d'autre costé, ie ne laissois pas d'aprocher mon corps du sien quasi aussi prés que sa volonté l'estoit du mien. Il me salue humblement; Ma sœur me dit il, Dieu soit en vostre garde: moy qui n'estois point faite à ces deuôtes salutations, ie ne sceuz que luy répondre, & ne s'en falut rien que ie ne luy disse *Deo gratias*, mais à tout hazard, ie luy repondis *Amen*. Et comme il vid que ie le costoyois; Ma fille me dit il, il me faut acheuer de lire ce chapitre que i'auois commencé, car estant de choses spirituelles, il n'est pas raisonnable de les laisser pour les temporelles, vaines, caduques, & transitoires : Là dessus ie clignotay les yeux, & leuax les epaules en signe d'aprobation: & luy, continuant son sermon; peut estre ma fille, dit il, que vostre bon Ange vous aura conduite icy, pour vous informer de quelque point, au profit de vostre salut, comme de quelque doute ou scrupule, mais, si vous en desirez eclaircissement, nous en pourrons communiquer incontinant ensemble. Mon pere, luy repondis-ie, Il est vray que la reputation de vostre saincte vie que i'ay aprise ceans, m'a obligee de recourir à vostre Reuerence, pour en tirer quelque consolation spirituelle sur vn mal qui me presse ; c'est pourquoy ne pouuant perdre beaucoup de temps, ie vous supplie de faire vn peu treue auec vostre lecture pour le preset, & d'ouir vne chose que ie desire vous decouurir, en laquelle consiste l'inquietude ou le repos de ma conscience.

Luy, qui ne demādoit pas mieux que de prendre accés auprés de moy, quitta promptement son liure & commence à me consoler, en me voulant prendre par la main, comme fait le Medecin; mais pour le preuenir; non, non, mon pere, luy dis-je, écoutez moy seulement, vous connoistrés plutost ma maladie par le mouuement de ma langue que par celuy là du pouls. Ie suis femme d'honneur & natifue de Mayorque, où ie trauaille & gangne ma vie à la sueur de mon corps: & estant venue icy, attirée par la deuotion des festes qui se font tous les ans en cette saison, on m'a derobé mon argent & mon valizon. De façō que dans l'extréme incōmodité où ie me trouue, peu s'en faut, que ie ne ie ne donne, non pas du nez, mais du cu en terre; c'est à dire, que ie ne me laisse aller à faire vne actió d'où mon lignage seroit difamé. Et pour euiter ce danger, ie me suis aduisée de m'addresser à vostre reuerence, comme vne frequentát les personnes pieuses, de vouloir faire employer la charité enuers moy, qui suis en grande necessité. Mesme, si vous aués du bié à faire à quelqu'vn, ie vous supplierois de m'é faire part. A ces paroles, il me répondit plusieurs choses qui auoient apparence de chasteté, mais la connoissance que i'auois de ses intentions en ostoient la vertu, parce qu'elles ne s'y rapportoient nullement. Il tenoit de fort bós propos, mais à double sens & d'vn stile qui détruisoit la substáce de la doctrine: car il y auoit, comme c'est l'ordinaire, beaucoup de diference de la Presche au

X

Prescheur. Sa parole & ses effects estoient ouurages de differents maistres, les fleurons & figures tenoient de Dieu, & le fonds du diable. De tout le contenu de ses harangues, autant mauuaises à conter, que faciles à soupçonner, ie ne pus rien retirer; sinon qu'en bon langage, il me conseilloit de mourir de faim, si ie voulois viure en femme de bien : & si ie n'estois en telle volonté, que c'estoit signe que le Ciel m'auoit destinée pour la propagation, & que si le cœur m'en disoit, qu'il y auroit moins de scandale à confier le secret entre luy & moy. Quant à la priere que ie luy faisois de mandier pour moy, il me semble qu'il me fit entendre qu'il auoit la goutte, & qu'il ne pouuoit aller : & touchant la demande que ie luy fis, de m'ayder de quelque argent, qu'il n'en auoit point, & que plutoſt la foudre luy bruſlaſt les mains, que de leur permettre de manier vn denier; & partant, qu'il n'en pouuoit pas auoir en ſa poſſeſſion. Ie me propoſois bien, que ce ſeroit le premier acte de noſtre comedie, mais ie m'eſtois munie de pieges, pour l'atrapper à vn autre paſſage. Helas! mon Pere, luy diſ-je, Dieu me vueille garder, d'eſtre cauſe qu'il aduienne mal à vn de ſes ſeruiteurs comme vous eſtes: En cas que ie vouluſſe faire faute, il ſeroit bien plus à propos que ce fuſt auec ces débauchez mondains, il n'y auroit pas tant de mal, eſtant vne chaſſe qui ſe rencontre ſouuét, & vne tache qui tôberoit ſur moindre drap, où il y auroit plus de profit. Mais mon Pere, puiſque i'ay commencé à vous découurir l'eſtat où la fortune m'a reduite, ie vous

X ij

confesseray le reste des malheurs qui m'attaquent : car vostre reuerence me semble si humaine, qu'elle aura compassion de moy. Vous sçaurez, Mon pere, qu'vn Gentilhomme de la maison de l'Admiral & Gouuerneur d'vne certaine petite ville qui n'est pas loing d'icy, & qui est à present à Leon, m'ayant veüe par la ville, m'est venu offrir beaucoup d'argent pour condescendre à ses desirs: De façon, que si vostre Paternité ne me preste la main, ie pourray bien succomber sous le faix. Quand le Compagnon oüit que ie parlois d'vn Gouuerneur d'vne petite ville d'auprés Leon, & de la maison de l'Admiral, il eut incontinant peur, comme coupable, que ce ne fust celuy de Mansille; & dans cette apprehension, Iesus, Madame, me dit-il, voila qui est effroyable, & qui est ce méchant homme là? en quelle ville demeure-t'il? helas, Dieu par sa misericorde, veuille prendre en sa protection la cité qui est gouuernée par vn si pernicieux Gouuerneur. Dite dite, ma fille, ne craignez rien; dite moy hardiment de quelle ville c'est, afin que ie la recommande en mes prieres. Ie m'excusay, en luy disant que quád j'aurois si peu de charité, que de causer scandale à mon prochain, il m'estoit impossible de m'en souuenir pour lors, sinon qu'il n'y auoit que trois lieües de Leon: Et lui qui estoit en inquietude, me va dire; seroit-ce point Mansille, ma fille? ouy, ouy, mon Pere, lui dis-je, c'est Mansille: Le Gouuerneur de là est venu pour voir ces festes de Leon, & ayant trouué moyen de m'aborder, m'a dit que si ie lui voulois faire plaisir, qu'il ne vouloit point d'autres festes. A cét instant, son visage deuint si alteré & si changé, qu'il fut fort aisé de iuger qu'il auoit eu grand peur; car il s'imaginoit qu'il estoit venu exprés, & faisoit cette extraordinaire diligence pour le chercher. Et comme ie le priois de ne se point mettre en peine de cela; que peut-estre n'é seroit-il rien. Ma fille, me dit-il, l'offense de Dieu au sein d'vn bon Chrestien, est vne poudre qui le mine & qui trouble son repos. Mais ma fille, ce Gouuerneur là, sçait-il bien que vous logez ceans? helas ouy, mon Pere. Ne sçauriez-éuiter sa rencontre, repart-il, & si ie vous trouuois quelque argent, vous en garantiriez-vous? Mon Dieu, mon Pere, il seroit assez dificile, m'ayant dit qu'il viendra ceans la nuict, & qu'il a vn pretexte specieux pour fauoriser son entreprise, parce qu'il poursuit vn fameux Larron de Mansille qu'on luy a dit qui est à Leon, qui força dernierement les prisons & se sauua. Toutefois, si i'auois dequoy me retirer, ie l'empescherois bien de me trouuer: Dés ce soir ie partiray d'icy, & m'en iray à nostre Dame du Chemin; s'il vient aprés moy, ie remettray la partie iusques à Mansille, luy donnant à entendre que ie passeray par là, estant mon chemin pour m'en retourner à Mayorque. Et quand ie seray à Mansille, i'yray droit chez luy, dire à sa femme que son mary luy veut rompre la foy coniugale, & qu'elle tasche de refrener ses debauches. Par ainsi, il demeurera chez luy, & moy ie m'en iray en mon païs: Mais

X iiij

d'y aller en mandiant comme vne gueuse, c'est à quoy ie ne me puis resoudre, i'ay trop de courage pour faire vne telle lâcheté.

Alors, l'Hermite deuint encore plus effrayé qu'auparauant, voyant que si le Gouuerneur venoit là il le prendroit *in flagranti*, il fit vn effort sur son gousset & sur son auarice, & aprés m'auoir fait vn sermon, auec vne autre methode que le precedant ; Loüé soit le Redempteur, dit-il, voyez sa grãde prouidence ! Ie me viens d'aduiser qu'vn Ange a laissé ceans de l'argent d'vn de mes compagnõs, tout exprés pour subuenir à vne telle necessité. Ie me veux hazarder de le prendre des mains de l'hostesse & vous le bailler, à telle condition, que vous direz autãt de fois le Rozaire que ie vous donneray de liures ; là dessus, il me quitte, & au bout d'vn peu de temps, il m'apporte dix-huict liures, & les met dedans ces mains pecheresses, ioignant par ainsi mon contentemét à sa crainte, & sans luy dire plus aucun mot, ni luy à moy nous nous separasmes à l'instant. Il alla peut-estre changer d'habit, & moy ie fis seller ma montûre, & m'en allay tout de bon, hors de l'afamée. ie veux dire la fameuse ville de Leon, sans iamais ouïr parler ni crier le Paon : ce que ie pris à bon augure, si la voix du Paon porte malheur, comme disent les bonnes vieilles Parques filandieres.

Et pour le regard du payement de la dépence que i'auois faite dans le logis i'en laissay le soin à l'Hermite, comme mon Argentier ; ie contentay de faire vne reuerence à vne image de sainct Christophle qui estoit pour enseigne à cet-

te Hostellerie, & luy recomman-
der le soin de la Dame du logis,
comme ayant grand besoin de son
assistance, estant fort soudaine, colere, & d'humeur à se noyer en bien
peu d'eau, comme l'on verra cy-
aprés; De façon, que le secours d'vn
tel sainct luy estoit fort necessaire.
Si le sainct m'oüit, ie croy l'auoir
assez bien payée de l'auoir prié pour
elle; sinon, c'estoit assez que ie fusse contente.

LES INVECTIVES
Satyriques.

Le Pipeur pipé par Iustine: il se plaint d'elle par vne lettre piquante: Et elle luy fait réponce du mesme stile.

Halte, Lecteur, auant que de pousser plus outre le progrez de mes auentures, & te faire le recit de mon retour à Mansille, ie te veux monstrer deux lettres assez ridicules, l'vne qui me fut écrite par le Bachellier Saladin, sur le sujet de sa chere entre-veuë auec moy, & de nostre trocq; & l'autre que ie luy enuoyay pour réponce du mesme stile que la sienne. Ie les ay inserées en cét endroit afin que tu sois plus memoratif de la matiere dont ces écrits furent formez. A la reception de la lettre de Saladin, il me falut mettre mon esprit à l'Inquisition, pour me ressouuenir de tout ce qui se passa entre nous: car elle me fut mise en main, neuf ans aprés nostre separation. Ce n'est pas qu'il n'eust toûjours dessein de me mander de ses nouuelles, mais il ne sçauoit où m'en récrire: car ie n'auois fait nule election de domicile. Enfin, ayant appris où i'estois, il fit description des sentiments qu'il auoit couuez dans son cœur sous les cendres du silence, & luy donna allegement en chargeant sur la friperie de Iustine. Que si elle eust esté si peu ingenieuse, que de ne pouuoir répondre à son libelle difamatoire, sa reputation en demeuroit honnie *et in secula seculorum*. Ie te vay donc faire voir noſtre duel, ou deux plumes ſeruirent d'eſtocades, & où l'encre fut le ſang que nous tiraſmes l'vn de l'autre. Si tu trouue noſtre conteſtation trop longue, retire toy, & la laiſſe à l'endroit où elle commencera à t'ennuyer: liberté par tout, il ne ſe faut point contraindre, autrement le dégouſt te feroit tant bâiller, qu'il ne te reſteroit plus rien.

LETTRE DV BACHELLIER Saladin,

A Iustine : à Salamanque.

C'Est le Bachellier Saladin, complaignant, qui parle à vous, Iustine la fine : A vous, dis-ie, petite oüaille de Dieu, marquée de la croix : vous, qui aux dépens de vostre pudeur, fistes paroistre la honte que i'ay des fautes par moy commises en excez de liberalitez, contre le soing de la plus chere amye que i'aye en ce monde, qui est ma bourse. Sçachez donc, que ie vous presente le Cartel de defy, & vous appelle en cap ouuert, pour soustenir les estocades de ce discours. Mais ne venez pas moins accompagnée de hardiesse, ou plutost d'effronterie, que vous en montrez iournellement dans cette insigne Vniuersité de Salamanque, en laquelle vous soutenez en camp clos tant d'argumés cornus, & prestez le colet à tant de genres d'Ecoliers, où, par vne extraordinaire methode d'argumenter, en vous laissant surmóter, vous resoluez toutes les questions que l'on vous fait. Or ça, parez ce coup là. Vous ne sçauriez nier, Charlatane, que la raillerie que ie vous fis à vostre abord, vous ayát appellé oizeau à faire vne pipée, ne soit plus noble que cent mile autres: & vous ne vous pouuez deffédre, d'aduoüer d'estre la plus barbare femme qui soit au móde, puisque d'vne galanterie, vous en fistes le fondemét de la plus inique friponnerie, qui se puisse imaginer. Et d'autant que vous n'ignorez pas la Philosophie

naturelle, attendu que vous pratiquez tous les mouuements sensibles dont elle traite, ie vous diray que toute cause est meilleure que son effect: Et partant que ma raillerie fut meilleure que la vostre, puis qu'elle fut la cause de vostre conception, que fussiez vous creuée plutost que de l'enfanter. Dauantage, vous sçauez que toute liqueur meslée n'est pas si parfaite que celle qui est pure: & si ma raillerie fut toute simple sans auoir vne seule goute d'offence ni de vengeance, il est donc à croire, qu'elle fut plus parfaite en son espece que la vostre, qui vint conjointe & associée auec vn tres-manifeste larrecin. Croyez moy, tout ainsi que les ieux des loueteaux & des chats sont estimez mauuais à cause qu'ils ne se peuuent faire qu'à coups de dents & de griffes, ainsi l'on peut
dire

dire que voſtre friponnerie fut vn trait de chatte ou de loüue, d'autant que vous ioüaſtes ſi bien des dents & des ongles que la piece en fut emportée.

I'ay veu autrefois des femmes qui par mille feintes affeteries, & comme ſi elles euſſent eſté paſſionnées d'amour par ceux qui les courtiſoient, les eſchauffoient ſi fort, qu'elles faiſoient boüillir leurs pochettes & écumoient la graiſſe de leurs bourſes. Et vous, non auec des demonſtratiós d'amour: mais ſous pretexte de trocq, vous auez tiré la ſubſtance de la mienne, & auez appellé voſtre tromperie du nom de trocq. Neantmoins, pour vzer de miſericorde Chreſtienne, & faire le bien contre le mal, ie vous conſeille de trocquer vos mains pechereſſes à d'autres plus innocentes: autrement i'ay peur qu'en continuât vos

Y

vertueuses actions, on ne vous rongne les ongles pour vous couper lo poing, parce que l'on met vn sac en forme de gand pour étancher le sang, chausser le gand. Ne vous vātez pas tant de la supercherie que vous m'auez faire: car i'auois intention de vous souz vne plus plaisante condition, la piece que vous me pristes. Il y eust bien eu moins d'inconuenient, à donner dans vn autre vice de moindre scandale, auquel encore que vous en eussiez porté la charge, vous n'eussiez pourtant pas esté suiette à la restitution. Il n'est pas besoin de m'interpreter plus clairement, vous n'entendez que trop ce vice-là. Vous me direz peut-estre que ie ne me mette en peine de rien & que tout ira bien: ie vous répons que ie le croy asseurement: car le vice que i'entends & le larcin sont fort fidelles camarades. C'est pourquoy vn quidan difoit que les vices eſtoient des lapins. On vous aura dé-ja bien expliqué ce. L'atin à Salamanque, lequel à ce que ie preſume veut dire, que comme les lapins & lapines engendrent tous, & qu'aucun n'eſt ſterile, ainſi vn vice engendre plus d'enfans qu'vn connil de petits.

I'aduoüe librement que vous m'auez affiné; que vous eſtes vne vraye Imperatrice de Bohemiens, & garce en langage Narquois Marquiſe entre les Narquois, témoin Arcueillé: mais ie vous diray auſſi qu'il me faſche que pour vn fait ſi humain vous ayez pris vn moyen ſi diuin & que vous ayez caché vn diable derriere vne Croix, vous eſtes vne impie ie me perſuade, que voſtre Seigneurie n'aura pas manqué de bien crier & proclamer ſouz tître d'exploit heroïque, l'inſigne larre-

Y ij

cin qu'elle m'a fait, veu que les femmes ne peuuent rien celer, quand mesme elles seroient cheutes à l'enuers, il faut qu'elles le dient; ô comme la petite doucette jazeroit là dessus si elle vouloit !

Touchant ce bourseron, que son pretendu époux luy donna durant ses recherches & ses visites, ie puis dire, que si tous ceux qui vous ont recherchée & reuisitée vous eussent deub chacun vn bourseron pour voustre salaire, vous en auriez eu pour fournir tous les merciers du Royaume. Toutefois n'en auriez-vous pas eu trop, suposant que vous eussiez eu tasche, à embourser à toutes les heures du iour, autant d'argét que vous m'en emportastes: car en vn tour de main i'en eus enuiron pour mes cinquante liures.

Quand ie me represente vostre fourbe, ie m'étonne pourquoy vous me tourniez le dos: vous eust-il pas esté plus glorieux de le faire face à face? mais vous estes comme le limaçon qui n'agist qu'en trahison en se cachant soubs la feüille pour la ronger. Ie ne vous demanderay pas le larrecin deuant la Iustice, si ce n'est auec intention de vous faire fourcher, non pas à la mode que vous l'aymez mais à celle du bourreau. Quoy qu'il en soit, ou tost ou tard ie vous en feray rendre gorge. L'argent né m'a pas mis en peine: car d'vn seul coup de cornet i'en gagne souuent d'auantage aux veaux de laict de vostre ville; mais à dire vray, il me fasche qu'ils ayent esté si mal employez. Au surplus, ie vous prie en attendant que nous nous voyons, de me donner aduis de vostre sãté, ie doute que vous ne soyez à present fort caduque & hors de stat de continuer vos larcins sur

Y iij

tout, mandez moy si quelque compagnon Chirurgien vous a point scarifiée sans razoir le costé qui vous écheut au partage d'Adam: car sans mentir i'aurois vn rauissant plaisir, de sçauoir qu'vne si iolie housseuse de bourse, eust les épaules fort houssées de quelque robuste officier de Iustice. *Tout vint à point qui peut attendre:* Reposez-vous sur la verité de ce prouerbe, & croyez que vous n'auez pas obligé vn stupide: i'espere bien de vous faire paroistre quelque iour que i'ay bonne memoire, & que ie suis.

Le Bachellier SALADIN.

RESPONCE DE IVSTINE.

Au Bachelier Saladin.

CEst la Licenciée Iustine, autrement ditte la Gouzmane d'Alfarache ; Narquoise iurée en l'Vniuersité du monde, laquelle parle à vous, Bachellier Saladin, à vous dis-je railleur de paroles & raillé en effets; nez d'alãbic, gueule de priué, dēts de rateau, œil de bœuf, col de montagne, iambe deçà, iambe de-là, piés de mauuaise Poësie; qui au prix de l'impudente salutation que vous me fistes à Leon, auez causé la priuation, & minuté le trãsport iuridique, d'vn beau ioyau d'or garny de perles, que vous dites estre en ma possessiõ premieremēt, ie vous souhaite santé, grace & experience. Ie dis tant de santé que vous en puissiez creuer; grace, de quelqu'vne qui vous soit plus vtile que la mienne; & experience, afin desormais, que vous qui attrappez les autres, ne soyez pris pour dupe. En second lieu, ie vous deffends de plus exercer la gausserie en mon endroit ny en mon enuers, de peur que vous n'en receuiez vne nouuelle playe, aussi cuisante que celle qui vous fait crier maintenant; vous donnant aduis, que tant que vous auriez le regret de vostre perte sur le cœur (qui sera tant que vostre seigneurie maintiendra son indiuidu) vous vous armiez de mesme patience, que celle que feu vostre mere temoigna, quand elle oüit appeler vostre pere putatif, fils de Cornelius publicus, du costé des femelles, & des masles, de Rabi-siorac,

Reproche d'ayeuls cornarts & Iuifs.

Vous ne pourrez pas nier, que vous ne me soyez extrémement redeuable, vous ayant par mes dexteritez donné sujet de passer pour Prophete, quoy qu'à vos depens, ni que ma raillerie n'excede la vostre, en quelque biais que vous la vouliez prendre, puisque i'ay trompé vn matois, en mille diuerses choses, comme vous en pouuez faire la suputation, estant celuy à qui elles touchent le plus. Ie croy tres-asseurément, que les trois puissances de vostre ame s'en ressentirent, aussi bien que vostre bourse: premierement, vostre voloté en fut touchée, en ce que l'apast de l'amour vous fit approcher de moy, mais quoy que vous ayez vn pied de nez si est-ce que vous en demeurastes fort camus. En second lieu vostre entendemét, y prit part; parce que ie vous mis vn tamis deuant les yeux du iugement, & vous

fis croire que vostre personne m'é-
connoit & me rendoit honteuse,
combien que ie ne vous estimasse
non plus qu'vn cheueu de tigneux
ou de verolé. Et finalement en la
memoire, vous ayant obligé à vous
souuenir de moy, tant que durera
la vie & le nom de Iustine, que
Dieu veüille conseruer longues années & vous aussi, coupé par pieces
dans vn saloir auec force bonne saumure plutost, ou par quartiers sur
les grands chemins Vous m'argués
sur la Philosophie, ie vous répós que
ie n'en sçay pas connoistre vne not-
te, aussi n'ay-ie pas besoin d'y étudier, pour connoistre que dans vne
teste humaine vous cachés la ceruelle d'vn asne, n'ayāt pas sceu preuenir la surprise d'vne fille, qui ne
fait que de commencer à iouër son
personnage sur le theatre du móde.
Vous voulez tirer vanité, en disant

que vostre gausserie fut l'origine de la mienne; vous voyez par là, que ie me sers de vous, côme on fait d'vn vieil ételon que lô garde pour faire des poulains; mais l'enfant est plus beau, & vaut mille fois mieux que le pere, & partant vous n'auez pas grand auantage de ce costé la, comme vostre bourse vous en peut rendre fidelle témoinage. Plust à Dieu, que ie n'eusse iamais de plus sensible trauail que cestuylà: car si nous conuersions souuent ensemble, ie vous ferois, plus souuent que tous les mois, faire vne décharge qui me vaudroit vne rente plus profitable, que le reuenu des Iumens des meilleurs haraz d'Espagne.

Vous estes encore bien fin, de ne pas trouuer mon action receuable, parce qu'elle est meslée de vray semblable: en cela, i'experimente que vous estes encore plus lourdaut que ie ne pensois, car c'est en quoy elle est plus estimable: Et puisque vous estes si ignorante, écoutez moy pour apprédre. Sçachés donc, que plus les choses viuantes font mixtes, & plus elles sont parfaictes. De façon mon petit frere, que ma subtilité estoit viue & viura: & afin qu'elle fust plus parfaitte ie la fis mixte. C'est, voyez vous, que ie suis Pharmacienne Chretienne, ie pense auec des pilules composées & mixtionnées, & non pas auec des simples comme font les Arabes. Il n'y a point de menterie sans meslange de verité, ni mal sans meslange de bien, ni vn impertinent, comme vous sçauez tres-bien, qui ne tiéne quelque teinture de discretion: ie vous produis pour exemple, car estant sot à vingt quatre carats, vous vous, éforçastes de paroistre homme d'esprit & habile.

Le tour que ie vous ay ioüé, ne

merite pas d'estre tenu pour vn tour de chatte, on auroit grand tort, d'vsurper le titre de chat qui vous appartient si legitimement, auec celuy de Prince des asnes: le vray nom que vous pourriez donner à m'acaslade, seront de la nómer hape-lourdaut, & si ce nó là, vous est odieux, que vostre reuerence la nomme comme elle iugera plus conuenable, ie le luy permets, pourueu que ie sois garentie de la peur que l'on nous coupe les ongles iusques au poignet: car ie suis fille qui ne sçais pas seulement couertir mon argent en vostre or, mais ie sçay aussi asseoir le gand, & apres le gád les ongles, & apres tout, faire faire vn charriuary à bastons rompus sur vostre stiperie.

Quant à l'intention que vous auiez, dite-vous, de me donner la croix d'or, vous n'en deuiez pas faire mention dans voſtre lettre, car ie me doutois bien que vous vſeriez du langage liberal de celuy qui dóne ce qu'il ne peut r'auoir. Et pour les conſeils que vous me donnez, de choiſir & d'vzer de vices qui ne ſoient point ſujets à reſtitution, ie ſouhaite en recompenſe que la Iuſtice vous faſſe pendre gratis, quád elle aura examiné voſtre vie. Et puis que vous ſçauez que les vices s'entretiennent par la main comme camarades, ſeruez vous de ce bon aduis, afin que quand vous verrez vne deſſalee comme moy iouiale, éueillée, brillāte, & qui a le pied à l'eſtrier ne vous y fiez pas; ſignez vous, & la conjurez comme vn Demon; enfin, quelque éclat que vous voyez aux choſes, gardez vous bien de croire que ce ſoit de l'or, quád meſme vn Orféure vous le certifieroit.

Quoſi d'auenture ma caſſade vous

semble vn fait d'inquisition, parlez en à ces Messieurs là; contez leur le cas, peut estre les desennuyerez vous des peines qu'ils ont à faire le proces & chatier les delits de tels veillaques que vo9. I'aduoüe que cela peut bié estre du gibier de l'Inquisition, mais croyez que la conscience ne me remords pas, d'auoir rachetté vn crucifix des mains d'vn Iuif, qui ne le gardoit que pour le prophaner, & partant, ie merite honneur au lieu de blâme, & recópense au lieu de peine. Toutefois, si vous auiez dessein de garder memoire de l'antiquité de vostre race maudite, & faire voir à la posterité que ce furent vos parés qui firent la croix de N. Sauueur Iesus-Christ, il ne vous en faloit qu'vne de bois, pour mieux representer la verité du fait, non pas vne d'or, car ils ne furét pas orféures Il séble à vôtre discours, que vo9 ayés ouy parler du triomphe que i'emportay sur La Vigorne ce Capitaine Bohemien: plust à Dieu, mon cher amy, que mon destin me fist toujours rencontrer de telles aduentures quand ie vay chasser, ie vous iure que ie les reputerois tres-bonnes: vous me reprochez que ie ne vous attaquay pas face à face, & que ie vous tournay le dos pour vous surprendre; Ie repons à cela, qu'en tels rencontres, le plus fin l'éporte sur son compagnon & que s'il y eut de la tromperie, ce fut en presence des maistres du mestier: y a-uoit-il pas vn orfévre, auec ses poids, ses balances & sa pierre de touche? chuchetastes vous pas ensemble pour en ordonner comme il vous plut? Au reste, ne doutez pas que ie n'aye conté le trait, par tout où ie me suis rencontrée; car à ne point mentir, i'ay toujours eu le cœur ouuert,

uert, & ne suis point de naturel à estre secrettaire; cet office là contraindroit trop ma liberté ie suis féme, & par consequent babilleuse, Touchant le bourseron que vous sçauez, si ie l'auois gangné au ieu que vous pensez, ie vous trouuerois fort niaiz, de croire que ie me fusse cōtētée du sac sans les pieces, & d'vn corps sans ame: non non, sçachez que s'il y a eu de l'ord il y a aussi eu de l'or quant-&-quant: ma marchādise ne se donne pas à si vil prix. Et si ledit bourseron, estoit encore aussi entier que quād ie le vous mis entre les mains, vous me feriez vn singulier plaisir de me le renuoyer auec l'*Agnus* qui estoit dedans: car estant vne piece de chrétien, elle sera plus legitimement entre mes mains que dans les vostres qui n'en sçauent pas l'vsage. Toutefois, si vous le voulez garder pour auoir

Z

d'autant plus de souuenance de mon excelence, r'enuoyez moy seulement le bourseron, mais plein de musc, pour me rejoüir le cœur; car depuis que i'ay manié voſtre lettre, mes mains ont toujours senty l'odeur de palefrenier.

Pour le regard de la vieilleſſe où vous penſés que ie ſois tombée, ie vous diray que ie n'en ſuis pas ſi accablee, qu'il ne me reſte encore de bónes dents pour vous mordre jusques au ſang: Mais ie vous feray grace pourtát, i'ay la lepre trop en horreur. Et ſi vous me pouués faire faire le mal, dont vous me menacez, par vne tierce perſonne, ie vous dóne aduis pour le bien que ie vous veux, d'enuoyer icy vne procuratió à cet effet, de peur qu'en vous monſtrant, vous ne fuſſiez apprehendé d'vn certain Preuoſt deputé de la cour, qui fait la chaſſe aux vaga-

IVSTINE 355

bonds comme vous, & qui a vn nez & vn sentiment le plus exquis de tous les chiens de ce Royaume, car il euente les gens de vostre sorte de dix lieües loing; & le pis est, qu'il ne les manque iamais, de façon, que vous seriez en fort grād dāger d'aller à Monte-a-regret dancer à corde aualée.

Et finalement, attendu que vous estant autrefois meslé d'étudier aux Lois, & que vous pourriez prendre fantaisie de m'appeller en justice, & produire cette lettre-cy cōtre moy, pour me faire d'esmâquer ce que i'ay si voluptueusement aualé, & me rauir ce que i'ay gaigné en bonne guerre; en ce cas là, ie vous auertis; premierement, que i'ay vn estomac d'Austruche qui digere le fer, à plus forte raison aura til pû digerer l'or qui est plus doux : & d'ailleurs, que vostre preuue ne sera pas

Z ij

suffisante, d'autant que l'écriture est de la main d'vn mort, & partant suiette à desadueu, & à estre accusée de fausseté, n'estant point signée de moy: c'est à faire à vn impertinent comme vous, à signer telles lettres. Faite à Salamanque au mois des chats, entre chien & Loup.

LIVRE TROISIESME.

LA PELLERINE FRIponne.

Suiet du Pellerinage de Iustine. Representation d'une personne que le sommeil importune en voyageant à cheual. Les malices qu'elle fait à ses compagnes tandis qu'elles dorment.

Vis que ie t'ay conté les bonnes fortunes qui m'arriuerent à Leon, & fait voir par écrit le differend d'entre moy & le Bachellier Saladin, qui s'aduisa de se plaindre & crier neuf ans apres le coup receu, ie veux reprendre la route de mon voyage, & laisser là nos inuectiues. Ce fut la veille de la My-aoust & sur le soir, que ie pris congé de mon Hermite de la tentation du desert: & sçachant que force gens alloient en pelerinage à Nostre Dame du chemin, qui est à vne lieuë de Leon, à cause des pardons qui y sont tous les ans à pareil jour, ie pris cette voye là, en laquelle ie rencontray quelques fémes, dont ie m'accostay pour auoir compagnie. Ie n'auois garde de coucher à Leon, il me tardoit fort que ie n'en fusse dehors; ie craignois que les deux Lutins que i'auois escroquez, s'aparceuans de la trousse que ie leur auois donnée, ne s'aparussent à moy en songe, & ne me demandassent lettres de change de la finance que i'auois tirée d'eux, de façon, que pour me garentir de la persecution de ces deux mauuais Anges de ma garde, ie me deliberay d'estre pellerine, imitant ces debauchez de nostre nation qui se laissant emporter aux debordemens de la vie, repondent à ceux qui les veulent corriger *A roma por todo*. Neantmoins, ce pellerinage-cy ne m'estoit point trop agreable, mais en recompense la compagnie me plaisoit assés, & me seruoit de diuertissement par le chemin. Et puis s'il m'ennuyoit ie meditois sur la Croix, & aussi tost ie me sentois le cœur tout rejouy. Tor, à cette proprieté là. Il me fut comme impossible, de cageoler par le chemin, tant le sommeil m'abatoit, & sans mon valet qui me reueilloit à chaque bout de champ, auec cette chansonnette qu'il disoit.

Amarante, reueillez vous,
Apres le ieu d'amourette,
Le sommeil est beaucoup plus doux.
ie ne me fusse pas aperceuë de l'aspreté du chemin, car i'eusse toujours dormy. Ie faisois tout ce qui m'estoit possible, pour surmonter le sommeil, tantost ie cheuauchois en home, tantost ie croisois vne iambe sur le cou de ma hacquenee; bref ie faisois plus de tours sur cette beste qu'vn voltigeur sur vn cheual de bois, ou qu'vne giroüette sur vn clocher; mais tout cela ne seruoit de rien, car à force de dandiner, ie fis vne si profonde inclination qu'il ne s'en falut guere que ie ne donnasse du cu & du nez en terre; ce qui me fit si grand peur, que ie m'eueillay en sursaut, & depuis, ie ne me sçeuz r'endormir quãd ie le voulus. Ha, l'importune chose que le sõmeil

Le sommeil est vn vray fous, s'il entreprend de vous suiure vous ne le sçauriez chasser mesme à coups de baston; & s'il vous veut fuyr, il vous est impossible de le retenir, mesme auec des cables.

On dit pareillement, que nous autres femmes, auons deux extremitez de foles, l'vne que si nous ne voulons, le plus honneste homme du monde ne nous peut surmonter tant nous sommes superbes: & si le cœur nous en dit nous supplierions vn caignardier tant nous sommes humbles, Pour moy, i'approuuerois volontiers cette comparaison-là, parce qu'elle me semble fort coüenable. Et venez ça, médisants, si la femme est fille du somme d'vn homme, & d'vn homme si fort assoupy, qu'on luy tira vne coste sans qu'il s'éueillast, pourquoy vous étonnez vous des foles fantaisies des femmes? Ie veux qu'elles soient la mesme fiction, la deception, la pure vanité, & le mensonge, il ne s'en faut pourtant pas émerueiller, puis qu'elle tire sa naissance d'vn somme vain, trompeur, abuzeur, fantastique & fous. Olopherne, & plusieurs autres qui firent des sommes mortels, temoignerōt bien si ie dis vray, puis que le sommeil changea leur lict, en échafaut sanglant. Ie dis cela, à propos de mon sommeil importun, qui me mit en danger de casser le pot de ma ceruelle, & puis en vn moment, il se retira fort loin de moy, & ne me voulut non plus aprocher, que si i'eusse tué son pere, & peut-estre fut-ce pour cela: car nous autres femmes, auons en Eue, fait mourir le premier homme qui fut veritablement le pere du somme, c'est pourquoy les femmes dorment peu, parce que le sommeil, en vengeance de la mort de son pere, ne veut guere demeurer chez nous. Sibien que ie ne vis iamais vne éueillée plus endormie, ny vne endormie plus éueillée que moy.

Enfin nous arriuasmes à l'Hermitage; ie pris vn singulier plaisir d'en considerer la situation, estant dedans vn large champ, tout ionché de thim & de serpolet, accompagné de plusieurs maisons, où ie vis vne chose remarquable en certaines femmes, lesquelles ressembloient à des limaces, que l'on ne sçauroit arracher de leurs coquilles sans les faire mourir; c'estoient des tauernieres si grasses & si rebondies, qu'il eust esté impossible de les faire sortir la porte de leur logis sans les estoufer, ou bien il eust falu rompre les murailles. Ie trouuay l'Hermitage basty de fort bons materiaux, curieusement

& proprement paré, garny de riches ornements, de lampes d'argent & d'autres beaux presents, & grande affluence de monde, d'autant aussi, que ce lieu-là est sur le chemin de S. Iacques en Galice, c'est pourquoy on l'apelle Nostre-Dame du chemin.

Au clair de la Lune, qui n'estoit pas trop brillante; i'attachay mon innocente asnesse à vn poteau qui se trouua dans vne cour; ie mets tout mon attirail par terre y compris celuy de l'asnesse, & m'assis dessus auprés de ces femmes qui m'auoient seruy de compagnie, lesquelles estoient fort assoupies de sommeil. Or à cause de la grande multitude de pellerins qui estoient là, il nous falut accommoder pour le reste de la nuict sur de belle herbe verte dont cette cour estoit garnie au grand contentement de mon asnesse: car elle s'en refit bien le muzeau, si bien que sans ceremonie ie pris giste là, comme plusieurs autres honnestes gens; il est vray, que nous auions choisi vn petit canton à part assez propre. Et afin d'auoir vne sentinelle qui me seruist de corps de garde, ie fis mettre mon goujat auprés de moy; & pour l'entreuenir ie luy donnay à ronger vn morceau de pain molet qui depuis trois iours par vn miracle estrange s'estoit conuerty en pierre dãs mon valizon; & cela vint fort à propos: car en le luy mettant à la main, c'estoit comme la pierre en la main de la grue, qui fait sentinelle tandis que ses compagnes dorment. Tien Bondousle luy dis-je, mange ce pain là, petit à petit fais vie qui dure en attendant mieux; c'est de vray biscuit, de galere voulois-je dire, quand tu auras fait, éueille moy.

Vois-tu, ne t'endors pas; fais bon guet: & si d'auenture tu voyois approcher quelqu'vn de moy, encore que tu n'eusse pas acheué ton pain, ne laisse pas de m'apeller, & en recompense de ton obeissance, ie te donneray vn pasté de deux liards, quand il sera iour pour ton déjeuner.

Admire tu point Lecteur, le soin que les femmes ont de n'estre point surprises des hommes: à ton aduis que signifie cela? pense tu que ce soit qu'elles les fuyent? non mon frere; si elles fuyoient leur rencontre il n'y en auroit pas tant hors de chez elles à faire des vireuoustes, aux bals, aux comedies, & bien souuent aux Eglises, aux sermons & aux pardons: aprens donc, qu'elles ne font ces mines là, que pour deux raisons; ou pource qu'elles sont du naturel du Basilic, qui tasche de voir le premier pour tuer & non pour mourir; ou bien par ce que nostre belle presence tient des medecines, lesquelles ne se font iamais de la nature seulement: mais qui se composent auec l'artifice: & partant, nous craignons grandement que l'on ne nous surprenne hors de garde, de peur que nous ne nous trouuions sur vne mauuaise posture: Quand on aproche vne femme sans qu'elle le sçache, on la met toute en inquietude, par ce qu'elle n'a pas le loisir de cacher ce qui luy messiet, & de mettre à l'étalage ce qu'elle croid auoir de plus agreable. Dieu ne me pardonne point, si ie veux mal à aucun homme, & neantmoins, combien que ie ne tue & n'épouuente personne, ie n'ay iamais pris plaisir que l'on m'abordast, sans que ie préuisse ceux qui venoient à moy.

Bondoufle, se mit aprés son quignon de biscuit, à deux mains & à deux machoires bié afilées, pour en tirer raison, faisant autant de bruit que les ving-huict pilons de Pampelune qui battent la poudre à canon: cela me seruit de berceau: car ie m'endormis à ce son là, comme le chien du Mareschal fait à celuy du marteau & de l'enclume. Ie réposay donc, mais mon somme ne dura pas plus d'vne-heure & demie, & neantmoins i'en fus toute refaite; car comme nous faisons toutes choses auec promptitude, aussi dormons-nous peu, encore est-ce comme les lions, vn œil ouuert. Il falut que ie me fusse couchée sur vn mauuais costé: car ie ne fis autre chose que resuasser: Ie songeay que pour reparation des cassades que i'auois données à Leon, on m'auoit bannie pour vn an, de façon qu'il me sembloit réellement, auoir passé cette année là, surquoy, ie fis vne deuote meditation, & reconnus combien il sera facile à Dieu, au iour du Iugement, de faire sentir en vn instant à vn corps & à vne ame, autant de tourment de feu, qu'il sera aduis au pecheur, d'auoir esté vn aussi long terme parmy les flammes du Purgatoire.

Ie m'apperceuz aussi combien le sommeil est traistre, considerát que celuy à qui i'auois fait le trait de Matoise, ne songeoit plus à moy ni ne se souuenoit d'en aller demander iustice aux Magistrats, & mon perfide somme me bannit pour vn an sang m'ouyr. C'est Iustine m'amie, que nous auons vn Iuge & vn bourreau dans nostre conscience qui nous tourmentent quand nous y sentons des delits. Ie pouuois bien alleguer mile autres belles choses,

A a

du sommeil & des songes sur ce propos, mais ie ne pretends pas que l'on me reproche, qu'en voyageât sur vne asnesse, ie veüille faire le sermon des Vierges: qu'vne autre le fasse si bon luy semble; vne telle matiere ne m'est pas conuenable.

 Ie presume, qu'il falut que mon valet eust trouué quelque nœud dans sa bribe, & que pour le rompre il redoubla ses efforts & son bruit : car il m'éueilla comme en sursaut ; & m'estant mise en mon seant comme vne guenon sur son cu, ie m'étends & baaille deux ou trois fois; & en mesme temps i'apperçois mes camarades qui soufloiét comme des truyes, & lesquelles à force de se remuer & retourner en dormant, elles s'estoient troussées iusques à la moitié des fesses; car il estoit iour, on pouuoit aisément distinguer les choses, & comme l'oisiueté est la mere de toutes malices, ie voulus chercher à m'occuper; il me prit enuie de foüiller dans la bourse d'vne qui me faisoit beau ieu, mais ie n'y trouuay que du fil & vne aiguille. Que s'il s'y fust trouué quelque finace, & que la dormeuse se fust éueillée, ie me ioüois; si non, ie m'en amparois hardiment, mais ayant rencontré blanque au lieu de benefice, ie fus si fort dépitée que pour me vanger de la negligéce que cette-cy auoit euë, de ne pas garnir sa bource, ie les cousis toutes enseble par le bas de leurs chemises, Ayant fait mon coup, il me sembla que telles drolleries se deuoient cósiderer de loin, cóme les peintures, qui paroissét plus agreables que de prés, de façó, que pour éuiter noises, ie me retiray pour contempler mon ouurage; car il y en a qui ont la teste si prés du chaperon, qu'à la chaude ils conuertiroient le ieu en

Aa ij

querelles & en égratigneures.

Ce fut vne plaisante chose, quand elles tournoyoient les vnes aprés les autres comme si elles eussent esté enchantées; & en ce faisant, découuroient ce que l'on a accoutumé de cacher: les vnes en rioient, les autres s'en fâchoient, mais elles ne sçauoient à qui s'en prendre. I'estois vn peu écartée faisant semblát de deuiser auec Bondousle mon valet, où i'étoufois de rire de voir ces singeries: à la fin, il falut recourir aux armes pour les separer, vn couteau & des cizeaux en firent l'office.

L'ASNESSE PERDVE, ET REtrouuée où elle n'estoit pas.

Iustine satyrise sur l'art d'escrime. Regrette vn Escrimeur qu'elle auoit autrefois aimé. Elle est conuiée à dancer dont elle s'excuse plaisamment. Ridicule contestation de son valet auec vne Païsanne. La negligence de son valet, laisse perdre son asnesse; & elle se retrouue où elle n'estoit pas. Proprietez de l'asne.

QVand il fut plus grand iour, tout le monde commença à fretiller, on se mit à faire diuers exercices, chacun selon son affectio, on dançoit, on mangeoit, on iouoit, on escrimoit; car en telles asséblées tout cela ne máque iamais Et parce que ie me trouuay auprés du maistres d'Escrime, ie remarquay plusieurs termes & façons de parler de son mestier, côme de faire des feintes ainsi que les Poëtes; des tierces, quartes & quintes côme les Musiciens; des bottes côme les cordonniers; des passe, comme les ioüeurs de mail; & mile autres termes aussi épouuentables que leur art: car les Escrimeurs sont comme les Medecins qui cherchent des mots exquis pour signifier des choses triuiales & qu'ils sont honteux de nômer en leur naïfueté: la comparaison n'est point mauuaise, puis qu'ils pratiquent tous deux l'art de tuer les gés. A propos il me semble qu'étre nous femmes, nous nous meslôs d'imiter le stile corrompu de ces personnes là; car nous donnons auiourd'huy des noms bijarres & extrauagants aux choses ordinaires qui nous seruent: Mais puisque ie suis tombée sur l'Escrime, ie veux faire trefue à la raillerie : car toutes les fois que i'entens ces noms d'Escrime & d'Escrimeurs, mes yeux se baignent de larmes, en memoire d'vn malheureux que i'aymay fort autrefois, qui estoit l'excellence des Escrimeurs & si fort affectionné à cét art, que souuente fois, quand il n'auoit point d'écolier, contre qui faire assaut, il me faisoit prendre le fleuret, afin d'escrimer ensemble, à quoy ie côsentois tres-volontiers : car comme dit l'autre, *quien bien quiere bien obedece*. Ie ne sçay où il est, mais ie ne suis pas en peine de luy : car en quelque lieu qu'il se trouure il sçaura bié deffédre sa peau, & quoy que la Mort escrime auec vne faux, il l'écartera bié auec só espadó.

Qui aime bien, obeit bien.

A peu de distance de l'Escrimeur, il y auoit vne iolie dance de vilageoises : mais parce que ie

A a iiij

portois vne mante, & que i'eſtois grandement habillée, ie ne la voulus point quitter: Il eſt vray que les pieds me demangeoient d'enuie de dancer, comme ſi i'euſſe eu les eparuins: mais la tentation ſurmonte: Herodias mourut en dançant: Et comme quelques vns s'aperceurent que ma teſte & mes yeux alloient à la cadance, ils me demanderent ſi ie voulois faire l'exercice: ie leur répondis; Meſſieurs ie ne le ſçaurois faire quand ie voudrois: car ie ſuis boiteuſe: En meſme temps, vn curieux s'approcha de moy, & ſe baiſſe pour voir & taſter de quel pied ie clochois, mais ie luy donnay vne faueur de patin ſi bien aſſenée, que ſi i'euſſe ſecondé le coup, i'euſſe ſemé ſes dents par terre, comme Cadmus fit les dents du ſerpent. Cela euſt eſté fort étrange, de voir ſemer au mois d'Aoust, veu que la terre est vierge en ce temps là, comme le content les Astrologues. Les compagnons de ce curieux disoient que luy ayant répondu que i'estois boiteuse, il auoit desiré de voir en quel nerf estoit le mal. A ce conte là, si ie luy eusse dit ne pouuoir dancer pour auoir mal à la rate, ie croy qu'il m'eust voulu sonder les tripes. Mais ie luy pardonne: car i'ayme la paix, afin qu'il m'excuse de celle que ie luy donnay à baiser.

Mais le guy antre s'en pende, la fortune d'vn heureux, n'est iamais si saine qu'elle ne se sente quelque fois de ce mal de rate dont ie viens de parler, ce qui la contraint souuent de faire halte dés le commencement de sa carriere faute d'haleine, comme i'en fis experience en ce lieu là. En voicy le sujet.

Mon precieux valet, Bondouffe,

gardoit mon asnesse, comme i'ay de-ja dit, en égrugeant son pain, mais parce qu'il estoit si dur & si sec, il s'attacha à son gozier & luy causa vne extreme soif: Il laisse la bonne asnesse sur sa foy, ne se confiant pas moins sur sa fidelité que sur sa chasteté; Il en auoit veu des preuues, dans vne recherche amoureuse qu'vn galand de son espece luy fit, où elle répondit à grands coups de pieds, qu'elle ne vouloit pas commettre vne telle action dans vn pellerinage, ce qui fit presumer à son gouuerneur, que quiconque donne du pied à son amy, en peut bien faire autant à son ennemy; & en cette asseurance, il s'en va, le bec ouuert comme vn oye, droit à vn puis qui estoit contre l'Hermitage, où il trouua vne demy Samaritaine, à laquelle il demanda à boire: mais elle se moqua de luy, par vn prouerbe qui est fort commun en ce territoire là:

Qui n'aporte icy, pot & corde
Crie de soif misericorde.

Bondousle se voyant ainsi traité, quoy qu'il eust quasi la langue attachée au palais, il ne demeura pas sans repartie : Que la premiere corde dit-il que tu trouueras soit pour te pendre, cruelle que tu es, & qu'en recompense de ta charité, ta bonne fortune te puisse faire trouuer quelque fripon de laquais, qui te donne de l'eau: mais d'vn pot de chambre croupi de huict iours dans vn coin, quand tu feras le tour de ville, vn bourreau à ta queuë autant alteré de ton sang que ie le suis de ton eau. Cela dit ils se separent, en se faisant reciproquement la grimace: & Bondoufle, cherchant quelque personne plus courtoise en trouua vne qui luy donna de l'eau dans son chapeau, aussi écharsement que si c'eust esté vne pitance de galere.

Cependant, il est à croire que mon asnesse prit querelle contre quelque seditieuse: ils s'apellerent en duel, & se separerent pour ne troubler la compagnie où elles estoiét: elles furent rencontrées par vn Cónestable; ie veux dire vn conte-d'estable (car icy l'émitoiolie du nom) qui sur vn decret de sa souueraine Iustine, leur donna sa maison pour prison & les mit en lieu où il pouuoit répondre de leur personne. Ayant apris ces tristes nouuelles, ie cherche mon asnesse partout, ie la demádé à Bondoufle son depositaire, il se met à sourire & me répond; ie pense dit-il, qu'elle a pris congé de la compagnie sans dire mot pour éuiter ceremonie, & s'en est ie croy, allée en garoüage: car il se mesloit de boufonner & de railler aussi bien que sa maistresse, pour verifier le prouerbe, *Tel maistre tel valet.* Comme ie veis que c'estoit tout de bon, ie me mis à la chercher auec plus de diligence, où i'employay prés de trois heures, à tournoyer & fureter par tout : mais point de nouuelles : A la fin toutefois, ie la trouuay où elle n'estoit pas. Deuine Lecteur comment cela se peut faire : ie te le vais enseigner.

Dés que ie m'éueillay au son des machoires de Bondouffle, comme ie t'ay dit, ie priay vne hôtelliere qui demeuroit vis à vis l'hermitage de me garder l'habillement de madame mon asnesse & tout son attirail, car estant assez proprement accomodé, ie craignois que quelqu'vn n'en fuſt enuieux & ne ſe l'apropriaſt. Venant donc à les demander à la gardienne; voila voſtre équipage dit-elle: mais il me faut cinq ſols pour le logement (comme ſi l'acoutrement de mon aſneſſe euſt eu vn lict & des draps) ie fis vn peu la retifue: mais voyant enfin, qu'il faloit acquieſcer à la ſentence; patience dis-je alors, c'eſt vne hôteſſe qui fait ſon meſtier; on n'étireroit pas vn demy pied de ſeruice qu'elles ne vous en fiſſent payer vne demy thoiſe, ie ne le deuois pas trouuer étrange ſçachant bien comment on en ſouloit vzer chez nous. Bref ie deſengageay mon harnois, mon valet mit la ſcelle ſur ſur ſon dos, & la bride dans ſa bouche ſe condemnant ſoy meſme à me ſeruir d'aſne au lieu de l'aſneſſe qu'il auoit laiſſé perdre; mais je ne pensois pas à la boufonnerie, j'estois attentifue à considerer dans vne troupe d'asnesses, laquelle ressembloit le mieux à la mienne, & en ayant remarqué vne qui ie croy, estoit sa sœur bessonne, ie luy passe la main sur l'échine, & dis à mon valet Bondousle : décharge toy sur cette beste-là, scelle-là; car à la voir si docile, il faut ou que ce soit la nostre, ou qu'elle ait enuie de l'estre; regarde, semble-t'il pas à voir qu'elle nous connoisse & boute boute, ne crains rien, fais ce que tu sçais. Le garçon estoit obeïssant, & auoit encore cela de bon, qu'il estoit fort enclin à faire de telles gentillesses. Il la harnache & la bride sans qu'elle brûlast seulement, tant elle estoit rauie de se voir si bien habillée, aussi mon equipage estoit il gétil, en effet elle en en gressa en mesme instát de plus de 4.

gros doigts de circonferance, car les angles se trouuerent alongées au dernier point, par ainsi nous fusmes toutes deux fort contentes l'vne de l'autre.

Il me souuient d'auoir ouy faire des remarques sur les proprietés de tels animaux, de la bouche de quelques Philosophes d'Asnieres, & entre autres, que si vne personne morduë du scorpion monte sur vne asnesse, le venin de la blesseure se iette sur la beste: i'en fis vne nouuelle experience: car le venin de la douleur que i'auois de ma perte, se perdit en cete prise de possessió. Est-ce là toutes les proprietez que tu en sçais Iustine? me dira quelque curieux des vertus de sa lignée: mais ce n'est pas mon intention, de faire icy vn procés verbal sur l'excellence des qualitez asnales, cóme fit cét autre qui ennuyé de parler de só asne d'or
le lais-

le laissa dans vn bourbier: La propriété qui me plaist le plus de ces bestes-là, c'est que comme les vnes ressemblent aux autres, de la couleur & de la taille, quelque troc & change que l'on en puisse faire ne se peut que fort malaisément reconnoistre. Il n'en est pas de mesme d'vn cheual: car il a toujours quelque marque qui en empesche: mais les asnesses se ressemblent si fort, qu'on diroit qu'elles ont esté faites sur vn seul moule, & quand il s'y rencontreroit quelque difference, vn peu de terre grasse seiche, repare tout, & en fait des vrgandes inconnues: aussi void on que la plus part des Egyptiens, trafiquent en asnes & en asnesses, parce que c'est vn larrecin trop dificile à bien verifier.

 Enfin, cette asnesse fut immatriculée dás l'estat de ma maison: Il est vray que depuis quelques iours, on m'a commandé d'en faire restitution, auec plusieurs autres choses, mais si ie m'en souuiens à l'heure de ma mort, & si i'ay le mouuement de la langue aussi libre qu'à present; i'en lairray la charge à mon executeur testamentaire, car ie ne veux pas emporter vne asnesse en l'autre monde, le fardeau est trop lourd & le chemin trop long.

LA PAVVRE HONTEVSE.

Iustine, conuoite vn ioyau d'or, qui est à vendre & n'ayāt pas assez d'argēt, elle inuente vn moyen pour en trouuer, qui luy reüssit fort heureusement. Des affections que les femmes portent aux ioyaux & pourquoy. Elle change de m... e auec vne vieille pour contrefaire la pauure honteuse: & la vieille tenuë pour ieune par ce deguisement, est plaisamment tourmentée par des ieunes drôles qui la courtizent.

VNe Iuifue, vne reuendeuse, ou bien pour parler plus proprement, vne fripiere de la ville de Leon s'en alloit passant & repassant à trauers du peuple de ce pellerinage pour vendre vne petite boiste d'or & mettre des pastilles, de la

Bb ij

forme d'vn drageoir, fort ioliment ouuragé & émaillé par les bords qu'elle tenoit à la main, car ces femmes là font comme les pescheurs, qui changent mille fois l'hameçon tantost à fleur d'eau, & tantost au fonds, iusques à ce qu'ils ayent trouué quelque poisson qui morde à l'apast; & moy conuoiteuse de telles pi‍‍‍eces ie donnay dans le filet: Neanmoins, ie ne me hastois guere ie craignois (comme malicieuse) qu'elle ne me fist vn tour de passe-gonnin, pareil à celuy que i'auois fait au Bachelier Saladin, Il est vray que ie sçauois bien la maniere d'éprouuer l'or ou l'argent sans autre pierre de touche que mes dents pour connoistre si c'est alchimie au laiton. Ie fis l'essay sur tout, & trouuay que c'estoit bon or nous conuinsmes de prix à trente six liures: mais comme mal-aduisée, ie n'en conferay pas auparauant auec ma bourse pour sçauoir si elle me pouuoit fournir cette partie à lettre veuë, si bien que quand ie la voulus emprunter d'elle, il s'en faloit enuiron la moityé; & outre ce máquement, ie n'auois pas encore dequoy m'en retourner en nostre païs, ny dequoy payer pour la nuict prochaine, mon souper & mon giste.

En cet endroit-cy on peut admirer ma vertu, puis qu'estant en vn âge où ie me pouuois faire battre de la monnoye à plaisir, & de tel coin que i'eusse voulu, iamais mon honneur ne put consentir à vne telle tentation. Dieu ne le veuille iamais permettre, aussi auois-je toujours en l'ame, la souuenance d'vn dicton, que ie vis écrit au pied d'vne Croix de pierre sur vn grand chemin, en ces mots : *Antes arrebantar que pecar.* De façon, que ie me mis à chercher

Plutost creuer que pecher.

quelque inuention spirituelle, pour contenter mon desir sans pecher. Il faut aduoüer que nous sommes admirables nous autres femmes, quád nous voulons satisfaire aux enuies qui nous prennent d'auoir des bijoux: car il faut que nous ayõns la piece qui nous plaist, deust elle couter autant que la póme d'Eue: aussi tenons nous cette complexion la d'elle: pour vn plaisir imaginaire, dont le Demó luy fit seulement vne peinture, elle mit l'homme dans vn si grand peril & tout le monde quát & quant: de mesme nous n'épargnons rien, nous faisons courre risque à toutes choses pour assouuir nos apetits; nous y sómes tellement accoustumées, qu'encore que toutes les coutumes nous quitent, ou fassent trefue auec nous, celle la est si naturelle en moy, qu'elle ne m'abádonne iamais: Et si cette enuie la est pour quelque ioyau d'or, elle bouleuerse tout pour se contenter.

La cause de cette affection là viét de ce que nous trouuós que tous les biés souhaitables dãs le móde, sont cópris en l'or. Il faut que tu sçaches Lecteur, que ces biés là sont de trois sortes, à sçauoir; hóneste, vtile & delectable: Premieremét noº trouuós l'hóneur en l'or: quicóque en a à foisó, il est honoré, reueré, & respecté de tout le móde; & c'est vne vieille sentence de dire que *la noblesse vient de vertu*, on n'en vze plus auiourd'huy, on dit seulement *la Noblesse vient de richesse*; & partát, c'est l'excellèce du bié hóneste. Secondemét, l'interest & le profit, qui est le bié vtile. Et en 3. lieu, noº en tirós le plaisir, la beauté, & l'ornement, qui est le bié delectable. Mais pourquoy tournay-je tant au tour du pot, pour découurir la ruze dont ie me seruis? il faut dire

Bb iiij

librement que ie m'aduisay de contrefaire la pauure honteuse, & me mettre à la porte de l'Eglise, afin d'égaler ma bourse à mes desirs. Il me semble Lecteur, que tu me blâmes dé-jà d'auoir fait la honteuse, pour venir à bout de mes projets: mais contente-toy que ie n'aye fait que cela: loüe moy plutost, puisque d'autres plus grandes Dames que moy ont bien fait pis pour satisfaire à de pareilles fantaisies: Dont si pour vne telle affection ie me suis seulement faite pauure honteuse, qu'y a-t'il à reprimer?

Estant demeurée d'accord du prix du drageoir, auec la reuendeuse, & craignant qu'il ne m'echapast: car il estoit à mon gré ie luy donnay seulemét vn écu d'aitres luy faisant entendre que ie ne la payois pas sur le champ, pour ne me defaire de certaines pieces d'or que i'aymois, mais que ie luy alois querir l'argét, & cependant, que nous missions la piece entre les mains d'vn mercier qui auoit étalé boutique à ceste feste, pour en estre le depositaire, iusques à ce que ie fusse de retour qui deuoit estre en peu de temps: par ainsi le marché fut arresté, & l'argent donné d'airres asseuré.

Pour le regard du payement, où consistoit le principal de l'affaire, ie me mis à resuer comment i'en viendrois à bout: & voicy, Lecteur, où ie t'auois predit que ma mante me debuoit seruir. Ie consideray qu'elle estoit trop effrontée pour representer vne honteuze, & trop riche pour vne pauure: Il me falut donc trouuer moyé d'en auoir vne autre, qui fust plus propre à la qualité mandiante que ie voulois representer. Il m'ala souuenir d'auoir veu aller & venir par la feste, vne certaine vieille deuote, affublée d'vne mante de farge d'afcot, fort déteinte, toute fripée, & auſſi âgée qu'elle : & quand les années de la Dame n'euſſent pas efté écrites ſur ſon viſage, ſa mante luy euſt ſeruy de liure baptiſtaire. Ma belle Dame, luy diſ-je en l'abordant; car ſi l'on a affaire de quelqu'vn, il le faut honorer; & puis quand vne femme ſeroit laide comme vne diableſſe, on la chatoüille toujours en l'appellant belle ; ſi elle eſtoit vn cailloux, elle ſe fondroit comme de la cire. Ma belle Dame, ie vous ſupplie tres-humblement par le merite de voſtre bonne façon, me faire la faueur, ſur cette aſneſſe, & ſur cette mante neufue que voila, de me preſter cette vieille mante que vous portez pour aller iuſques à vn quart de lieuë d'icy, à vne ferme que i'ay où il y a des arbres chargez de fruits,

que les paſſans me houſſepillent, &
qui ſe gaſtét pour eſtre trop meurs,
de ſorte que me voyant ſi prés de
là, ie voudrois faire cette petite
courſe auant que de m'en retourner
à Leon (ie luy auois fait à croire que
i'eſtois bourgeoiſe de cette ville là)
ie n'vſerois pas de cette effronterie
en voſtre endroit, mais la crainte
que i'ay qu'il ne pleuue comme le
temps ſemble y eſtre fort diſposé
excuſera, s'il vous plaiſt mon inciuilité. Ie vous conjure donc ma
Reyne, de me faire cette courtoi-
ſie. Tenez, mettez ma mante deſſus
vous ; & s'il pleut vous pourrez
prendre couuert ſous quelque por-
che de ces maiſons. Aſſeurez-
vous, que ie ne ſeray pas ingrat-
te de ce bon office. Ce garçon demeurera auprés de vous, qui tien-
dra l'aſneſſe & vous entretiédra tá-
dis que ie feray mon petit ménage;

peut-estre aurez-vous contentement à l'oüir iazer: car il est assez plaisant quelque fois. Là ho Bondousle, tenez vous icy auprés de Madame.

A peine eus-ie conclud ma requeste, que cette femme se dépoüille & me reuest en mesme temps. Et pour ce faire, elle pose à terre vne feringue, & vn pot à mettre clystere. Ie consideray cét equipage auec étonnement, & en mesme temps, ie m'enseuelis dans ce suaire de Satan: mais il ne fut pas plutost sur moy, que ie pensay vômir tant i'auois mal au cœur, de la puante odeur qu'il sentoit: car cette vieille se mesloit de recettes, & alloit par les hospitaux, iouänt des instruments qu'elle portoit. Me voila donc plus emmantelée qu'vne corneille, & si le diable ne m'eust pas reconnuë; ie m'enfermay le visage là dedans, & aprés auoir fait vn tour derriere le hameau pour ébloüir la vieille, ie m'allay planter à la porte de l'Eglise, en posture de pauure honteuse, accroupie sur mes talons. I'auois vn mouchoir blanc étandu sur mes genoüils, tant afin que ceux qui vouloient tirer l'aumosne de leurs pochettes donnassent dans le blanc, que pour signifier que ie faisois la queste pour mõ particulier, & non pour aucune cõfrerie. Tous ceux du pellerinage qui voyoient vne femme d'assez bône aparence en cét estat estoiẽt emeuz de grande compassion: en effet, il n'en passa guere deuant moy, qui ne me fit l'aumosne, ie ne sçay pas s'ils perdoient l'apetit, mais pour mon regard ie fus fort soulée: car ie ne vis iamais tant de sous dans mon deuantier, ils y pleuuoient dru cõme la gresle. Enfin, au bout du terme peréptoire que i'auois pris auec ma reuédeuse, ie trouuay que sãs dõner aucun coup de marteau, i'auois fait pour plus de dix francs de monnoye, & presque tout en douzains sans conter vn patacon, autrement appellé vne piece de quarante sols, qu'vn certain deuôt Abbé me donna, lequel estoit venu faire ses deuotions en ce pellerinage: à mon aduis, c'estoit vn sainct: car s'il auoit la main aussi large pour Dieu, que pour moy, il pouuoit mesurer le chemin du Ciel à la pate. Durant ce proffitable negoce, ie tirois de moment en momét de dessous ma mante, vne main qui n'estoit ny noire, ny malfaite, & faisant semblant de r'accomoder le mouchoir blanc qui estoit sur mes genoüils, ie dõnois occasiõ aux Aumosniers, de s'imaginer que i'estois quelque ieune femme ou fille de condition, reduite à cette misere par quelque grande infortune, & que la chasteté m'obligeoit à cette action là.

Entre les passans qui ietterent leur veuë sur moy, il y en eut quelques-vns, qui me firent l'aumosne par l'oreille, ou plutost qui me demanderent la charité, mais à chaque mot qu'ils me disoient, ie branlois la teste, comme vne mule qui veut chasser quelque mouche qui l'importune, de façon qu'à force de m'approcher, & moy de secoüer les oreilles, i'attrapay vn certain nez de Synagogue, ie rendis quasi camus comme vn More, d'vn coup de ma teste qu'il receut, en disant, commét diable vous vous secoüez, Madamoiselle la honteuse : Mais i'en fus quitte pour vn : Helas Monsieur, ie vous demande pardon, qui est l'ordinaire reparation des fautes legeres. Ie découurois aussi quelquefois, tantost vn peu de iouë, & tantost vn peu de gorge, selon que ie voyois l'occasiō fauorable: ce qui fit vn grād effet, puis qu'il y eut tel ieune galant, qui entra & sortit plus de six fois, de l'Eglise, seulement à dessein de faire la charité à la pauure honteuse, & donner dans son deuant. Finalement, aprés auoir fait ma cuillette, ie me leuay du pondoir ou du nichoir.

Ce ne fut pas vn petit effort sur moy, que la resolution de sortir de là; chaque piece que l'on me donnoit, c'estoit verser autant d'huile dans le feu de mon auarice, & fraper autant de clouds pour m'y attacher dauantage; & faut cōfesser, que i'essayay plus de cinq fois à me leuer (comme les paresseux dans vn lict) & qu'ē disant en moy mesme, aprés ce sou, ie m'en vay; tout à cette heure te heure; incontinant, ie fus plus de demye heure à marchander. Ie ne m'etonne plus maintenant, s'il y a tant de gens qui paillardent auec sa conuoitise, & qui embrassez auec elle se laissent rouler dans l'Enfer: ie m'apperceuz bien alors, que c'est vn lien qui atrache, vn piege qui retient, vne Syrene qui enchante, vne Circé qui transforme, & enfin, vne piperie pour le corps & pour l'ame: Et ie croy que si ce n'eust esté de peur que ma mantene se perdist, & que mon asnesse nouuelle ne s'égarast comme l'autre, & aussi facilement qu'elle auoit esté trouuee, ie serois peut-estre encore à present sur le pondoir. Le Narquois Guzman dit fort à propos; *Nul ne peut croire cõbien la vie du gueux mandiant est sauoureuse, que quand il est affriandé à la conqueste des grans-blancs, qui tombent les vns* sur les autres dans son chapeau.

Bref, après vne grande escousse ie m'arrachay le cu de là, qui ie croy y vouloit prendre racine. Ie serray soigneusement ma quinquaille; & pour me dérober des yeux de quelques ioyeux qui me guignoient, ie prins ma déroute vers certaines roches, qui sont proche cét Hermitage sur le chemin d'Astorga, & disparus là. Ie m'arrestay le temps qu'il faloit pour leur faire perdre ma piste, & m'amuzay cependant à conter ma chance & ma cheuance, mettant à part ce qui se trouua pardessus le payement du drageoir. Ie me déuelopay de la mante, & pour n'estre reconnuë de ceux qui me pouuoient auoir veuë, ie me couuris la teste & le visage d'vn crespe que ie portois dans ma manche, au lieu duquel ie fourray la vieille manteline, qui eut assez de peine à s'y loger, tant elle estoit de grand volume. Déja cette houbille ne me sentoit plus si mauuais, tant pour le bien qu'elle m'auoit causé, que parce que la coustume qui se change en autre nature m'auoit deja toute faite à cette odeur. Celuy qui mit autrefois impôts sur les vrines n'en trouuoit pas la senteur mauuaise. Ie me r'approche de l'Hermitage auec le geste d'vne personne qui se sent alegée, comme si ie fusse venuë de satisfaire à quelques necessitez, de celles qui ne peuuent auoir de Substitud, ny de Coadiuteur, & me meslay parmy le peuple.

Icy finit le personnage de la Pauure honteuse & recommença celuy que ie iouois naturellement, c'est à dire, de l'Efrontée; ie parus deuant tous, à visage découuert côme auparauant, & beaucoup plus hardie que ie n'auois esté honteuse. Que te semble du trait, Lecteur? le trouue-tu bon? & moy encore meilleur: car le profit m'en demeure. Tu diras peut-estre que l'inuention fut profitable & non pas honnorable. Helas mon frere, combien y a-t-il de gens qui passent pour honnorables dans le monde, qui en font mile fois de plus lasches. A dire le vray, ie n'ay point estimé tenir ce gain là de l'aumosne, mais seulement pour le salaire de mon trauail. Et par ta foy, te sembleroit-il qu'il y eust peu de peine, à vne fille d'assez bon regard, & de meilleur bec, de se tenir prés de deux heures le visage caché, & la langue attachée au palais, en vne saison où il y auoit vne si grande abondance de regardeurs, de voyeurs, & d'esprits capables de faire de belles conceptions?

Il me semble que ie te voy en peine, de sçauoir comment ie contentay la vieille qui me presta la mante, de laquelle en bannissant ma honte ie contrefis la pauure honteuse. Iesus, que tu as de soucy. Pour moy ie suis ennemy de ces fauteurs de vieilles, laissons la là. I'ay d'autres meilleures badineries à te conter: toutefois, puisque tu as tant de soin de la vieille, ie te diray tout ce qui se passa entre elle, mon valet & mon asnesse.

Cependant que i'estois en ma station, la vieille Empirique, couuerte de ma mante de crespe de soye, garnie tout autour d'vn petit cordon de grains & de papillotes de iayet, se donna au diable tât de fois, que si il ne l'emporta, ce fut qu'il luy sembla qu'elle ne valoit rien, ny pour luy ny pour ses

Cc iij

valets, non plus que toutes les autres vieilles. Veritablement elle auoit iuste sujet de se fascher, pour deux raisons ; la premiere, parce que ie luy fis tenir, non pas le mulet, mais l'asnesse deux bonnes heures assize sur vn quartier de pierre. Et l'autre, parce qu'estant couuerte de ma mante, on luy auoit fait tant de niches & d'algarades, que ce luy eust esté moindre mal, d'estre bernée en chien.

Il y auoit parmy cette feste de pellerinage, certains pellerins qui ne cherchoient qu'à plâter le bourdon en quelque lieu, lesquels ayant apperceu cette femme toute seule, auec vne bonne mante & si bien façonnée, ne considerant pas que sous vne belle housse, on cache souuent vne laide & vieille mule, s'imaginerent que c'estoit quelque bonne piece de gibier : ils touſſerent pour luy faire ſigne, mais elle n'entendit point le reclame: plus ils s'approchoient, & plus elle ſe cachoit & s'afubloit de la mante, & tout cela ne ſeruoit, qu'à augmenter le feu & à animer l'apetit de ces gens là, qui en auoient aſſez ſans y faire de ſauſſe: car ils penſoient que ce fuſt quelque fille de quinze ans, neufue & honteuſe, qui n'oſoit ſe mettre ſur la montre; ſi bien qu'aprés auoir bien guigné & barguigné, ils parlerent à elle, & la conuierent à ſe découurir vn peu le viſage, alleguant mile raiſons appropriées à leur intention, mais fort mal ajuſtées au ſujet: A la fin, la vieille ſe voyant exceſſiuement importunée de ces iouuenceaux là, iugea qu'il en faloit ſortir, & qu'il valoit mieux ſe monſtrer que de ſouffrir toujours leurs persecutions: De façon que tout à coup elle fait tomber sa mante, & pour n'auoir point de dents, en branlant la mentonniere, elle leur dit: à qui qui qui en velez-vous, gale gale galefretiez? Dés que les Drôles enuisagerent cette Megere, ils firent des signes de Croix; & en se riant & se mocquans les vns des autres, ils partirent du pied sans repartir.

Voila entre autres, en quoy la bonne Dame qui n'estoit point aguerrie à telles attaques, eut sujet de se plaindre de moy, à cause de mon retardement: Et ie croy que mon asnesse & mon valet, n'estoient pas moins dépitez contre moy, mais auant que de les aborder, i'achettay trois méchans pastez de rongneures de chair, dequoy ie payay le loüage de la mante, & fis vn baaillon à la vieille pour l'empescher de grongner; ie luy en donnay deux & l'autre au fidelle Bondouffle, qui s'estoit tellement mis en colere, que pour se vanger de moy, il auoit conté à la vieille la conqueste de l'asnesse, & vne grande partie de ma vie & de mes miracles. Ce fut pourquoy, la bonne vieille qui estoit scrupuleuse comme sont les autres, me dit en prenant les pastez auec ses pates, Madame, ie vous pardonne le teps que vous m'auez fait perdre en vous attendant pour l'amour de Dieu; car il nous attend tretous, mais prenez garde ma fille, à rendre à Cezar ce qui apartient à Cezar, c'est à dire l'asnesse Madame, le bien d'autruy ne nous profite iamais. Ie luy pensay donner vn dementy sur cette derniere sentence, en luy disant qu'elle se trompoit, puis que sa mante qui estoit son bien, m'auoit aporté vn si grand profit: mais parce qu'il n'y a point de bons mots parmy telles gens: car leur vieillesse leur desseche le plaisir aussi bié que la matiere, ie la menay par vn autre Rumb: ie pris vne mine de mortification, & en faisant la petite à la mode c'est à dire bien bas, ie la remerciay de son zele: puis ie regarde mon valet auec vn œil de menace: Et gros fils de putain luy dis-je, pourquoy as tu esté si sot que de tenir pour verité, ce que ie t'auois dit en gausserie, que cette asnesse n'estoit pas la mienne? va va lourdaut, ie le fis exprés pour éprouuer ta memoire de connil. N'as-tu pas l'esprit de iuger, que tandis que tu fus si long-temps à ce puits chercher à te desalterer, ie demeuray toujours auprés de l'asnesse; ie vis où elle fut

& de qui elle s'accointa? cette beste eust elle esté si docile quand tu luy mis le harnois sur le dos, si ce n'eust esté nostre asnesse? Et me tournant deuers la vieille, Madame luy dis-je, si cette asnesse eust esté dérobée comme on vous l'a dit, ie n'aurois eu garde de la laisser icy à la veuë de tout le monde où elle eust peu estre reconnuë: De vray vous faites vn mauuais iugement de moy, & me tenez bien peu fine. La vieille fut honteuse de ces reproches-la; & Bondouste demeura aussi étonné, que si cornes luy fussent venuës, il aduoüa qu'il auoit tort, & que puis que l'asnesse s'estoit laissé baster sans dire mot, c'estoit signe qu'elle conoissoit ceux à qui elle apartenoit. A cét instant, il me vint vne crainte que l'asnesse ne parlast comme celle de Balaam.

& ne découurist la fourbe: mais ie me consolois, en ce que si elle eust parlé, ayāt le mors dās la bouche, elle n'eust pas sceu articuler ses paroles, ny mes faits. La vieille, voyant mon innocence si bien iustifiée par vn faux temoignage, contriste d'auoir soupçonné mal, au preiudice d'vne si iuste personne que Iustine se mit à genoüils, & les mains iointes. Madame dit elle ie vous demande pardon, ie confesse d'auoir grandement fally; car ie deuois iuger à vostre façon, que vous n'estes pas personne à faire de ces tours là: Ce méchant garçon m'auoit dit cela par dépit de ce que vous demeuriez tant à reuenir; il est malin. Les larmes qui luy vinrent aux yeux, & les sanglots qui luy serroient le cœur, luy empescherent d'en dire dauātage. Alors, pour monstrer vne grande action de clemence, ie l'embrassay & pardonnay à son innocence, l'asseurant que ie prenois l'outrage en patience: ainsi nous separasmes nous, elle en pleurant & moy en riant. Vne autrefois Lecteur, ne m'engage plus à te faire de tels recits; car si tu aymes à t'entretenir auec des vieilles, cherche qui t'en fournisse matiere, pour mon regard, ie trouue autant de dégoust à parler d'elles qu'à les conuerser. Ie reuiens à mon conte. Ayant quitté cette vieille, ie m'en vay trouuer ma reuendeuse au rendez-vous où ie l'auois laissée: ie luy payay la boiste d'or, luy donnant toute la menuë monnoye que i'auois amassée au pondoir, & pendis le drageoir à ma ceinture afin qu'il me fist de l'honneur, en compersation de la honte qu'il m'auoit cousté.

L'EQUIVOQUE, MAL expliqué.

Un mot mal entêdu, est cause de broüiller Iustine auec d'autres pellerines. Elles se reconciliént; & Iustine fait vne raillerie contre ceux qui gardent des rancueurs. Elle fait vne action d'écornislerie dont elle est gaussée: mais non pas sans repartie. Vn Barbier badin, s'accoste d'elle pour luy seruir d'escorte & il luy sert de boufon.

TOus ceux qui vont en pellerinage à Nôtre-Dame du chemin, dont nous traitons, ont toujours coutume d'aller aussi visiter vne autre station qu'ils apellent l'*Humiliatiõ*. Or comme ie me trouuay sans compagnie, apres auoir quitté la reuendeuse iouaillière, i'entray dedans une tanière pour satisfaire un peu aux necessitez naturelles ie dis repaistre: mais à peine l'eus-je fait, auec mó train; car ce fut souz un portail, auprés de mon asnesse & de mon écuyer Bondousle, ie fus accostée de certains chercheurs de bonnes fortunes, qui m'estoiét inconnus, & qui me connoissoient pourtant, lesquels me dirent : Madame Iustine venez auec nous, nous vous meinerons à *l'Humiliation*: ces Dames là s'y en vont aussi. Moy cóme ignoráte des lieux & des coutumes du pais, ie subtilizay sur ce nó d'humiliatió, & iugeay qu'ils le prenoiét pour signifier une deshonnesteté; & dans cette opinion là, ie leur répódis fort rudemét & en couroux; car nous autres femmes, alons toujours aux extrèmes ; iamais nôtre colète ne naist en enfance, elle a dents & ongles; elle est chauſſée & veſtuë dés qu'elle écloſt: auſſi pour témoigner que nos querelles viennent toujours d'occaſions fort legeres, il y eut vn homme qui repreſenta la colere des femmes, en figurant vne Amazone déterminée & armée qui ſortoit d'vn lict de plume: & vn autre, en fit vne figure toute contraire, il peignit vn homme de plume, qui naiſſoit d'vne femme furibonde; pour donner à entendre que nos coleres ſe formét d'vn neant. Tant y eut, que ie me faſchay bien fort, me ſentant indignée de ce mot *d'humiliation*, & leur répondis d'vn tó aſſez aigu. A d'autre à d'autre leur dis-je, ie ne ſuis pas de ces coureuſes d'éguillettes que telles gés que vous ont accouſtumé de mener, cherchez des pellerines auſſi impies que vous, ce ſont celles là que vous pourrez humilier, &

me-

mener au carnage, pour moy ie suis trop superbe pour me soumettre à telles humilitez.

Il ne s'en falut rien que ne se fist sedition dans la tauerne; car sur ces paroles de coureuses d'éguillettes, il se trouua là trois pellerines d'assez bonne filomie, auec leurs bourdons à la main, & escortées des galans que i'ay dit, qui furent toutes prestes à me chamarrer vn habillement à bastons rompus croyant que ie l'eusse dit à leur suiet, comme aussi auois-je: mais ma bonne fortune, voyant que i'estois assez bien vestuë, m'exanta de ces frais là: Nous nous prîmes à coups de bec, où iamais douze geais & autant de pies, prises à la glu, ne firent tant de bruit; ie ne recite point les picoteries qui furent dites, car entre les femmes, le vent emporte les paroles: il n'en est pas de mesme

Dd

entre les hommes, ils sont fermes & solides, vn mot qui va de l'vn à l'autre, se conuertit à l'instant en iniure: Comme ce mot frape sur le dur, il retourne soudain d'où il vient; mais par ce que les femmes sont fort troüées à ce qu'on dit, les médisances que nous nous entrejettons coulent incontinant à terre: les paroles qui se dient de femme à femme, ne chargent point, parce qu'elles pezent moins, elles sont formées d'air, passé par vne couloire: Tout ce que l'vsage m'a appris en tels rencontres, c'est que celle qui a le dernier demeure la plus chargée. Ie fus donc cette mal-heureuse-là ; car bien que ie ne manquasse pas de reparties, il falut ceder à la force; elles estoient trois, contre moy toute seule: De façon, que faute de voix & d'haleine plutost que de paroles il me falut taire: Toutefois, auant que d'en venir à ce poinct là, nostre escoupeterie donnoit si bien de part & d'autre, que les spectateurs furent long-temps sans pouuoir iuger à qui la victoire demeureroit. Cependant, les ieunes muguets considerant que tout ce tintamarre procedoit de mon ignorance & faute d'auoir étudié les vocables des pellerinages, ne faisoient autre chose que rire, de voir que ie prenois pour outrage, la semonce qu'ils m'auoient faite de me mener à l'*Humiliation*: Mais il ne se faloit pas beaucoup étonner de ma naïfueté, par ce que i'auois ouy dire à de bons Predicateurs de mon païs que quand on parloit de quelque fille fole, qui auoit folié auec des fous, on faisoit entendre sa faute en disant; *ils l'humilierent* & en effet il n'y a rien qui rede vne femme plus glorieuse que de n'estre point ébrechée, ny rien qui l'humilie dauantage que le contraire: i'entends quand la galanterie est découuerte, car si elle est secrette, l'orgueil va toujours son train ordinaire: En vn mot, ie me faschay de ce nom d'Humiliation, faute d'entédre les mots nouueaux qui se forgent en nostre mal-heureuse langue Espagnole, car depuis que l'on a imprimé des sermonnaires en lágage vulgaire, le nostre s'est grandement élargy, il a plus preté que ne fait vn bas d'estame: mais comme ils m'eurent declaré la Timologie du nom, nous fusmes amys comme auparauant. Et quand nostre debat fut accoisé, & que le Diable qui s'estoit meslé parmy nous s'en fut allé auec vn pied de nez, voyant que nous ne nous estions pas étranglées, comme il le presumoit au commencement de la querelle: nous nous embrassames comme bonnes Chretiennes, & alasmes ensemble aussi fraternellement que si nous eussions esté bessonnes. Il n'apartient qu'à nous à quereller, & non pas aux hommes; nous nous accordons incontinant; pour vn petit mot qu'vn homme dira à vn autre, ils seront dix ans sans s'enuisager, principalement entre les Espagnols & Italiens. On estima fous, celuy la qui vouloit faire vne cauerne souz terre, pour enfermer & garder l'air d'Hyuer pour l'Esté, comme on fait de la neige & de la glace: mais ie tiens bien plus insensez les hommes qui gardent des offences de paroles legeres, dix & vingt ans: car puis que les paroles sont faites d'air celuy qui les garde ne garde que du vent. Il ne faut qu'vn petit équiuoque, pour mettre deux hommes mal ensemble pour toute leur vie; mais entre nous, nos diferens se terminent ordinairement sur le champ; nous sommes semblables aux cerceaux d'vne cuue que l'on relie, quand ils crient le plus, c'est lors que les extremitez sont plus prestes à se ioindre: ainsi lors que nous tempestons & crions le plus fort ensemble, c'est lors que nous contractons vne plus grande amitié: Nous sommes encore comme ces charettes, que plus on charge & moins elles font de bruit: Nos disputes ne se forment que sur la pointe d'vne épingle, nous ne querellons iamais pour des iniures serieuses, au contraire elles nous obligent au silence; c'est pourquoy, quand on m'éfleuroit seulemét l'épiderme, ie répartois promptement; mais si l'on venoit à me toucher au vif, de deux ou trois bonnes veritez bien sanglées, sur ma vie ou sur mon lignage, ie demeurois auſſi muette que ſi i'euſſe eſté dans la claſſe de Pythagore, finalement nous fuſmes ſi bien rapatriées enſemble, que mes querelleuſes m'emmenerét auec elles, & me mirent au milieu, comme des armoiries de Seigneurs Alemans, accompagnées de hyennes, louues, lionnes, & ſerines enchantereſſes.

Eſtans ainſi remis en bonne intelligence, ils me conterent l'origine de la deuotion & denomination de *l'Humiliation*. Madame Iuſtine, me dirent-ils, ce que nous appellons *Humiliation*, c'eſt vn petit Hermitage où la Vierge s'aparut à vn Paſteur, qui eſtoit reputé homme d'vne profonde humilité, & lors, le Paſteur ſe proſterna en terre & l'adora auec toute ſorte d'Humiliation, & pour memoire, tous ceux qui vont en cét Hermitage s'humiliét deuát

Dd iiij

cette deuote Image, & delà, le lieu porte le nom de *l'Humiliation*. Ie fus fort satisfaite de cette expliquation : & de propos en autre, nous arriuasmes à l'Hermitage, en vn temps que la chaleur nous contraignoit d'humilier nos testes comme font les brebis durant l'ardeur de l'Esté. Estans là, ie reconnus & reueray ce Sanctuaire, auec vne humilité interieure & exterieure : nous fismes nos oraisons & tournasmes autour de la chapelle, côme on fait autour du feu de la sainct Iean. Et comme toutes nos deuotions furent faites, & qu'il n'y eut plus de station à visiter, nous prismes le chemin du retour : En disant à Dieu à la chapelle, ie fis plus de cent reuerêces de toute sorte de moules tant aux Autels que aux Images, seló le merite des choses à qui ie les dediois : mais comme il y a toujours quelque malin esprit qui gloze sur les saines intentions, il y en eut qui se gausserent de moy sur mes reuerences, & qui s'amuzerent à les conter. Ie pardonnois de bon cœur à leurs mocqueries, parce que ie ne faisois pas tant ces reueréces par deuotio, comme pour m'essayer à les faire de bonne grace, & voir si elles estoient conformes à la tablature qu'vne certaine hostelliere m'auoit donnée, laquelle auoit grande intelligence auec les Reuerences.

Alors mon ventre se trouua si creux & si vuide, qu'en y mettant vn mâche l'on en eust pu faire vne viole : & comme mes occupations auoient esté grandes, ie n'euz pas la commodité de pouruoir à mon disner, il me falut recourir aux priuileges des lettres d'écornifflerie : Par bonne fortune, ie rencontray là quelques vnes de mes camarades de Mansille, qui repaissoient : ie m'approche d'elles négligemment comme sans dessein ; elles me conuierent à disner auec elles; ie les pris au mot sans hazarder d'attendre la seconde priere, de peur que ie ne fusse trompée à cét afuz & par ainsi ie r'embourray fort bien mon corps de iupe, & auec grand appetit ; car quelque grosse viande que l'on mange en gourmandant & écorniflant, cela semble estre des perdreaux & des faisans : tellement qu'en peu de temps, ie fis beaucoup de besongne ; puis ie payay mon écot, d'vn compliment en broderie. Il se trouua là vn certain Désalé, qui se curoit les dents derriere les autres auec vn baston de thym, lequel ayant remarqué de quelle sorte ie prenois congé de la cópagnie, me dit en souriant : Madame, vous faites fort bien de vous seruir de la vertu de voſtre paſſe-port; car vous pouuez paſſer pour belle par tout, & iouïr du droit de fraîche-lipée. Allez, allez, ie vous tiens pour habile de ſçauoir faire de ſi retraites, meſme à l'heure qu'il faut payer l'écot. Moy, qui vis ma ruze découuerte ie voulus enuier de mon reſte, & faire l'éfrontée iuſques au bout. Monſieur le ſurveillant, luy diſ-ie, ſi vous entrez en part au payement de cette dépence, vous me debuez remercier de ce que i'ay ſi toſt quité la place; ie ſuis ſi acharnée au combat des machoires que quand vne fois i'aſſiege vne table, c'eſt merueille ſi ie le leue de trois iours : & partant contentez-vous que ie vous ay épargné beaucoup d'argent.

I'euſſe bien voulu m'en retourner ſeule à Leó afin de coter en ſeureté l'argent qui m'eſtoit reſté aprés tant d'auentures, mais il me fut impossible: vne fille est comme vn Moine qui ne manque iamais de compagnon. Ie fus incontinant accostée d'vn certain personnage qui estoit si subtil qu'il en estoit ridicule, & si ridicule qu'il en estoit plaisant. C'estoit vn Barbier de nostre païs, aussi discret qu'expert en son mestier: Sa rencontre ne me fut pas desagreable. Vn sot est bon quelquefois à plusieurs choses: quand il se met à dégoiser il sert de boufon, quand on veut il sert de mallier à porter la somme, & de cheual de poste pour faire vne diligence. Ie me seruis de cettui-cy en tous ces vsages là, & encore d'ombre d'homme, comme estant vn hôme d'ombre: au moins, ne tenoit-il pas du glorieux, comme font tous les autres Barbiers, à ce que disent les malins, mais du baudet, ouy bien. Côme il eut reconnu que i'estois d'humeur iouiale, il s'y voulut conformer, en s'éforçant de dire quelques propos aiguz & ioyeux rencontres, lesquels il arrachoit par les cheueux. La meilleure pointe d'esprit qu'il put choisir pour commencer à m'entretenir, ce fut qu'aprés s'estre longuement arresté à contempler mon asnesse, il me dit: Madame Iustine, sçauez-vous ce que ie regarde si attentiuemét? Quoy Seigneur Iacolin, répondis-ie: car il s'appelloit ainsi. Quoy? repart-il, que vostre asnesse iette souuent les yeux sur moy; & ie songe si elle le fait, pour m'obliger à la congratuler de ce qu'elle est si gentimét parée & caparaçonnée. Il se peut faire, luy dis-ie, qu'elle se quarre & se met sur sa bonne mine, parce que vous luy faites l'honneur de l'enuisager: sans doute, il y a quelque intelligence entre vous-deux; vous ne dites pas tout. Alors il commença à se donner au diable, affirmant qu'il ne me celoit rien. Comme ie le voy dans cette simplicité ie l'y pousse encore plus auant. Non, nó, répondis-ie, ie gage que ie vous diray d'où vient que mó asnesse vous regarde tant : c'est que le bon sang ne peut mentir, il boult sans feu. S'il eust eu tant soit peu d'esprit, il eust compris que ie voulois dire, que l'asnesse l'ayant reconnu estre de ses parens, se rauissoit de ioye en le regardant ; mais il penetra dans le sens de cette raillerie, comme il auoit fait dans les secrets de l'art de Chirurgie, c'est à dire tres-mal ! il crut qu'en luy disant que le sang boüilloit sans feu, cela signifioit que l'asnesse estoit ieune, & qu'elle auoit le sang échaufé : & n'eusse pas pésé, qu'il eust dóné cette interpretation à mon dire, si sa réponse ne me l'eust fait cónoistre. Madame, me dit-il, si vostre asnesse est incómodée de chaleur & d'abondance de sang, à faute d'autre plus expert, ie me feray Medecin de beste à vostre seruice. A ton aduis, Lecteur, quelle risposte pouuois-ie faire à cette estocade qui estoit si franche? Monsieur, luy dis-ie, ie vous rends graces de la courtoisie que vous m'offrez: i'ay toujours bien cru, que par tout où seroit vostre scientifique personne, il y auroit asseurément vn Chirurgien de bestes.

Albeitar en Espagnol est le nom d'vn hôme qui se mesle de penser les bestes malades, principalemēt celles de sōme.

LE MIEL D'AMERTUME.

Iustine est accostée d'un ieune Aduocat son cousin, reuenant des études; & se sentant importunée de luy, elle trouue une malicieuse & facetieuse inuention pour s'en défaire, en laquelle l'Ecolier est extrémement embarassé. Le plaisant diferent qu'il a, auec une Hôtelliere, où il se trouue en grande confusion.

IL y a deux sortes de personnes qui ne sçauent pas ce qu'ils ont, les unes pour estre si riches qu'ils ne peuuent pas conter leurs moyens, & les autres pour estre si pauures qu'ils n'ont que conter: Pareillement il y a des choses dôt l'on ne sçauroit dire toutes les proprietez & le profit, comme entre autres la graisse la graisse de l'homme, la peau delaissée de la couleuure, la fleur de romarin, le baume, & sur tout la finance, principalement la iaune: & beaucoup d'autres qui n'ont aucune vertu ny vtilité, côme la graisse du singe & guenon, la teste de grenoüille, le nombril de l'ours, les yeux du loup, & sur tout, la paureté & la gale. De mesme, entre les hômes, il y en a qui sont de notable profit, comme les rotisseurs, patissiers & cabaretiers qui font credit, ou qui ne prennent rien, & par dessus tout, la Republique Narquoise. Autres qui sont extrémement inutiles & sans suc, comme nous pourrions dire, les Medecins, les Apotiquaires, & les Poëtes de bale: Mais si ie trouuay iamais rien au monde d'inutile par dessus toutes choses. Ce fut vn ieune Bachellier mô parent appellé Lambruche,

E e

autant & plus impertinant, que le Barbier Iacolin, lequel par vne excessiue importunité se vint accoster de moy, & s'associer en ma cópagnie, à l'heure que i'allois partir pour retourner à Leon. Sans doute i'estois née pour estre quelque sciétifique personne: car ie me trouuois à chaque bout de champ auec des hommes de doctrine. Ce mien parent, estoit freschement venu des études, où il auoit purgé son ignorance des lettres, par le moyen d'vne potion composée de quelque dozes de feüilles de Calepin, de dix-huict lagues & demye. Voyez si ie n'estois pas glorieusement accópagnée d'auoir ces deux honnestes gens là, auprés de moy. Ce Lábruche, donc en vertu de certaines lettres de licence pedantesque qu'il portoit, s'imaginoit aussi d'auoir licéce de dire toutes les sottizes qui luy venoient en l'esprit: & dás cette presomptió, il en laissoit quelquefois aller de si piquantes, à ceux que nous rencontrions par le chemin, que si ce n'eust esté le respect de ma compagnie, ceux qui sçauoiét iouër au piquet, luy eussent souuent appliqué des quintes majour sur le nez. Nous treuuasmes entre autres, vn Cordelier qui luy fit vne bonne repartie. Ce *Pater* estoit monté sur asne & alloit tout doucement deuant nous, mais parce que nous allions meilleur train que luy, nous l'attaignismes bien tost : Dés l'instant que nous l'eusmes abordé, Lambruche l'alla saluër de ce compliment: Mon Pere, du temps du bon S. François, les Cordeliers alloient à pied. Mon frere, répond le Cordelier, c'est parce qu'alors il n'y auoit pas tant d'asnes qu'à

E e ij

present. Lambruche demeura muet comme vn poisson, sans faire aucune repartie: Il fit tres-bien, car le Cordelier auoit la mine de discipliner mon parent, auec la corde dõt il estoit ceint, s'il l'eust fasché. Nous Nous passâmes outre; & autant de gens que nous trouuions, autãt de brocards: moy qui craignois de récontrer quelque chatoüilleux qui s'iritât, au lieu de rire, & qui repartist du baston plutost que de la langue, ie contrefaisois la Deesse Angerone: à tout moment ie mettois le doigt sur la bouche, & luy faisois signe qu'il se teust; mais il ne laissoit pas de continuer sa belle humeur de quoy plusieurs furent mécõtents.

Quãd l'esprit de raillerie ne se récontre pas auec la discretion, c'est comme se iouer à coups de pieds & de dents. Les indiscrets, pensent que la meilleure methode de gausfer, foit d'emporter la piece, de découurir les secrets d'autruy, & publier des reproches contre son honneur; & quand ils voyent que l'on rit de ce qu'ils dient, ils fe perfuadent que c'eft par aplaudiffement de leurs bós mots, & les idiots qu'ils font, ne voyent pas que ce rire là, fe fait en derifion de leur impertinence & de leurs fottifes; outre qu'il ne fe faut pas étonner fi nous rions des fautes d'autruy; Il n'y a guere de gens qui ne prennent plaifir à les tirer au iour auec la main d'vn fot. Au contraire, les hommes difcrets & polis, forment leurs gauffèries & les rencôtres fubtils, fur des chofes qui ne peuuent offencer, mefmes ceux dont ils parlent; ce n'eft que recreation & delectation pour tous. Pour ce fujet, les Anciens peignoient Mercure, qui eft le Dieu des propos gracieux, tenát vn petit chien qui caresse l'air & l'ôbre, & qui se iouë sans mordre. I'ay ouy dire, que Seneque appelloit peruertisseurs de la Nature, corrupteurs de l'âge, & ennemys de la vie humaine, ceux qui sous apparences de mots plaisants, disent des paroles iniurieuses. Lambruche estoit de ces insolents esprits là : aussi sa compagnie m'estoit extrémemét odieuse: car il offençoit chacun auec ses médisances trop grossieres. Et de peur qu'estant auprés de moy, ie ne me trouuasse engagée à receuoir quelque affront à son occasió, ie songeay qu'il me faloit trouuer inuention de l'écarter, & quant-& quant luy iouër vn trait qui luy seruist d'experience. Voicy comment.

Aprés estre demeurée quelque temps sans parler, ie me tourne deuers luy, en m'écriant comme toute surprise; helas cousin Lambruche, il y a bien des nouuelles; ie suis au desespoir: qu'y a-t'il donc? me répond-il: Mon Dieu cousin, luy dis-je, vous me feriez vn extrême plaisir si vous vouliez vous mettre deuant, & prendre la peine d'aller vitement au logis où vous sçauez que ie couchay hier & auant hier, parce qu'il me vient de souuenir d'auoir oublié dessous mon lict vn pannier plein de rayons de miel excellent, que i'auois acheté & destiné pour donner à vn Procureur qui faisoit autrefois les affaires de ma mere, & que i'espere d'employer pour les miennes, & entr'autres au partage qu'il nous conuiendra faire de nostre succession. Ie vous prie, écoutez bien ce que ie vous vay dire, afin de l'obseruer exactement: Entrez dãs cette hostellerie comme si

Ee iiij

c'estoit pour quelque autre chose, & sans faire semblant de rien prenez mon pannier & l'apportez ; Si d'auenture l'hostesse vous vouloit arrester, pour vous faire payer quelque reste qu'elle pourroit pretendre que ie luy deusse de mon logement : car elles ne sont iamais contentes, répondez-en, & l'asseurez qu'elle ne perdra rien auec moy. Allez, ie vous en coniure, hastez-vous, courez, mais volez si vous pouuez : vous iugez bien l'importance de l'affaire. Ie crains que ce groin de truye d'hostesse ne se iette sur mon miel, si elle ne l'a déja fait, c'est vn miel vierge qui vaut beaucoup, conseruez le en sa pureté, & luy portez le respect qu'il merite. Va donc ie te prie, luy dis-ie en l'embrassant ; ie t'attendray sous l'orme qui est à l'entrée du chemin de Mansille : car ie ne veux point passer dans la ville de Leon, ie veux aller tout d'vne tire à Mansille.

Le Balourde fut rauy d'allegresse de cette faueur là, outre qu'il s'estimoit fort honnoré de receuoir vn commandement pour mon seruice: il ala comme la foudre; en vn instant il se rendit à cette hostellerie; il entre haletant, suant, essouflé & auec autant d'audace que si la commission que ie luy auois donnée eust esté decernée du Conseil Royal; témoin ces paroles qu'il tint à l'hostesse en arriuāt: ho, l'hostesse, rendez moy conte de ce pannier plein de miel, que Madame Iustine ma cousine vous mit auanthier entre les mains. Elle voyant ce ieune homme si essouflé, iugea que ie pourrois bien auoir oublié ce qu'il luy demandoit, comme font souuent les voyageurs, s'en vint à luy accompagnée de deux grosses dourdieres de chambrieres, & auec vne mine dédaigneuse & fiere luy répond comme en ces termes, ou équiualents.

Ie ne sauon que c'est que cela: mais ie sauon bien que ste bonne piece de vot cousaine, s'en aly hier au soir san dire aguieu, & san nou pouéyé: si a là laiffe queuque chore cian, qu'al le charche, à ne nou la pas baillé en garde: mais s'illy a queuque chore cian à elle, y n'an sortira pas que ie ne sais pouéyée, iusqu'au dargnier degnier. Marsi guieu, stebelle mijaurée là, panse-telle se moqué des fame de bien, qui gangnent leux vie à la sueur de leux corps? qu'à poueye, qu'à poueye, de par tous les guiebe, ce qu'à mange du bien d'autruy, aussi bien l'argean ne li couteti guere, à la vy qu'à le fait. ie boutrais bien ma teste à coupé qu'al a gangné ste nuy, ce qu'al a dépensé, & biaucou pu encore.

A ces propos là le Levron fut bien ébauby, & ne sçachant que répondre, il monte tout d'vn coup l'escallier de la chambre, alant le nez au vent comme vn chien couchant qui chasse, pour decouurir où estoit le pannier des rayons de miel.

Pour vne plus claire intelligence de la chousse que ie iouois à mon Ecolier, Il faut sçauoir qu'à l'occasion d'vne certaine courante ou coulante, causée d'auoir trop mangé de melons & de concombres en salade, ie m'estois seruie d'vn petit pannier apartenant à l'hostesse, que ie rencontray tout à propos sous ma main, lequel fut substitué en cette pressante necessité au lieu d'vn vaisseau plus solide.

Il me semble Lecteur, que tu m'apelle Porc que: mais ne te scandalise pas de cela, ce sont choses naturelles, à quoy les gourmands & les sobres sont suiets, & dequoy i'ay ouy dire que les Cardinaux à Rome traitent à leur abord quand ils s'entrevisitent: car la premiere chose que l'on demande à l'autre, est, si sa Seigneurie a le ventre bon, qui signifie en bon François (tu m'ends bien sans le dire.)

L'hostesse monte incontinent aprés Lambruche, qui furetoit par tout cherchant le pannier: elle perdant patience voyant qu'il ne rencontroit rien dans sa chasse, se iette toute en colere dessus luy ; le préd par le manteau & iure qu'elle ne le quittera point, qu'il ne luy ait donné deux testons, pour le lict, la paille, l'auoine, & la chandelle qu'elle disoit m'auoir fourny. Il la falut contenter; & quand elle eut son argent elle luy dit; charchez astheure vote miel tou vote saous: à la mal-heure le puissiais vou trouué. Il faloit que cette femme fust iuste & sainte, puis que sa malediction tomba sur le miel: car veritablement à la mal-heure fut-il trouué. Et comme Lambruche se vid en pleine liberté de chercher où bon luy sembleroit, il se met à quatre pates & se fourre sous le lict ou i'auois couché, où il trouua le pannier que ie luy auois dit: il le tire auec grãde acclamation de ioye: Le voicy le voicy, ville gangnée, i'ay trouué le miel & le pannier, grace à ma bonne fortune, qui bien cherche bien trouue. L'hostelliere qui reconnut son pannier qui estoit tout neuf & gentiment fait: Non non dit-elle, ne vous rejoüissez pas tant, ce pannier est à moy, disant cela elle le prend par l'anse pour l'arracher à Lambruche. La marchandise que i'y auois mise, ne se voyoit pas encore: car ie l'auois couuerte de force bourre lanisse, que i'auois tirée des entrailles d'vn matelats: les voila donc tous deux à tirailler l'vn contre l'autre: le pagnier est à moy: tu en as menty ie l'auray; aussi feray-ie: En fin par mal-heur, mon pauure cousin voulant embrasser ce pannier à deux bras, & mesme le prendre à belles dents pour faire vn plus grand effort, & le deffendre plus vaillamment, vint sans y penser à le renuerser sur luy, dont son muzeau, ses mains, & son habillement furent tous enmielez. Ie te laisse à penser Lecteur, quel glapissement il fut fait de part & d'autre à cét infect naufrage: encore, mon cher cousin, eust-il porté patiément cette disgrace là, si l'hosteliere, n'eût fait l'enragée comme elle fit, voyāt que son pannier étoit disamé d'vne si odieuse matiere: car pour reparation de l'infamie de son pannier, elle prend par derriere le chapeau de Isabruche auec la méme promptitude que l'aigle fit celuy de Macrin: & n'y eut point d'autre difference, sinon que ce rauissement de chapeau, fut vn presage d'inuestiture Royalle pour cettuy-cy, & pour l'autre vne nudité belitresse: Car elle ne se contenta pas seulemēt du chapeau: mais elle prit encore son manteau qu'il auoit mis sur la table de la chambre luy se voyant si mal traité, se voulut ietter sur l'hostelliere, & se frotter à ses habillemens pour luy faire part de la conqueste. Mais elle qui estoit vne grande virago, craignant de s'enmiéler, se recule, & par l'aide d'vne de ses chābrieres, se saisit d'vn baston de lict & le meine battant iusques dans la ruë, en faisant d'étranges caprioles & contant les degrez quatre à quatre. Le voila donc sur le paué enuironné & étourdy d'vne huée d'enfans, & l'hostelliere sur sa porte abayant seulement aprés luy: car de mordre, c'estoit vn cas dangereux. Le pauure Nouice, tout transporté de colere & de honte, ne sçauoit que faire, sinon se cacher du mieux qu'il pouuoit en baissant la teste. A la fin, il vid que le meilleur pour luy, estoit, de venir à composition, & parler à Madame de seans, auec autant d'humilité & de soubmission, que si c'eust esté Pantasilée la Reyne des Amazones, & luy, vn pauure captif sauué du naufrage sur son riuage.

Madame l'hostesse, vostre seigneurie me fasse s'il lui plaist la grace de m'oster la vie: Que si vous me deliurez l'ame de tant d'ordure & d'infection, ie vous pardoneray ma mort. Madame, laissez moy rentrer chez vous, & vous contentez ie vous suplie de l'affront que i'ay receu icy, parmy tant de merdaille qui s'assēble au tour de moy, cōme des mouches aprés du miel. Ha maudite Iustine, qui m'as ietté dans ce puant bourbier! si ie te tenois à cette-heure....Madame ie vous conjure d'auoir pitié de moy: tenez, mettez la main là (en luy tendant sa pochette) vous tirerez dequoy vous dedōmager de tous vos interests. Comme Madame de ceans, oüit parler d'argent, elle deuint vn peu moins inhumaine, & par grande faueur, le regarda au vilage: mais comme elle aperceut qu'il estoit si semblable à Smerdis Roy de Perse, elle n'oza pas prendre la hardiesse de l'aborder. Queuque fame de Gadoüar, feret ce coup là, dit-elle, si

Ff

le vilain: va va te froter à ta bagasse de cousaine. Lambruche n'oyāt pas cette réponce, creut que ses prieres eussent amoli le cœur diamantin de la Dame, il s'aprochoit petit à petit; mais elle qui ne se pouuoit amadoüer, remet la main au baston & le menace de prendre de nouueau la mesure de ses costes : La voyant donc inexorable, il gangne la porte de la ville, & se va lauer dans vn estang qui estoit proche des murailles, il se mit là au trempis comme vne vieille morüe. mais encore de plus mauuaise odeur, & nettoya tāt qu'il put ses habits & sa personne, & non pas sa renommée qui en demeura long-temps tachée. estant bien d'ébarbouillé, il s'en retourne encore deuers l'hostesse qui auoit vn peu moderé sa fureur: il luy donne encore deux autres testons, tant pour le payement du pannier que pour rachetter son chapeau & son manteau de la captiuité où ils estoient, bien enfermez soubs la clef: l'hostelliere les luy mit entre les mains en luy faisant charitablement vne remonstrance & correction fraternelle, qu'il écoutoit nud teste, auec autant d'humilité & de crainte que s'il eust esté deuant l'Inquisition, receuant penitence pour quelque delit: Aussi estoit-ce vne vraye inquisition, excepté qu'elle n'estoit pas Sainte. Ie me doutois bien du tintamarre qui se feroit en l'hostellerie: car ie connoissois l'humeur de Lambruche, & la colere & conuoitise de la Bourgeoise, laquelle de prime face sembloit estre aussi douce qu'vn agneau, mais c'estoit vne Lionnesse, ie veux dire vne Lionnoise. D'ailleurs, elle estoit irritée du trait que ie luy auois fait de m'en aller sans payer la dépence que i'auois faite chez elle: Et quand ces infortunes-là arriuent aux Hostellieres, & qu'elles peuuent auoir recours sur quelque chose, elles font les Diablesses.

Lambruche estant ainsi bien depeché, part de là, aussi viste qu'vn trait d'arbalestre, pensant me trouuer au rendez-vous que ie luy auois dit, mais la baye fut entiere; ie luy donnay le change: il ne sceut ce que i'estois deuenuë. Tu ne sçauras pas aussi pour cette-heure cher Lecteur, le succez de nostre entreueuë, parce que ie desire employer le temps à te conter de meilleures choses: seulement te diray-ie icy, que ie pris mon chemin pour entrer dans la ville de Leon, par vne autre porte, accompagnée de Bondoufle, de mon asnesse, & de son frere Iacolin, ——le

Barbier que i'ay dit. Mais il me vient de naistre vne pensée qui me fasche, i'ay peur que tu ne sois dé-ja las des pourmenades que ie te fais faire dans les faux-bourgs de ma legende, si cela est repose toy icy, si bon te semble, iusques à ce que ie sois bourgeoise de ville, & que i'aye fait élection de domicile dans vne hostellerie comme i'espere; car c'est là mon talent & mon vray centre, peut-estre aussi, seras-tu là plus content de moy, veu que i'ay dessein de te seruir de si bons mets, que tu aurois le goust bien depraué si tu n'y trouuois de la saueur.

LA CONFIANCE, INGRAtement reconnüe.

Iustine accompagnée du Barbier cy deuant dit s'en retourna à Leon. Loge chez une hostelliere veuue. Elle represente satyriquement son deüil & sa personne. S'insinuë en son amitié pour l'escroquer. L'hostelliere deuient malade, & comment elle est assistée de Iustine.

I'Arriuay donc à Leon par le pont & la porte de Sainct Marc (lieu fort écarté de la guerre & des coups d'entre mon hostesse & Lambruche) accompagnée dudit sieur Iacolin, qui s'amusoit à chaque pas, comme n'ayant encore veu beaucoup de choses, tellement, que tous les objets luy sembloient des merueilles. I'eusse eu grande enuie de me perdre de luy, comme on fait du méchant chien, mais pour garder le *decorum* deu à vne fille d'honneur telle que i'estois, qui ne doit pas aller par les champs sans escorte, ie fus contrainte de m'arrester pour attendre qu'il eust contenté ses yeux. A la fin, aprés auoir long-temps muzé nous nous trouuasmes ça la porte d'vne hostellerie qui estoit derriere le Palais du Comte Fernand Gonçalez : Auant que de prendre logis, ie demanday à mon camarade Iacolin, ce qu'il auoit à faire à Leon, & quand il entendoit que nous enfilassions le chemin de Mansille : il me répondit qu'il luy faloit seulement achetter des ventouses de verre, deux lancettes, deux bandes pour saigner, & quelques singes &

chats morts, pour releuer sa boutique: qu'ayant fait cette employe, nous pourrions partir le lendemain. Si c'est du matin, luy dis-ie, nous yrons de compagnie, sinon, ie vous lairray icy: Il me fâcheroit fort pourtant, car ie prens grand plaisir à vous oüir rouciner par le chemin, ie veux dire raizonner. Il me promit d'estre prest à l'heure qu'il me plairoit: sur cette asseurance là, nous entrasmes dans l'hôtellerie.

La maistesse du logis estoit vefue de deux maris, à cause dequoy nous la trouuasmes vestuë de deüil: mais vn deüil si long & si ample, que parce qu'il excedoit sa condition, on presumoit que la moityé de l'habillemét, estoit pour le premier mary, & l'autre pour le second, d'autant que par menage, elle auoit attendu la mort du dernier pour porter le deüil du premier, & faire deux deüils en vn. D'abord ie creuz qu'elle fust boiteuse & ie me trompois, c'est que les femmes grasses marchent toujours en dandinant, ce qui fait sembler qu'elles clochent, car d'autant qu'elles portent tant de liures de chair, elles ne peuuent iamais tenir le fil du trebuchet si iuste, qu'il n'y ait vn costé qui baisse plus que l'autre. Cette-cy estoit si excessiuement grasse, que de temps en téps, on luy tiroit du suif du corps, de peur qu'elle n'étoufast de graisse. C'est dommage que ie n'estois sa gouuernante, ie luy eusse bien tost aplaty la bedaine, auec des croutes dures & seches, comme ie fis à la chienne d'vne Dame, qui estoit si dégoutée qu'elle dédaignoit le biscuit & le macaron. Cette Hôtelliere estoit connuë à Leon, par vn sobriquet infame: on l'appelloit Maline Laronne, dequoy elle enrageoit de dépit; mais elle auoit elle-mesme esté sa propre mareine: car vn soir s'estant baptizée de vin comme vne éponge, vn de ses hôtes luy demanda comment elle se nommoit, elle répondit Maline Laronne, il le crut, & depuis ce nom là courut la ville & luy demeura. La pauurette vouloit dire Marine la Ronde: mais il n'est pas trop étrange, que la langue se desvoye parmy l'obscurité, & en vn temps que le cerueau est troublé de vapeurs. A la fin, ne pouuant plus souffrir qu'on l'appellast de ce nom iniurieux, elle prit celuy de Midroüille, duquel on vsoit quand on luy vouloit plaire. Les anneaux de ses mains, estoient des veruës aussi grosses que des pruneaux; elle auoit le nez camus comme vne More, les lévres grosses, noires, fenduës, & renuersées; les yeux éraillez & chassieux, & si grande cracheuse, que quand elle commençoit à arracher ses crachats de leur racine, elle tiroit sa ceruelle délayée en flegmes. Bref par la speculatiue & contemplatiue de sa mine, on iugeoit qu'elle n'estoit pas des plus madrées du monde; combien que pour son conte & pour son profit, elle ne fust point sotte. Peu de temps aprés que nous fusmes entrez elle osta sa coiffure de deüil, & nous fit voir le reste de sa diabolique trongne : il faloit bien dire que ce fust vn épouuentable épouuentail, puis-que ma presence ne fut pas capable d'attirer là, aucun chercheur de fille fole.

Elle nous receut fort gratieusemét & cóme amis; cóbien qu'elle n'eust sceu traitter autrement ses ennemys, à cause de sa naturelle gratieuseté. A l'instant qu'elle voulut commencer à nous parler, elle nous fit preset d'vne belle demye douzaine de larges huistres hors d'écaille, engendrées dans la mer de sa poitrine & qu'elle claqua à nos pieds : nous la saluasmes en grand volume, & à proportion de la corporence : car vn petit salut n'eust pas esté bastāt. Et tandis que nous estions occupez à ces ceremonies, mon Bondoufle auoit déja pourueu l'asnesse d'auoine & de foin : car ayant apperceu qu'il y auoit des restes dans la mangeoire il luy sembla qu'il les faloit approprier à nostre asnesse & la faire Tresoriere des restes. Comme nostre hostesse eut repris haleine, aprés les grands efforts qu'elle auoit faits à cracher ; combien voulez-vous d'auoine ma fille, dit-elle?

comme si elle m'eust prise pour mõ asnesse; mais voyant qu'elle n'y entendoit ny fraude ny mal engin, ie luy répondis, de rien en bas, Madame, tant qu'il vous plaira: elle ne comprit pas la subtilité de mon iargon, au côtraire, elle crut que i'eusse remis cela à sa discretion, tellement qu'elle m'en alla querir vn picotin, qui est la pitance ordinaire d'vne asnesse: aussi tost ie cours aprés: non non, Madame, luy dis-je, il n'en est pas besoin; mon asnesse ieusne auiourd'huy, elle est auoinée: L'hostesse iette son picotin dans le coffre & s'en va pour apporter du foin, & mon valet qui estoit vif, & qui disoit par fois le mot, la retint par la cotte, & vzant du mesme stile que i'auois fait, non non, Madame, dit-il, nostre asnesse est enfoinnée. Midroüille se voyant balotée & belutée de la façon entendant ces termes extraordinaires répondit vn peu depite & étonnée, iamais ie n'ay veu ny ouy parler d'vn tel regime d'asnesse, combien que ie me mesle d'en penser il y a plus de vingt ans. Cependant que nous estions sur le deuis du traittement de l'asnesse, le Barbier s'en alla achetter ses ventouses, & ie me trouuay toute seule auec mon Hôtesse, qui ressembloit naïfuement à vne ventouze incarnate.

Dés que ie vis la taille de la Dame, & qu'elle estoit aussi grossiere d'esprit que de corps, ie préuis que ie luy pourrois bien iouer quelque cassade, & ie frapay au blanc, en ajustant l'arbalestre de mon attention, me seruant de la corde des paroles doubles, du trait de la flatterie, & du bandage de mon esprit. Pour vzer plus à propos de tous ces instruments là, ie m'assis à ses pieds, & luy parlant auec beaucoup d'humilité & de pudeur, tantost ie l'apellois ma mere, tantost ma belle hôtesse; enfin, ie me fis aussi flateuse autour d'elle, qu'vne chatte de Couuent. I'auois deja experimenté, que la discretion contient trois parties, la premiere, l'oubly de la grauité propre; la seconde, l'alechement aux paroles; & la troisiesme, l'inquisition des secrets: C'est pourquoy l'on peignoit le prudentissime Mercure, ayant autour de luy le chien flatteur, le loup, oublieur, & la couleuure enquerante. I'imitay donc la louue plus que les autres animaux: car i'oubliay plusieurs autres curiositez & desseins, mesme l'vsage de mes narines: car à m'en souuenir, ie n'eusse iamais pu supporter l'infecte puanteur des pieds de mõ hôtesse: neantmoins, je luy fis mille caresses, comme si j'eusse esté vne petite chienne de Damoiselle, & comme la fine couleuure je tiray tous les secrets de son sein : bref je m'insinuay incontinát en ses bonnes graces, par l'intelligence du trafic de l'Hôtellerie, & auec mon caquet je tiray si bien les vers du nez de la bóne vieille, qu'elle me recita toute la legende de sa vie, depuis l'A, jusques au Z, elle comméça par vn recit de sa genealogie, & des qualitez de ses ancestres, dont le plus releué de tous fut vn écorcheur de cheuaux, d'asnes, & de chiens, &c. comme elle commençoit encore le mestier : car il n'y a point d'Hôtellier ny d'Hôtelliere, qui ne vienne ou qui ne tienne de cette race là : puis elle me conta la deriuation de son nó de Midroüille, qu'elle me fit connoistre auoir esté apporté du païs Iudaïque. Pour me faire me faire iuger le tort qu'on auoit de l'appeller Maline Larône; & de propos en autre, elle m'étala tous ses secrets, sans en reseruer vn petit brin. Que si toutes les femmes estoient de ce naturel, il se verroit de belles choses: Momus n'auroit pas sujet de controoler la fabrique humaine, disant qu'il faloit que l'homme eust vne vître deuant le cœur, afin que chacun connust son interieur. Ie puis dire, que ie ne vis pas seulement le cœur de celle-cy, mais aussi son ame, puisqu'elle me découurit toutes les circonstances de ses amours, qu'elle auoit confits & imbuz de bonne saumure pour en conseruer plus long temps la memoire; & par ses discours, ie remarquay la grande lubricité qu'il y a en certains hómes, de prendre accointance auec des femmes de si abominable visiô qu'estoit cettecy.

Mais, de peur que le recit general de tous les contes qu'elle me fit, ne te fust ennuyeux, ie ne feray métion que de ceux qui me furent fauorables, & qui ouurirent le chemin à mes desseins. Elle me tenoit déja si gangnée à soy, qu'elle me voulut faire part de ses peines pour s'alleger d'autant: Veritablement elle ne se fust pas trompée en cette creance là, si mon cœur eust esté aussi bien à elle que mes oreilles. Pour cét effet, elle me communiqua auec beaucoup de gros soupirs, accompagnez de larmes & de morueaux, comme elle auoit eu soin d'amasser force œufs pour védre aux hostes qui estoient venus aux festes de la My-Aoust, mais qu'y ayant eu des truites à foison & à bon marché, elle n'en auoit pas vendu vn; dequoy elle estoit fort affligée, d'autant que la perte qu'elle faisoit sur les œufs, équipoloit ce qu'elle auoit gangné aux logements des hostes: Elle me dit aussi, que de peur des Ecoliers, qui déniaisent volōtiers mausoigneux, elle auoit caché ses iambons, son miel & son beurre : A ce propos là, ie rendis grace à ma bonne fortune, de m'auoir adressée en vn lieu où il y auoit de telles prouisions : car ie proposois bien de me refaire le muzeau. Quel esprit n'eust esté réjoüy de si bonnes nouuelles ? quel apetit ne se fust afriandé ? & quelle memoire auroit tellement negligé le souuenir de son ventre, qu'elle ne l'eust regalé en telle occasion ? Mais allons au conte, & remarque Lecteur, que ie me vante d'auoir vn grand auātage sur les autres de mō sexe, en ce que la pluspart inuentét soudainement, mais moy ie vais *pian piano*, & doucement, comme la chatte guettant la soury; ie demeuray vn iour entier, à épier l'occasion.

Aprés cette agreable conuersation, & ayant pris grande confiance en moy, elle prend vne lampe & me la met en main, disant que ie luy éclairasse pour tirer d'vn caueau, tout ce qu'elle y auoit fourré, selon & comme plus au long nous l'auons cy-deuant declaré i'obeys gayement à son commandement, & elle sortit d'vne aurmoire creusée dans vne muraille, toutes ses prouisions, & les ala enfermer dans vn bon coffre, duquel elle gardoit la clef, attachée à vn cordon, qui sembloit estre fait d'vn bout de boyau de pourceau, tant il estoit gras & onctueux, & la portoit à son cou, comme vn precieux ioyau, ou comme si c'eust esté la clef du tresor de Venize. Mon ventre n'estoit non plus garny de mangeaille, que ma bourse de quinquaille, mais viue les bós esprits; rien ne manque, où l'on a tant soit peu d'inuention, principalement en tel rencontre, auquel ie touchois ma bonne fortune du bout du doigt, car i'appellois ainsi la découuerte des iambons, œufs, & miel. I'oubliois à te dire, Lecteur, que mes projets furent grádement fauorisez, de ce qu'il n'y auoit corps de Chretien dans la maison ; car de bonne encontre, le iour precedant Dame Midroüille auoit chassé vne seruante, pour l'auoir suprise les cartes à la main, iouant à l'homme auec vn garçon d'étable, qu'elle mit aussi de hors en mesme temps.

Comme la vieille eut fort trauaillé, à remuer transporter, & à ráger deçà & delà, les choses qu'elle ne put enfermer dans ce coffre, & qu'elle auoit cachées de peur que les Ecoliers ne les fissent decliner de Iuridiction, elle se trouua grandement lasse, elle n'en pouuoit plus; dequoy ie ne m'étonnois pas, ie ne luy aidois en rien du monde; cette besongne là ne me plaisoit point; & quand ie luy eusse veu cracher ses poulmons par morceaux, ie n'eusse pas mis seulement la main à l'ouurage pour la soulager, au contraire, ie prenois vn extréme plaisir de la voir hors d'haleine: Il me sembloit que pour le temps qu'il y auoit que nous nous connoissions, c'estoit assez d'aller & venir aprés elle, & luy éclairer auec vne lampe, ce qui m'estoit vne tres-grande peine : car auec ce que le chandelier estoit huileux par tout, la fumée de la mèche ne barboüilloit les doigts, & d'ailleurs, ie craignois que ma pureté n'en r'emportaſt quelque tache. A la fin, la pauure Midroüille, à force de ſe tourmenter à mettre ſes beſongnes en bon ordre, de monter & deualer du caueau à ſa cuiſine, elle ſe trouua ſi baignée de ſueur, ſi mouluë & harraſſée, des bras, des iambes & des hanches, qu'il luy fut neceſſaire aprés tous ſes tours, & auoir tout ſerré, de ſe mettre au lit pour ſe repoſer & cháger de chemiſe. Elle ſe deſabille; & comme elle ne pouuoit quaſi leuer les bras, elle y alloit ſi lentement, qu'elle ſe morfodit fort, dequoy elle prit vne colique ſi furieuſe qu'elle crioit cóme ſi elle euſt accouché. Il faut aduoüer que i'euz vn petit grain de pitié & euſſe bien deſiré luy donner de l'alegement. Ie n'auois pourtant pas tant de compaſſion de sa douleur que de passion pour prendre garde où elle mettroit son passe-port pour aller à la picorée, ie veux dire la clef du coffre où estoient les iambons, &c. cela estoit important à mon dessein, qui n'estoit pas des plus impertinents.

Dans l'excez de son mal, elle crioit par fois qu'elle se mouroit, & ie pensois au commencement, que son soin de garder, mourroit quant-&-quant elle, mais tandis qu'elle se dépoüilloit, elle auoit fait vn bracelet de ce cordon gras, puis quand elle fut toute nuë en chemise, elle s'en fit vn collier : Ie riois à bon escient derriere elle, de luy voir faire tous ces mysteres : elle me faisoit souuenir de cét vzurier mourant, qui ioignoit les mains demandant pardon à Dieu, & tenoit sa bourse entre deux. Ie detestois pourtant en moy-mesme, de ce que l'execution de mon projet reculoit au lieu d'auancer, car entre les oyseaux de rapine, ioueurs & chicaneurs, dés le premier vol, on iuge si la chasse s'attrapera, & quels auantages l'on en pourra tirer. Neantmoins, ie ne perdis pas courage, me representant qu'il n'y a point de forteresse ny de citadelle, qui ne se rende à la fin, quand elle est assiegée d'vn vaillant guerrier qui ne manque point de stratagémes, & qui s'est resolu de mourir ou de vaincre: & ce qui m'animoit encore, c'estoit le peu d'accortise que ie reconnoissois en la personne à qui i'auois à faire. La pauure Diablesse se desesperoit & s'agitoit si fort, que si ie n'eusse connu le mal, i'aurois pensé qu'elle eust conté pour s'en aller. Que si ce bonheur là fust auenu, nous eussions esté herities, *ab intestat* le sieur Iacolin & moy.

Toutefois, mon destin me reseruoit pour estre heritiere *in solidũ*, de la morisque de *Riofero* comme tu verras au quatriéme liure qui commence à monstrer le bout du nez: mais nous n'eusmes point de contestation ensemble Iacolin & moy sur ce sujet, car par male-fortune, la vieille ne mourut pas.

LE SECOVRS NVISIBLE.

Plaisante fourbe de Iustine, pour la guerison de son hostesse malade. Description des vtensiles d'vn ieune Barbier leuant boutique. Fait iouer au Barbier le personnage d'vn Medecin, auquel Iustine sert de truchement & d'Apotiquaire: La boufonne maniere dont ils traictent la malade.

LA premiere creature de ce bas monde, qui presta l'oreille aux fictions & mensonges, ce fut la femme: La premiere, qui y za detricherie, qui fit la Saltinbanque & la charlatane, publiant qu'elle auoit vne drogue certaine, contre la mort infaillible, ce fut la femme: La premiere, qui chercha des moyens aparents, pour persuader que contre vn danger ineuitable, il y auoit vn remede asseuré, ce fut la femme: La premiere, qui couertit l'homme, lequel estoit pere debonnaire, en vn parastre Tyran, & qui de mere des viuants, se fit ayeule de mourants ce fut la femme: Et enfin, la premiere qui falsifia le bien & la nature, ce fut la femme. Il me semble Lecteur que tu me demandes si ie continueray à te rompre la teste de mes moralitez: mais de grace, laisse moy vn peu viure en liberté; dés que ie commençeà mettre vn pied dans la tribune aux harangues, tu me ris au nez, tu me iettes des naueaux & des trongnons de choux, pour m'en faire deloger. I'vze de cét auant-propos, afin que personne ne s'effraye de nous voir pleines de feintes, de mensonges, de dissimulations; de nous voir dis-je composeuses de receptes & d'emplastres, & surtout trompeuses, & abuseuses, par ce que ce sont des heritages que nostre premiere mere nous a laissez dont nous iouissons, & que nous faisons valoir librement. Or ie cesse de sermonner (dequoy tu te deuois beaucoup plus emerueiller) pour suiure le fil de mes contes. Il me vint donc en pensée, de faire à croire à Madame Midroüille, que cét homme qu'elle auoit veu auec moy en entrant chez elle, & qui m'accompagnoit, estoit Medecin de nostre ville : Qu'entre autre chose, il estoit fort experimenté pour la guerison de tels maux que le sien. Ie suposois cela hardiment, faisant mon conte, que luy & moy pourrions bien composer vne recette pour vn mal si peu dangereux que cettuy la, & par ainsi faire vne miche au Medecin, deux à la bourse de nostre hostesse, trois au coffre dépositaire des jambons, & mile, à tout ce qui seroit trouué à propos. A cette fin, ie dépeche próptement Bondousle mon valet, pour aller chercher Iacolin, & luy dire qu'il se dépeschast de retourner au logis, pour vne affaire d'importance qui estoit suruenuë. Ce garçon part en mesme instant, en faisant la trompette de la bouche à guise d'vn cornet de postillon, c'estoit sa coustume ordinaire quád il auoit diligence à faire, il s'imaginoit qu'il en aloit plus viste. A peine eut il passé le seuil de la porte, qu'il rencontra Iacolin chargé de ventouzes & beaucoup plus d'ennuis, parce qu'en tournoyant & barguignant pour achetter vn singe mort pour faire vne amatonie, à ce qu'il disoit: car il entendoit le Grec comme le Latin, vne de ses ventouzes estoit tôbée sans faire aucun bond, & demeurée la toute en pieces. Et craignant le conte exact qu'il en deuoit rendre a sa femme à Mansille, laquelle il craignoit comme la foudre, se mit à pleurer en m'abordant: mais des larmes aussi épaisses que si elles eussent esté de gomme. Ie ne m'étonnay pas de le voir si affligé: car il auoit à faire à vn Diable (c'estoit bien pis que ceux de Sodome) vous sçauez me dit-il Madame Iustine, combien ma femme est redoutable, puis qu'on ne l'apelle point autrement à Mansille que Mor-t subite: ie vous laisse donc à penser, comment il sera possible que ie puisse paroistre deuant elle quand elle sera en colere; non ie vous protesté que j'aymerois mieux voir cent Diables déchainez. J'essayay de le consoler du mieux qu'il me fut possible : il n'est que trop facile luy dis-je de vous garantir du mal que vous craignez : vous auiez achetté huict ventouzes dites vous ? ouy Madame répont-il, & bien luy fis-je dites à vostre femme que vous n'en auez achetté que sept, & si elle vous demande conte de l'argent dites-luy que vous auez trouué des camarades du razoir auec qui il vous a falu faire colation, il fut aussi satisfait de ce subtil expedient, que ce Cornard, lequel tenant sa femme par la main, & la menant en vn coin où il luy vouloit couper le gozier, par ce qu'elle auoit accouché à quatre mois & demy, il suruint vn des amis de la Dame, qui luy dit, Monsieur 4. mois & demy de iour & 4. mois & demy de nuit sont ce pas neuf mois? ouy répond-il: & bien vostre femme est donc accouchée à terme: Il est vray; si vous le prenez par là ie le quitre repart le bon-homme, & là dessus, il iette le couteau disant à sa femme, le Diable me tuë; si ie te tuë dauantage.

Aprés cela, ie luy conte par chiffres la cassade que ie me proposois de donner à nostre hostesse: mais de déuiser auec luy par chiffres, c'estoit luy parler Arabe, tellement qu'il luy falut nommer toutes les choses par leur nom. Seigneur Iacolin luy dis-je, i'ay fait entendre à cette hostelliere que vous estes Medecin de nostre ville, tastez luy le pouls & sortez incontinant aprés sans dire mot, & ie vous diray ce qu'il faudra faire. Ie l'auois mis en credit en l'esprit de la Dame Midrouille, en luy disant, ou pour le moins

moins en luy mentant, qu'il auoit fait deux ou trois cures merueilleuses en noſtre païs, & que iamais homme qu'il euſt penſé n'eſtoit mort; & c'eſtoit vne verité auſſi claire que ſi elle euſt eſté fourbie auec de l'emery: car ie me ſuis touiours pleu à parler ainſi veritablement.

Il executa ce que ie luy dis au pié de la lettre, comme ie le pouſſois il aloit: & pourueu qu'il ne faluſt point parler dans les choſes que ie luy faiſois faire, tout reüciſſoit aſſez bien: mais depuis qu'il eſtoit beſoin de langager vn peu: tout eſtoit perdu. Il entre donc dans la chambre de l'hosteſſe qui eſtoit vn vray tect à pourceaux: & lors, comme Medecin gradué en mon école, il prend le pouls à la malade qui batoit auſſi ferme qu'vn maillet de moulin à foulon, à cauſe de l'inquietude & agitation où elle eſtoit.

Hh

il luy fait tirer la langue, luy taste l'estomac, le dos, la partie du foye; tantost il la faisoit mettre sur le ventre, tantost sur vn costé, & puis sur l'autre. Ie ne diray rien des diaboliques visions que nous eusmes en cette operation là: tant y a qu'à force de la faire remuer, de la découurir & la manier elle se morfondit encore dauantage, ce qui luy fit redoubler les gemissements & les desirs d'estre allegée par nos remedes. Toutes ces diligences faites, nous sortismes, le Docteur Moderne & moy, pour faire consultation sur la maladie & sur la cure. Ie puis dire auoir veu plusieurs consultations d'experts Medecins, apellez pour de grandes maladies, ausquelles ces Messieurs-là, ne discouroient pas si bien que nous de ce qu'ils auoient à faire. Le resultat de noſtre Conſultation fut qu'il luy ſeroit fait vn emplaſtre (ſuiuant mon ordonnance verbale) de tous les ingrediens que ie luy nommay : Et comme il eut pris intelligence de mon inuention, nous retournons trouuer l'hoſteſſe, & en aprochant d'elle, Iacolin prononça hautement ces mots : que l'on ne manque pas à ſuiure mon ordonnance de point en point : & moy ie luy répondis ; on n'a garde Monſieur on n'a garde : En diſant cela ie m'en viens vers l'hoſteſſe, & luy expliquay diſtinctement ce que ie n'auois dit qu'en confuzion à Iacolin. Ma mere, Le Docteur dit qu'il vous faut faire vn emplaſtre ſtomacoquir, qui doit eſtre maſſagoté de tels ingrediens : premierement il faut prendre du plus gras d'vn iãbon, s'entend la graiſſe qui eſt entre-lardée parmy le maigre,

Hh ij

mais qu'il ne sente point le vieux ny le rance, puis le fondre, & estant un peu chaud, en froter les tripes, c'est à dire le ventre, comme aussi, les ioües, les mantibules, & le gozier de peur que le mal ne se tourne en parasilie. Cela fait, on vous saupoudrera le corps auec du pain rapé; puis on prendra deux liures d'étoupe, que l'on d'étrempera dans la glaire de dix-sept ou dix-neuf œufs (car le Medecin dit que le nombre impair est misterieux en son mestier) sans que l'on y mesle un seul iaune, laquelle étoupade, on vous apliquera sur le brichet, & par dessus, on fera une confuzion de miel, *quantum satis, & fiat mixtio*, & qu'on vous couure fort pour vous faire suer. Mais ma mere, ie croy que vous n'entendez pas tout cela ? helas non, ma fille répond-elle Or bien, luy dis-je le principal est que vous auez bien ouy tous les materiaux necessaires, qui sont tous ceans à mon aduis ; cela estant, ie m'offre à mettre la main à la paste : Et sçachez m'en bon gré hardiment, car pour ma propre mere, ie ne le voudrois pas entreprendre ; & si ie ne me persuadois que vous estes large & liberale, & que vous pouuez reconnoistre ce bon office là, en autre chose, ie ne m'offrirois pas à vous le rendre. Midroüille, qui écoutoit attentifuement l'ordennance, craignoit au commencement qu'il n'y eust quelques drogues où il falut employer de l'argent ; mais voyant qu'il n'estoit point necessaire de mettre la main à la bourse : Mon Dieu ma fille, dit-elle, il est vray, vous trouuerez tout ce qu'il faut ceans pour la recepte, ie vous prie de me la faire ; & asseurez vous que ie recōnoistray bien vostre peine. Tenez ma grand-amye, voila la clef d'vn coffre où il y a tout ce que vous auez dit : Mais auparauant que d'y fueiller fermez bien la porte de la ruë, de peur que personne n'entre, vieille ruze, pour dire que nous ne luy prissions rien : mais à qui se iouoit elle ? Croyez luy dis-je que l'or ne vous fera pas tort d'vn cheueu, & que l'on ne fera rien que suiure le dicton de l'ordonnance.

Il faloit du feu : & comme nous autres femmes sommes naturellement faites à souffler aux oreilles, il m'estoit aisé de souffler au foyer : mais pour m'exanter de peine, ayant aperceu vne certaine cruche pleine d'huyle, ie trempay les tizons dedans, & auec l'aide de cinq ou six charbons embrazez, ie fis vn feu

Royal; ie coupay forces tranches de jambō, ie les friz auec deux douzaine d'œufs, & en faisaisant cette iolie aumelette, ie geignois comme si i'eusse eu beaucoup de peine, & l'hostesse qui m'entendoit croyoit que ce fust du mal que ie prenois à la seruir. La fricaßée faite, nous versames la graiße dans vne écuelle, parmy quelques blancs d'œufs, dequoy i'allay pèser la pauure malade; ie luy en frotay tout le ventre, depuis le dessous du nombril iusques au menton, de façon qu'il sembloit que son corps fust vn cuir de vache frais graißé: & du demeurant qui se trouua dans l'écuelle, ie luy en oignis le groüin au lieu de pomade outre cela, ie lui calfeutray tout le reste du cors auec force glaires d'œufs & du miel, & puis ie l'enuelopay toute d'étoupe. Enfin ie l'accoutray de telle sorte, qu'il n'y eut iamais nauire si bien poissé & goudronné: aprés cela, ie luy mets tout ce que ie trouuay de tapis & de couuertures sur le corps & sur le visage: & comme tout son mal procedoit de lassitude & de froid, elle reposa & dormit en suant comme vne ciuette, ou plustost comme vne truye.

Cependant, Iacolin, Bondouslle, & moy, alasmes dépescher la friture & soupasmes à gogo, il n'est sauce que d'apetit disoit Alexandre, quád on a faim le lard vaut des perdreaux. Quand nous eusmes nettoyé les plats, & trouué le fonds d'vn bouc de vin que Iacolin auoit achetté pour porter à Mansille, il me prit vn remords de conscience touchant la malade, ie l'allay voir & la découurant peu à peu, ie la trouuay à demy fole de contentement, me rendant plus de de graces que si i'eusse esté le mesme *Benedicamus*. Elle parloit tant, & me promettoit tant, que ie craignis que ses promesses ne se resolussent en paroles, & les paroles en air qui est leur principe & leur fin. Elle m'offrit la demeure perpetuelle de son logis si ie l'auois agreable, me donnant à entendre, que ie pourrois bien auec le temps & mes seruices esperer d'estre son heritiere, mais ie renonçay à la succession pour n'estre point obligée à demeurer auec cette porque, qui m'eust bien tost conuertie en punaise comme Onocrotole, laquelle pour auoir esté excessiuement sale & mal propre, les Poëtes feignirent que de femme elle auoit esté changée en punaize; & depuis, cette vermine-là tenant de la femme, cherche toujours compagnie de nuict, comme aussi pour essayer de recouurer son honneur, elle se fourre dans les hardes & les robes propres, afin que l'on pense qu'elle la soit. Il est bien vray que si ie fusse demeurée chez elle, pour beaucoup de repeuës semblables à celle que nous fismes Iacolin & moy, ie l'eusse tellement maigrie & amenuisée, elle & son bien, qu'il n'en fust pas resté dequoy emplir vne sauciere de graisse, ny payer vn teston au Notaire pour ç. façon d'vn testament ou codicille.

Ie sçay bien qu'il y aura quelque docteur Bachique ou Galenique, qui trouuera mon ordonnance blâmable, attendu que le vin ne fut point mentionné entre les ingrediens. Toutefois s'il entendoit mes raisons, il la trouueroit non pas seulement excusable, mais iudicieuse; car si i'y eusse insinué du vin, il y eust eu dáger de gaster tout le mystere : Midroüille voyant qu'il eust falu mettre la main à la bourse eust mieux aimé mourir que de guerir par vn medicament qui eust coûté de l'argent: D'ailleurs, qu'il ne faloit pas que le voisin eust connoissance de nos affaires: il n'y a point d'inuention qui reüssisse quand le secret passe deux personnes. Et pour le regard du vin que nous auions beu, & que Iacolin pensoit porter à sa féme pour auoir part en ses bónes graces, ie trouuay inuentió de le remplacer; car le pauure Barbier cómençoit déja à grater sa teste, songeant peut-estre que la Barbiere luy arracheroit la barbe à só retour. Seigneur Iacolin, luy dis-je, il n'est pas raisonnable que la vieille soit quitte du vin que nous auons beu, puisque ce fut en luy rendant seruice. A la verité, si i'eusse voulu de gré à gré tirer de l'hôtesse dequoy auoir du vin, ie croy qu'elle eust foüillé dans la gibeciere, mais ie ne le fis pas pour deux causes; la premiere, pour reseruer la bonne volonté à chose plus importante; & l'autre, que ce qui est acquis par adresse ou pour mieux dire par larecin, est plus sauoureux & plus estimable, d'autant que l'on n'y paruient que par dexterité d'esprit, & par vne subtile operation de l'entendement. Ie veux donc, que par quelque finesse nous tirions argent de Midroüille, pour détremper de nouueau la matiere qui commence à secher. Ie luy diray; Ma mere, puisque vous voila alegée de vos douleurs, il ne reste plus qu'à faire vne petite operation sur vostre personne de peur que vostre mal ne se tourne en parlisie ou en frenaisie; c'est qu'il vous faut apliquer deux ventouzes sur les ioües: à peine eusse io dit cela, & que la vieille y eut cósenty, que Iacolin tira promptement les ventouses: mais auparauant que de les planter sur le minois de la patiẽte, nous luy pinçasmes les ioües, luy tirâmes & tordîmes le nez, disant que tout cela estoit necessaire pour attirer les humeurs aux ioües, afin que la ventouze les dissipast, qu'il faloit qu'elle prist patience, & que c'estoit la constitution des choses du monde, que l'on ne pouuoit guerir vn mal que par le moyẽ d'vn autre mal. Et comme nous nous fusmes lassez les doigts à luy tenailler son malheureux groüin, nous luy apliquames les deux ventouzes, lesquelles prirent incontinent vne couleur de rouge de cramoisy, si belle, qu'elles faisoient honte aux plus fins rubis: elles attirerent & tirerent auec telle vehemence, que sa bouche se tiroit en reniant; ses yeux sembloient auoir esté foüetez &

écorchez, & ses oreilles s'alongerent comme celles d'vn liévre. En cét estat là, cette pauure beste excedoit l'obseruation des preceptes de Caton, car elle ne se taisoit pas seulement comme il le conseille, dans certaine petite epître, mais elle ne voyoit ny n'oyoit rien. Cependant, ie luy couuris la face auec le drap; d'autant que l'on ne sçauroit porter bon témoignage de ce que l'on ne void pas; & lors, auec deux petits doigts, ie mis la main dans la bourse de Iudas, qui estoit attachée à son cheuet au lieu de discipline, & tiray à ma discretion vn certain nombre de douzains, & tant qu'il en falut & pour remplir le bouc de Iacolin, & pour arrouser les tranches de iambon qui estoient dans le gardemanger de nostre ventre. Quand cela fut fait, i'euz conscience de laisser si long téps cette innocente dans la gehenne, ie l'alay découurir, & trouuay les ventouzes si saoules qu'elles luy auoient tout mangé le visage: car on ne luy en voyoit presque plus: Elle me faisoit souuenir, de ces mules de bagage de grands Seigneurs, qui portent des bossettes & des platines de cuyure à la carre.

I'ay pourtant esperance, de reparer quelque iour tous mes outrages, & satisfaire tous ceux qui se pourroient plaindre de mes goinfreries, afin que personne ne souhaite qu'il m'aduienne ce que l'on feint estre arriué à Eutropolus, qui estoit vn grand doneur de billeuezées, lequel pour reparation de ses fautes, fut conuerty en singe, pour seruir de ioüet aux enfans & souffrir leurs malices, & par ainsi estre chastié de la mesme maniere qu'il auoit offensé. Il n'est pas possible que telle Metaphormose arriue de ma personne, mes fautes la rendroient possible & que ie fusse guenon, ie me consolerois de me voir aller du pair auec plusieurs grandes Dames qui le sont & de mine & d'actions.

LA FOLE

LA FOLE ENTREPRISE.

Ce Barbier, se trouuant couché en la mesme chambre où estoit le lict de Iustine, prit fantaisie de faire l'operation d'vne saignée, dont elle s'aperceut: & parce qu'elle redoutoit sa lancette, elle trouue inuention de l'en empescher, à la derision de l'Operateur, qui s'en alla de honte, sans dire Adieu, & quitta la Iustine. Leur entre-veuë à Mansille, & les plaisans reproches qu'ils se font.

APrés tant de peines prises autour de l'infortunée Mirdrouille, & après que ie fus bien saoule, ie me trouuay fort lasse & pezante: & pour me donner quelque allegement, ie m'aduisay de ietter toute la mangeaille, ie veux di-

Ii

re, de me ietter moy & la mangeaille sur vn lict (c'est vne pharaze de parler de mon inuention) il faut que ie die icy vne verité: toutefois, i'en trafique si peu à vau-l'année, que ie n'en paye nule imposition; le Reccueur des tributs de la Menterie, gangne beaucoup plus auec moy que le Fermier de la Verité. C'est donc vne verité claire & brillante, que si le Barbier Iacolin eust esté d'vne autre humeur que celle dont ie le connoissois, ie n'eusse pas esté si hardie de coucher toute seule dans la mesme chambre où il estoit. L'homme seul auec la femme, est representé par vn noyer qui est contre vn iardin; la compagnie & l'ombre de l'arbre, mesme ses noix nuisent au iardin: Mais comme c'estoit vn Lourdaut melancolique, il me sembla qu'il ne sçauoit pas connoistre les indices de la bone-Fortune, & que quand il auroit quelques malices, qu'elles ne passoiét pas le cinquiéme peché: neátmoins, il n'y a guere de distance du cinquiéme au sixiéme, ils ne sont separez que de l'épesseur d'vn testó. Ie me couchay donc sur cette creace là, combien qu'en telle matiere il ne se faille fier à nul homme; ceux qui sont les plus cheuaux, sont bien souuent les plus sujets à cette morue. C'est pourquoy les Poëtes feignirent que plusieurs animaux, comme sont le Cigne, l'Aigle, la Cicoigne, l'Oye, l'Elephant & le Centaure, oserent bien s'attaquer aux Deesses celestes. Vn Philosophe d'entre cuir & chair, & qui ne penetroit pas au fonds de la science, disoit que la faculté de procréer est diuine & humaine; fort haute & fort basse: Diuine, en ce qu'elle tend tellement au bien general de toutes les creatures, qu'elle tasche à faire monter les bestes iusques aux nuées. Et comme l'operation de cette chose là, ne consiste pas en raisons niuelées & esquierées, ny en regle ou compas de paroles, i'ay veu par experience, que ces asnes là presument estre plus idoines en cette doctrine, que les plus doctes & les plus lettrus; Mais Dieu me garde d'vn asne debasté: car estant échapé & sans frein, il renuerse tout.

Estant donc endormie en vn profond sommeil, enuiron aprés la minuict, comme la digestion s'acheuoit, i'ouïs le cocq cocquereter assez prés de mon lict; ie m'éueille en mesme temps, que si i'eusse eu la pepie, il m'en eust mal pris. Le cas fut, que le Seigneur Iacolin vouloit entreprendre vne autre cure dans l'hostellerie, non pas sur la personne de l'hôtelliere: or deuine sur qui, Lecteur: sur toy, me répondras-tu; ma foy ouy, si ie n'eusse esté en assez bon estat pour coniurer ce Lutin. Moy qui reconus de quel pied il clochoit, & duquel il alloit droit, ie le preuins de ces paroles: Seigneur Iacolin, st st, n'oyez-vous rien? ne sçauez-vous pas? gardez; ne faites point de bruit; écoutez, écoutez: En mesme téps il demeure aussi coy que s'il eust esté enchanté & éperdument efrayé, à ce qu'il me cófessa depuis. Seigneur Iacolin, luy dis-je, faisant semblant d'ignorer son entreprise, vous ne sçauez peut-estre pas, qu'en peu de temps aprés que vous fustes couché, il arriua céas deux hostes, à qui ie seruis de seruáte, à la priere de nostre pauure hostesse malade, afin de luy aider à gaigner quelque chose; Ie fis leurs licts

& les accómoday du mieux qu'il me fut poſſible. Il y en a vn, qui eſt dans le lict voiſin de celuy de Midroüille, qui ſe dit eſtre mó proche parent; & aprés pluſieurs deuis, il m'a donné de fort bonnes enſeignes d'auoir connu ma mere : c'eſt pourquoy, ie vous coniure, ſi dauenture il vous void, de dire que vous eſtes mon couſin, & que vous auez nom Labruche, parce qu'il ſçait que i'ay des parents de ce nom là, & ſi nous n'vſions de ces artifice là, nous ſerions perdus vous & moy : il nous étrangleroit tous deux, s'il s'auoit que nous euſſions couché en meſme chambre, ne nous eſtans de rien. Il eſt furieux comme vn Roland. Marchez doucémét ie vous prie, de peur qu'il s'éueille; ſi vous vous eſtes leué pour chercher vn pot de chábre, il n'y en a point dans mon lict, ny auprés; il me ſemble que ie le vis hier au ſoir ſous la cheminée, cherchez-le bien vous en trouuerez là vn à faute d'autre. A ces paroles, il baiſſa la voile & le maſt de ſon nauire, & s'en retourne tout épouué té d'où il eſtoit party. Et bié Lecteur, la trouſſe fut-elle bonne? y manquoit-il quelque choſe? & puis tu diras que nous autres femes sómes mal habiles, ſans viuacité d'eſprit, & qu'en cette conſideration on ne nous adonne pas aux études des lettres; mais tu te trompe de plus de moytié de iuſte prix: Il faut croire, que ſi l'on ne nous enuoye aux études c'eſt parce qu'vne femme dans ſon lit en ſçait plus mile fois qu'vn Iuriſconſulte dans ſon Vniuerſité au milieu de toutes ſes Loix, ſes Codes, & ſes Digeſtes. Noſtre ſcience eſt toute naturelle; celle qui eſt d'aport & de chariage nous eſt ſuperfluë; il n'eſt pas beſoin que l'on occupe les femes à des études qui durét

I i iiij

plus de demye heure, autrement on nous excluroit des promptes & bónes inuentiós que nous produisons à tout moment. Les hommes inuētent à lent pas, & auec la plume & l'encre, & nous autres en volant & en l'air: tellement, qu'afin de conseruer les sciences soudaines, il n'est pas raisonnable de corrópre nostre naturel, pour nous occuper à celles qui requierēt le repos. Où est le Rhetoricien, où est le Mercure & l'Apolon, qui peust plus prontement remedier à vn peril si éuident & si prochain, comme celuy dont ie me garentis auec le charme de quatre paroles seulement? Crois donc desormais, Lecteur, qu'il y a des sophies, & qu'elles sont de sexe feminin.

Ce fantosme palpable, m'oyant dire qu'il y auoit des gens dans la maison, & vn mien parent qui estoit vn furibond ne me repondit pas vn seul mot; vn si grand tremblement le saisit qu'il fut plus d'vne-heure à retrouuer son lict, ie croyois que tout le reste de la nuict il seroit vacabond par la chambre, comme vn Cain par le monde se reconnoissant mal-faicteur: Il est vray, que le delit de Iacolin ne fut pas si grand: car il n'y eust pas de ság repandu. Cependant ie m'étoufois de rire sous la couuerture, de la cassade que i'auois donnée à ce cheual de renuoy. Peu de temps aprés, ie debusque du giste, ie me leue & m'habille, & si i'eusse trouué vne chemise de maille, ie me la fusse lacée sur le corps, tant ie craignois la corne de ce taureau. Non contente de cette diligence là, ie m'en vais trouuer la bonne Midroüille, sous pretexte d'auoir soin de sa santé, mais c'estoit seulement par ce qu'il me sembloit qu'vne femme ne pouuoit courre risque auprés d'elle. Tout ainsi que le Loriot ne connoist point la femelle estant dans le nid par ce qu'il est fort sale & infect; ainsi m'estoit-il aduis, qu'estant assize dans le nid du lict puant de cette gadoüarde, mon honneur estoit en asile. Et puis, ie m'asseure que quand il eust esté si furibond que de m'aprocher en ce lieu là, l'hostesse qui m'aimoit dé-ja comme ses petis boyaux, & nouuellement obligée de ce que ie l'allois voir, m'eust vangée de son éfronterie : elle eust plustost arraché son emplastre imbuë de graisse & de glaires d'œufs, & luy en eust froté les moustaches.

Le iour venu Iacolin se leue, & comme il vid que i'estois toute habillée & en barriere auprés de Midroüille, qu'il n'y auoit point d'hostes dans le logis, que tout y estoit en aussi grand silence qu'en vn desert, il se mit à admirer sa simplicité & ma subtilité; & dans cét étonnement, il commença à leuer les mains en batant l'air: & en cette posture, il ressembloit à vn chat qui est à la chasse des moineaux sur la pointe d'vn toict, & pensant agriffer la proye, se laisse tomber par terre, pour auoir porté dans l'air les pates dont il s'apuyoit. Cettuy-cy, ne pouuoit pas choir de haut, par ce qu'il estoit toujours sur son asne sans craindre d'en tomber iamais. Il fut extremement honteux, de ce que son dessein auoit esté découuert auec si peu d'heureux succez pour luy; il en voulut faire des excuses, mais sa confusion & sa honte augmenterent de telle sorte, qu'il se delibera de s'en alla sans dire mot, & l'executa. Ie ne trouuay pas étrage qu'il fust party d'auec moy sans me dire adieu, puis qu'il n'y auoit pas d'aparence que m'ayant voulu donner au Diable, il eust intention de me laisser à Dieu: mais, de ne pas payer l'hosteliere, d'vn Madame io demeure vostre seruiteur, cela me fascha, il est vray, qu'il presumoit qu'elle luy fust assez redeuable luy ayant seruy de Medecin.

Pour faire le comble & la bonne mesure de ses mal-heurs, & donner commencement à ses pleurs, il oublia sur le cheuet de l'hostesse 4. de ses ventouzes, & vne bande de ruban de soye renforcé qu'il me dit que sa femme luy auoit commandé d'achetter, pour saigner les Demoiselles doüillettes du païs, quand le cas y écheroit, dequoy il fut aspremēt tancé d'elle: Ie croy qu'il lassa tout cela, pour fuyr plus viste & s'oster de ma presence, tant il estoit saisi de honte. On peut voir par là, que ceux qui peignirent la honte auec des ailes, auoient bonne raison; veu qu'vn honteux qui s'enfuit ne marche pas, il vole.

Encore faut-il que par anticipation, ie te recite Lecteur, les propos que nous eusmes ensemble à nostre entre-veüe à Mansille, depuis cette action là. Il auoit toujours éuité les occasions de se trouuer où i'estois; mais à la fin, il fut aculé & contraint de me voir chez moy : Ie l'enuoyay querir pour saigner vn hoste qui y estoit, & qu'il connoissoit auoir de meilleur sang dans la bourse que dans la veine. Estant venu, ie ne voulus pas me presenter à luy qu'il n'eust fait son operation, de peur de luy faire trébler la main; imitant en cela cét Empereur, qui voyant vn Barbier timide de la presence de sa Maiesté, luy prit la main, se pourmena auec luy, & l'asseura auparauant que de luy donner le bras. Ayant donc fait les deux saignées, celle du sang & celle de l'argent, ainsi qu'il alloit esquiuer, ie fus à son rencontre. Ha, Dieu vous gard Seigneur Iacolin, luy dis-je, voila comment il faut faire; c'est en plein iour qu'il faut saigner, & non pas à ces heures induës que vous sçauez: car quand cela se fait aueuglettes & à tastons, il y a danger que l'on ne prenne vne veine pour l'autre. Et venez-çà Messer Bouquin, comment auez vous esté si hardy de venir en mon logis, sçachant que par tout où ie suis il y naist des Rolands du soir au matin, dont le seul nom fait peur aux insolents? Ie luy dis plusieurs autres choses sur ce sujet, qui eussent esté receües pour bonnes railleries, si elles eussent esté dites à quelque esprit gentil ; mais vn bon mot aux oreilles d'vn sot, c'est sonner vn cor en vn lieu où il n'y a point d'Eco. Neantmoins, si iamais il fut moins sot, ce fut à cette heure là, car il me repartit en ces termes : Mais à propos, Madame Iustine, d'où venoit ce caprice là, qui vous prit, de dire qu'il estoit arriué des hostes chez l'hostelliere Midroüille ? les visions que l'on a, aprés auoir beaucoup mangé & encore plus beu, sont fort suspectes : Mon amy luy répondis-je afin d'en conjurer vne, ie dis qu'il y en auoit deux. va va, passe ton chemin, i'en sçay à toy & à ta race ne m'attaque pas sur mon paillier ; vne femme comme moy dans vne hoſtellerie, eſt comme vn Anteon ſur ſa mere la Terre; nul ne luy pouuoit mal faire ny en railleries ny en verité, & ſi il en faiſoit à tous. Aprends donc deſormais, quand le Demon te troublera la ceruelle de telles tentations, de t'adreſſer à des niaizes ou à des Goujates, & non pas à de telles madrées que moy, qui ay mangé pluſieurs guines, & tiré les noyaux aux yeux de gens bien mieux faits que toy, & qui auoient la mouſtache bien mieux ajuſtée, quoy qu'il ne fuſſent pas barbiers comme toy, à qui ie romprois la teſte au lieu de creuer les yeux.

L'HO-

L'HOSTELLIERE, ES-
crocquée.

Iustine se raille de ces coustumes de quelques villes, où vn homme va raudant la nuit par les ruës, vne clochette en la main, pour éueiller ceux qui dorment. Impertinentes raisons de l'hostelliere pour loüer la suffizance du Barbier Medecin qui l'auoit guerie. Iustine l'induit à reconnoistre l'assistance qu'elle en a receu, & s'approprie le present de l'hostellier, outre ce qu'elle tire pour recompense de ses seruices.

C'Estoit alors vne coustume en la ville de Leon, ie ne sçay si on l'aura point retranchée auec les dix iours, que sur les quatre heures du matin, le Clerc d'vne certaine confrerie aloit par la ville, & s'arreſtant à tous les coins des ruës, reueilloit tout le monde auec vne clochette qu'il ſonnoit, & criant à gueulebée, vous recommanderez à Dieu les ames de tels & telles & par là dedans enfiloit vne longue litannie de trepaſſez: Et combien qu'il fiſt force bruit, il ne m'eueilla point, parce que ie ne m'eſtois pas endormie i'auois conté toutes les heures de la nuit. Là deſſus, ie me leue à mon ſeant, pour écouter attentifuement ce cry qui m'épouuentoit, penſant que ce fuſt quelque perſonne de l'autre monde, ce qui me tint longuement en peine, mais Midroüille m'expliqua l'Enigme: elle me conta deuotement l'inſtitution de la confrerie, laquelle ie ne trouuois pas fondée ſur des bazes trop raiſonnables.

C'est pourquoy, i'eusse esté d'aduis qu'on eust aboly cette coustume éfroyable, qui ne sert qu'à troubler le repos public : car quiconque est surpris & éueillé en sursaut par vne telle aubade, s'imagine d'abord que ce soit vn alarme ou bien vn chariuary de Lutins. Quand cettuy-cy fut passé, ie sors du lit & m'en vais trouuer ma grosse éfondrée d'hostesse pour prendre congé d'elle : aprés le bon iour, donné de part & d'autre elle me demande que faisoit le Docteur qui tenoit si peu de conte d'elle : Il s'en est alé luy dis-je, contraint de partir hastiuement pour des affaires de tres grande importáce, tant à cause qu'il a beaucoup de cures à Mansille, qu'aussi pour auoir entrepris en cette ville de Leon, vne saignée sur vne personne en pleine santé, laquelle n'a pas succedé selon son intention & craignant qu'on ne le denonce, il est escampé. Ie diray toutefois, que ce ne fut pas sa faute; cette personne sur laquelle il voulut faire son operatiō, fut cause de son inquietude, & de vray, ie m'étonne comme il ne la laissa pas toute baignée de son sang, tant elle estoit negligente & endormie. Ie presume bien dit Midroüille, que le manquement ne vient pas du Docteur, on peut aisément iuger à sa mine qu'il est homme sage & fort aduisé, ie l'ay experimenté en moy mesme, iamais personne ne m'a fait tant de bien que luy, ny Medecin guery auec tant d'adresse. O l'honneste homme! on le voyoit bien au peu de discours qu'il auoit: il ne me dit iamais vn seul mot. Ie te prie cher Auditeur de mes contes de m'ecouter vn peu, &

iuger si i'ay quelque sentiment de raison, en vne chose que ie te vay dire: elle te semblera peut-estre hors de propos: mais il n'y a remede, tu le pense ainsi & moy autrement, chacun abonde en son sens: sçaches donc qu'il n'y a rien qui me fasche dauantage que de voir que la pluspart du monde, loüe & estime des hommes qui sont excessiuement lourdauts & ignorants, sans autre fondement ny raison, que par ce qu'ils ne parlent point ou qu'ils ne disent aucunes paroles de gaillardise d'esprit. Vn tel est fort sage disent-ils & grandement discret: & pourquoy? parce qu'il est muet. O la grande folie! ô le beau iugemét de reputer vn homme habile & prudent parce qu'il ne dit mot. Et les pauures gens ne consideret pas, que le plus souuent le silence est le voile de l'ignorace. Dieu leur soit en aide, & le Diable y ait part, comme disoit vn fous courant les rues. Si ces hommes là ne sçauent pas parler, quelles loüanges meritent ils à se taire? quelle Vniuersité donna iamais les degrez de Doctorat aux muets? quelle vertu y a t'il où la contrainte maitrise? Quelque Bigote dira, ma fille, ne prenez vous point garde à la modestie d'vne telle? il n'y a rien de si retenu qu'elle, vous diriez que c'est vne Image, elle ne fait point la rieuse ny la plaisante comme il y en a. Et vien ça vreille Dagorne, diray-je là dessus, y a t'il rien plus aisé à ne pas faire que l'impossible? pourquoy donc loüe tu vne impuissance? quels propos veux tu que tiene vne beste qui n'oseroit se mettre à l'essor, n'ayant point d'ailes pour voler? quelles graces & gentillesses d'esprit, trouues tu en vne perfonne qui est née en la disgrace des Deesses qui sont les meres des graces? quelle gayeté veux tu qu'il y ait en vne stupide qui ne sçait que c'est des choses serieuses ny des facetieuses? Il est vray, qu'il y a des sots muets possedant des dignitez, qui mettent volontiers en credit ceux qui leur ressemblent, comme leurs enfans, parents & autres, afin de qualifier, releuer, & perpetuer leur race & auoir des successeurs à leurs offices qui ne soient pas plus habiles gens qu'eux : Mais le pis de tout, c'est qu'il se trouue aussi des hommes de merites qui fauorisent souuent des sots muets, partie parce qu'ils en ont besoin afin de paroistre dauātage auprés d'eux, comme la rose entre les chardons, & partie parce qu'ils presument que telles gens, comme ils ne parlent point,

Kk iiij

ne découuriront iamais leurs erreurs, car il n'y a si habile homme qui ne faille; ils se fient en eux, par ce qu'ils croyent que le secret ne sortira iamais de leur bouche: mais ils se trompent, ces ignorants là demy muets comme ils ne sçauent pas vzer d'vn langage bien digeré, s'ils comencent vne fois à ouurir la bouche, ils disent crûment toutes les veritez qu'ils sçauent à tors & a trauers & choquent tout ce qui se trouue à leur passage.

Ie ne loue pas le parler excessif; ie sçay bien que les grands babilleurs sont fascheux importuns, & causes de mile maux que ie ne puis exprimer: mais ce que ie blame, c'est de voir estimer certaines gens par ce qu'ils ne font point ce qu'ils ne peuuent faire, & pour se sçauoir faire quand ils ne sçauét pas parler. Si quelqu'vn garde le silence quand il n'est pas conuenable de parler, ie l'estime iudicieux; mais que l'on attribuë cét honeur à vn imbecile, qui se taist pour ne sçauoir que dire, c'est vne sottize, & ie la declare telle de mon authorité. Ie ne me veux pas amuzer à profiter dauantage, de peur qu'on ne m'appelle Narquoise Spirituelle, & que l'on ne die que ie vais en vn instant du tréteau de la table a la chaire d'Orateur. La doctrine est vn feu couuert qui ne se peut long temps celer, aussi ne me suis-ie sceu tenir de moralizer vn petit morceau sur le sujet de l'hostelliere qui loüoit Iacolin, non seulement de grand Medecin, mais d'homme plein de sapience & de probité, parce seulement qu'il parloit peu. Que l'on m'ajuste vn peu ces poids cy. Est-ce vne partie necessaire à former vn bon Medecin que de parler peu ? au contraire, ie trouue qu'il est necessaire que les Charlatans parlent beaucoup, c'est ce qui fait debiter la drogue, témoin mon procedé enuers Midroüille: car si i'eusse esté muette, qui luy eust enseigné le moyen de composer le medicamét de sa guerison?

Il me fasche, dit-elle, que le Docteur s'en soit allé sans me rien dire: car ie luy voulois faire vne honneste reconnoissance de sa peine. Moy, qui sçauois bien que l'absence augmente les faueurs des paroles, & diminuë celles des effets (à cause de quoy on l'a dépeint, ayāt la langue hors de la bouche & les mains coupées) ie voulus preuenir ces incóueniens là, ie la pris au pied leué: Helas Madame Midroüille, luy respondis-ie, si vous auez tant d'enuie de faire du bié au Docteur

mon cousin, & que vous preniez
plaisir à m'obliger, ie vous prie que
son absence ne luy fasse point de
tort; mettez librement entre mes
mains, tout ce que vous auriez intention de luy donner, quoy que ce
soit, il luy sera fidellement rendu;
quand ce seroit de la chair, mesme
quelque poisson, rien ne se gastera:
car il espere partir au fraiz de la ma-
tinée. La Martine fut vn peu étourdie à ce langage là: ie la veis toute
interdite, & comme dans vn repe-
tir d'auoir laissé sortir cét offre de
sa gueule, mais come elle l'auoit fait
auec tât de vehemêce, & moy l'ayât
encore fortifiée, & prise de voler sâs
attêdre le bôd. Elle n'eut pas moyê
de la faire étendre dedâs son ventre, de
sorte qu'elle me dit assez molemêt,
hé bié ma fille, que vous semble-t'il
à propos que ie luy doiue enuoyer
qui luy soit agreable: il me prit enuie
de lui repartir; cómet ma mere est-ce

LA NARQVOISE

à l'honneste présent que vous luy auez préparé, on est fort mal disposé à donner, quand on demande ce que l'on donnera. Mais il ne me sembla pas à propos d'vzer de ces termes. Et pour l'animer à quelque genérosité de courage, ie trouuay qu'il valoit mieux la flater que la gourmander. Ma mere luy dis-ie *En vne maison bien fournie la table est bien tost garnie.* Vostre maison est si pleine de biens, que la moindre chose est digne d'estre offerte à vn Prince & à vne Princesse, à plus forte raison, pourroit-elle estre donnée à mon cousin le Docteur. Mais puisque vous vous en rapportez à moy, il me semble que ce pot de miel qui est dans vostre armoire, seroit vn present qu'il cheriroit merueilleusement, & ie me chargeray bien de le luy mettre entre les mains, sans qu'il coûte risque d'estre cassé, pourueu que vous me le liuriez plein comme il est, autrement le miel s'agiteroit & se battroit en allant, outre qu'il diminueroit beaucoup de saueur & de bonté; mesme, ie serois en danger d'en perdre la moitié par les chemins, quelque soin que ie pusse aporter à le cóseruer. Cét aduis, seruit de resolution à la proposition, & là dessus, elle me donna ce pot plein de miel, toutefois auec vn peu de creue-cœur; & sans doute, si le pot eust esté assez grand pour la cótenir auec le miel, elle se fust mise dedans, tant elle auoit regret de l'abandonner. Comme elle me le deliuroit, elle ne faisoit autre chose que de leuer le couuercle & le regarder, comme si elle m'eust demádé attestation iuridique dont elle m'eust fait dépositaire. Elle eut souuentefois enuie, de me demander permission d'alleger le pot de quelques liures, cóme par forme de tribut, mais i'auois déja esté au deuant du coup en luy dónant à entendre, que si le miel baloquoit dãs le pot, il se gasteroit & s'épandroit.

Quand ie me vis saisie du pot, ie voulus aussi faire ma queste. Madame, luy dis-ie, mó cousin est biéheureux au prix de moy: Le pais de Cocaigne, d'où décou le le miel & le lait ne fut iamais découuert que pour luy; & pour moy, les rochers ne distileroient pas seulemét vne goutte d'eau. Vous sçauez bien ce que ie veux dire: là là ma Reine, évertuezvous, & i'auray memoire de vostre personne en mes petites oraisós. Alors, la bonne Midroüille ayant le cœur touché de mes semóces, me dóna vn quartier de lard qui étoit sous le cheuet de son lit vn colier, vn rozaire de iayet à grains canelez fort bien faits, & d'vn iayet aussi fin que

moy, qui pl9 est, elle me dôna la clef
d'vn vieux bahut pour luy auçindre
ces babioles là, qui estoiét dâs vn petit coffret fait de figures de cartes à
iouër; & moy, en reconoissâce de ce
qu'elle s'estoit si libremét confiée en
moy ie ne lui dérobay qu'vn miroir
que ie trouuay dâs ce bahut: ce fut v-
ne faueur que ie lui fis afin que iamais
elle ne vist sô maudit visage, & que
cette visiô là ne la fit perdre côme
vne harpie. Et pour le regard du pa-
yemét du logis & de l'alimét fourny
à mô asnesse, on n'en fit nule métiô:
car lors que la bône fortune suit vn
pescheur, to9 les caillous d'vne riuiere se côuertissent en truites. En effet
quand vn auaricieux se met à dôner
c'est vn Alexâdre en liberalité: & ie
trouue par mon calcul, qu'vn auaricieux dône autât qu'vn liberal, il n'y
a point de diference, sinon que l'a-
uare donne tout d'vn coup, & l'autre à plusieurs fois. I'ay ouy racôter

de Seneque, qu'en matiere de donnations volontaires, il faisoit cas de celles d'vn auaricieux viuant & du testament d'vn liberal mourant. Ie pourrois bien aproprier à ce discours plusieurs Hierogliphes, mais ie n'en veux pas dire dauátage, afin de sortir d'auec cette hostelliere de pestilence: Ie te diray seulement, Lecteur, que i'estime l'auoir assez bien satisfaite de sa liberalité, en soufrant qu'elle m'embrassast pour me dire adieu; ou plutost qu'elle m'empoisonnast de son odeur infecte, tant de son haleine, que des onctions que ie luy auois fait faire pour guerir sa colique; pour moy, ie ne l'embrassay qu'à demy, combien que i'y misse les deux bras: car elle estoit si grosse qu'il eust bien falu le cercle d'vne grande cuue pour l'enuironner toute.

L'OFFENSE

LIVRE QVATRIES.

L'OFFENSE RANGREGEE'

Iustine, retournant de Leon à Manſille, trouue le ieune Aduocat, qui par ſa malice auoit eſté indignement traité de l'Hôtelliere, l'attendant auec intention de l'affronter & ſe vanger d'elle, ſe trouue à la fin ſi confus, par les diſcours artificieux de Iuſtine, qu'il eſt contraint de la requerir de paix, & meſme de l'achetter d'elle. Neantmoins, elle ne laiſſe pas de le ſcandalizer en arriuant à Manſille.

N fin aprés auoir bien déjeuné, ie pris congé de ma belle Hôteſſe, & ſortis de ſon logis auec la meſme viteſ-

se, que l'impetueux tourbillon de vent s'échape des cauernes d'Eole, quand il luy donne la liberté. Et combien qu'il me falluſt paſſer paſſer pardeuant ma premiere hoſtellerie, cela ne me fit nule peine, l'Hôteſſe, comme ie croy, auoit eu recours de garentie ſur la friperie du Bachellier. Mon aſneſſe eſtoit fort chargée; elle ne deuoit pas auoir peur que le vent l'enleuaſt pour la transformer en aſnicule, comme la Canicule, d'autát que mon valet & moy, auions remply mes valizes de plus de diferentes eſpeces de beſtiaux, qu'il n'y en auoit dans l'Arche de Noé. Le compagnon, connoiſſoit l'humeur & la vie de ſa maiſtreſſe; il faiſoit auſſi ſes traits d'Eſpiegle de ſon chef, & ſelon ſa capacité: car d'vne mauuaiſe paye on en tire ce que l'on peut. Il s'acómodoit fort ioliment au meſtier: il estoit curieux de prendre garde aux tours de souplesse que ie faisois aux esprits innocens, & s'eforçoit de les imiter au moins mal qui luy estoit possible. Certes, ie puis dire qu'il m'est grãdemẽt rẽdeuable en quelque part qu'il soit; il seroit fort ingrat s'il ne le reconnoissoit: car de beste qu'il estoit, ie le fis homme.

Ie sortis donc de la ville de Leon, par le mesme lieu où i'y estois entrée: & combien que i'aye cy-deuãt fait des railleries sur les entrées de cette là, les sorties pourtant, m'en semblerent tres-agreables. Et en effect elles le sont principalement quand on fait vœu de n'y retourner iamais, ainsi que d'vne grande faute, dont on se seroit confessé, comme ie fis fort solemnellement, en mettant le pied hors de la porte.

Nous aliõs chantãs mõ Lazarille

& moy, car le chant allege l'ennuy diminuë la lassitude du chemin Mon asnesse s'en voulut mesler aussi; elle hannit sa petite part, afin de composer vn trio, & vnir son harmonie à la nostre. Ie ne me vanteray point icy de l'adresse que i'auois à bien chanter, de peur de donner matiere de parler à ces esprits detracteurs, qui tiennent que c'est vn art fort suspect à vne femme qui veut faire profession de chasteté: autant a-elle de capacité en cet exercice là, disent-ils, autant a-elle d'ignorance en celuy de la vertu: c'est vn apeau de galants. Ie te diray seulement, Lecteur, que ie recitay force chansonnettes des plus gallardes que ie sceusse, dequoy ie me rauissois moy mesme. La cornemuse estoit pleine, il ne faut pas douter que la musique ne fust bonne, car de la panse vient la danse.

En ce passe-temps là, mon asnesse aloit le vent en poupe iusques à son arriuée au port de Mansille, car à l'instant qu'elle aperceut la ville, elle donna du nez en terre; Mais cette noble beste se leua incontinant plus superbe qu'auparauant; de façon qu'en la considerant cette pensee me vint en l'esprit, que comme cette asnesse estoit citoyenne de Mansille, ayant recognu sa patrie, elle voulut imiter Iule Cezar, qui dit en tombant; *ie te tiens Afrique, tu ne m'echaperas pas.* Toutes ces belles imaginations m'entretenoient l'esprit, & pleine de satisfaction, ie m'en allois gayement prendre port en ma chere patrie de Mansille, mais comme il n'y a point de contentement qui ne soit tousiours meslé de quelque déplaisir i'auois vn peu d'aprehension de mon Bachellier Lambruche, ie craignois de le rencõtrer sur le chemin, fust pour se reposer ou à dessein de me quereller. Et comme vn cœur fidelle ne trompe iamais, la chose aduint ainsi que ie l'auois pésée. En détournant vn coin de rocher, ie rencontray le personnage fort pensif & melancolique assis sur vne pierre le coude sur le genoüil & le visage apuyé sur la paume de la main: car sans doute la colere adusté & recuite de m'attendre si long temps, s'estoit conuertie en melancolie. Mais comme c'est chose naturelle, que la presence d'vn homicide r'anime le sang gelé, & fait mouuoir les entrailles d'autour le cœur, le voila en vn instant saisi d'vne extréme inquietude, & comme si c'eust esté vne ruche de mouches à miel iritées, auec cette mesme furie accompagnée d'vn bourdonnement de paroles commencées & non acheuées, remplissoit l'air de plaintes & mon cœur de terreur: toute la peur que i'auois, estoit qu'il ne prist quelque dragée de torrent, ou quelque brioche de S. Estienne, qu'on appelle en vulgaire vn caillou. Cette crainte là m'obligeoit à tenir toujours les yeux sur lui, sur ses mains & ses poches, presumát qu'il auroit fait vn magazin de telles munitions: du reste, ie n'en estois pas en peine, c'estoit vne poule en cas de combat. S'il eust esté vn Dauid ie ne l'eusse pas redouté: car les Dauids ne iettent des pierres qu'aux Geans, & non pas aux Dames; s'il eust esté vn Adam encore que i'eusse peché plus qu'Eue, ie ne l'eusse pas craint ; Adam ne lapida ny ne querela pas seulement Eue, pour le mal qu'elle luy fit. Si i'eusse leu le chapitre du liure du duel, cóposé par D. Oliua, qui traite de la vengeance que les hómes peuuét prédre des femmes qui les offensent, ie n'eusse rien aprehendé puisqu'il est dit là, que c'est assez de vengeance contre elles, que de leur prendre vn gand, mais ie ne sçauois rien de tous ces aduertissements là: Ie me confiois seulement de ce que ie m'estois deffenduë contre vn escadron d'Egyptiens. Si bien que ma chetiue chaloupe, se hazarda d'aborder son puissant brigantin bien calfeutré, goudronné, & emmielé, non auec peu de peine pour me garder de rire, à cause de la plaisante imagination que i'auois de ce qui luy seroit aduenu. Il estoit fort grand hableur de son naturel, & pour ne perdre sa coutume, il se voulut vager, non auec des pierres, mais en chargeant la fonde de sa langue, de ces cruës & non digerées raisons.

Est-il possible méchante que tu es, est-il possible que tu ayes esté si dépravée, que de mesler mon honneur dans la vilainie que tu as faite chez ton hostesse? serpent, qui m'a fait traisner & ramper sur le ventre par dessous les lits des chambres, m'emplissant d'ordures? Te souuient il point de ce que nous ouïsmes ensemble en vn sermon, que la fiente d'vne hirondelle fut cause de mil regrets & fascheries en la maison d'vn S. personnage, duquel ie ne sçay plus le nom? & donc, pourquoy m'as tu voulu couurir d'inmondicité, sans auoir nule pitié de moy? y auoit il pas d'autres ieux de meilleure odeur? sans doute, tu fus engendrée de quelque fouille-merde sous vne bouzee de vache, ou bien, tu nâquis comme les vers qui s'engendrent dans les priuez. Bref, Lecteur ie ne te puis raconter la centiéme partie de ce qu'il me dit, le Calepin, ne peut pas contenir toutes les injures dont il m'accabla. Quoy qu'il essayast de m'obliger à m'arrester pensant tirer quelque satisfactió de moy, ie ne perdis point de temps pour cela, mon asnesse ne laissoit pas de marcher, & feignant de parler à elle, ie laissois tousiours aller quelque terme d'asnier, qui s'adressoit à luy plutost qu'à ma beste, sans qu'il s'en aperceut, à la fin me voyant trop importunee ie luy chantay ces paroles par vne espece de mépris.

Amy, donne moy par escrit
le discours de ton bel esprit
I'ay besoin de son elegance,
En vne affaire d'importance.

Ce qui augmenta grandement sa colere, par ce que ces vers là se prenoient en mauuaise part à Mansille, quand vne femme les disoit à ceux qui les vouloient cageoler;

tellement que la fureur le transporporta si fort qu'il cōmença à clorre les poings faisant mine de me vouloir gourmer, moy voyant ceste action, au lieu de reculer, ie donne vne coup d'eperon à mon asnesse & la pousse sur luy pour le renuerser par terre & la luy faire passer sur le ventre, mais la beste ne conceut pas mon intétion quoy que ie la talonnasse viuement, ou si elle la cognut, elle ne la voulut pas executer à cause de l'affinité & parenté qui estoit entre elle & Iacolin voyant cela, il me prit enuie de le faire accabler par mon valet d'vne gresle de cailloux, mais ie me retins, car Bondoufle estoit si determiné, qu'au moindre clin d'œil que ie luy eusse fait, il eust incontinát émaillé l'or de son miel auec le sāg des veines de son visage De sorte, que ie voulus moy mesme lui mōtrer le peu de cas que ie faisois de sa persone: ie mets pied a terre, & comme vn loup gris ou vert, feignât d'estre vne Once ou plutost vn Marc, ie prés le baston que mô valet portoit, & faisant vne mine de furie infernale, ie vas à luy le bras leué pour luy en decharger sur les oreilles, mais comme il me vid en cette posture, il se recule & se met hors de la portee de mon estocade. Nous demeurasmes là quelque temps, plantez fixemét l'vn deuant l'autre, comme deux statues, de ces sauuages que l'on met à costé des armoiries, auec des gestes differents; luy ayant vne dague en vne main, qu'il tenoit haute, & en l'autre vne pierre, & moy auec le baston qui me seruoit d'epée que ie tenois prest à donner vn bon chinfreneau & apres nous estre ainsi monstré les dents durant vne assez bonne espace de temps, comme deux chiens qui se redoutent, nous nous contentafmes de cela, & toute nostre fureur & nos menaces se passerent en grimaces, il me demanda la vie, & ie luy rendis les armes, nostre colere se refroidit, & nous parlementasmes ensemble. Comment, Madame Iustine, me dit-il vous vous estes biõ alarmee de peu de chose, ie vous trouue fort aisé à espouueter, ne sçauez vous pas que le premier mouuement du courous ne depend pas de nous: & puis il est permis à vn homme iustement offensé, de chercher quelque satisfaction. Dite moy ie vous prie, si vous trouuez qu'il soit raisonnable d'affronter ainsi vostre sang, dehonnir vos parens, & de mettre vne mauuaise odeur en ma personne & en ma reputation; est-ce ainsi que vous me recompensez, de vous auoir accompagnee & seruie d'escorte comme vn Roland par tous vos pellerinages. Est il possible qu'vne fille comme vous d'assez bonne aparence, ait esté si d'ébordée, si sale & si vilaine, que d'éplir d'ordure vn pánier tout neuf & enjoliué comme estoit cettuy-là? & en outre, exposer ma vie à mile dangers pour soustenir vostre honneur & vostre pureté ou pour mieux dire, excuser vostre impudéte friponerie.

Ie sçauois bien que d'attendre vne fin à ses impertinences c'estoit chercher le fóds de la mer auec vne sonde de courge ou de calebace seche, ie luy voulus donc rompre le dé, craignant qu'il ne me donnast nouuelle occasion de me mettre en fougue. C'est assez c'est assez, monsieur le gadoüart luy dis-je, monsieur le honny en sa personne & en sa renommée; si vous auez fait la beste qu'é puis-je mais; si vous vous fussiez conduit cóme ie vous l'auois dit nous n'aurions pas maintenant sujet de quereller ensemble, vous auois-je pas dit que vous alassiez droit au lict où i'auois couché, que ne le fistes vous? si vous vous estes tropé & que vous ayez esté au toict de quelque pourceau cóme vous, c'est bié employé qu'il vous ait payé de vostre asnerie. Ie m'offenserois quasi de ce que vous m'imputez vne telle saleté, si ce n'estoit que i'ay pitié de vostre innocence. Voila le fait dont est questió (luy dis-je en luy monstrant le miel que m'auoit dóné Midroüille) i'auois porté le pannier que ie vous auois dit, plein de rayons de miel, pour en faire present au Procureur qui agit en mon procés de Leon, lequel le refuza honnestement (comme ie le luy offris) d'autant qu'il manie mes affaires *gratis*: & pour ne point gaster mes valizes en le r'emportant, i'ay mis le miel dedás ce pot vernissé que voila? regardez le bien & aduoüez quant

& quant voſtre faute & ma naïfueté. Vous penſez peut eſtre pour faire le faſché, vous exāter de me rembourſer de ce qu'il m'a couté, pour dédommager l'hôteſſe du deſordre que vous auez fait chez elle, faute de m'auoir creüe: i'en ay bien cuydé payer la folle enchere; il ne s'en eſt rien falu que mon miel n'ait eſté perdu; l'hôteſſe l'auoit deſia écarté de la voye, ſe perſuadant qu'il luy deuſt demeurer: mais, par le moyen d'vne ſeruante à qui ie donnay vne reale de cinq ſols ie decouuris où il eſtoit, il eſt vray qu'il s'en faloit vne bonne écuellée qu'on auoit priſe pour ſe vanger ſur moy du tort que vous auiez, outre qu'ils m'ont retenu le pannier où il eſtoit, ſi bien que i'ay eſté contrainte ſur nouueaux fraiz d'acheter ce pot pour le mettre. En diſant cela ie luy prends ſon chapeau deſſus la teſte pour gage

de ce

de ce que ie pretendois qu'il me deuft: Luy tout confus d'vne aparence de verité si éuidente, ne sceut faire autre chose que plier les épaules, & se reputer tres-malheureux, craignant que si ie m'échaufois, il ne tombaft en vne nouuelle dispute contre vne Hôtelliere qui euft peut-eftre valu pis pour luy que la premiere, attendu que i'eftois du meftier & des plus corrompuës; en sorte, que conuaincu de coulpe, il ne trouua point de plus court chemin pour sortir de l'embaras où il aloit entrer, que de se mettre à genoüils & me prier à mains iointes de luy rendre son chapeau, & luy faire credit iusques à Mansille, promettant de me satisfaire là, de tout ce ie voudrois exiger de luy. Moy cóme Misericordiere, voyant qu'il eftoit impoffible de tirer vn denier de luy, parce qu'il n'en auoit point, je consentis à l'élargissemét de son chapeau, & le deliuray de la prisó de mes mains sous la caution iuratoire promettant que dés qu'il seroit arriué à Manfille il me rendroit les douzes reales que i'auois débourcées à son occasion; *alias*, qu'il payeroit au double. Il me suplia aussi fort humblement, dene rien reueler de tout ce qui s'estoit passé, mais quelque instante priere qu'il me sceust faire, ie ne l'asseuray ny de ouy ny de non: car mon intention estoit, que quand il se seroit acquité de ce que ie luy auois fait à croire qu'il me deuoit, de publier à clerc & à laic toute sa puante auenture. Il faut aduoüer que i'estois malicieuse & ingrate: car pour m'obliger dauantage au silence, il me donna certaines bagateles qu'il apportoit de Leon, comme des rubans de soye, des aiguilletes

& anneaux, que ie pris auec vn geste aussi fier, que si ie luy eusse fait grace de la vie. Et voyant qu'il n'auoit plus rien à donner, sinon des paroles qui m'estoient fort importunes : Escoutez, luy dis-ie, il n'y a qu'vn mot ; faites estat de vous degorger & de vômir icy tout ce que vous auez sur le cœur, autrement, si vous me faschez dauange, ie crains qu'en arriuant à Mansille ie ne me puisse empescher de declarer, & de bout en bout, toute la disgrace qui vous est aduenuë. Il eut peur de ma menace ; il demeura coy & sans dire mot, autant de temps qu'il m'en falut pour luy dire des galanteries & le railler sur l'amiable reception que l'hostelliere luy fit. O pleust à Dieu que ie me souuinsse des bons mots que ie luy dis là dessus, mais des choses que nous disons *de repentè*, nous n'auons pas bonne retentiue, parce que nous ne somes guere humides de ceruau. Enfin il fut si honteux & si piqué de mes railleries, que pour se garentir des coups de làgue que ie luy donnois (car en matiere de gausserie, i'estois de ce temps là, des plus fortes en bouche) qu'il m'abandonna le champ de bataille & s'en ala deuant à Mansille.

I'arriuay incontinant aprés luy, & en passant pardeuant le marché, ie le vis qui auoit déja changé d'habit, & qui se pourmenoit auec le Barbier Iacolin, s'entretenás peut-estre de mon excellence. Dés qu'ils m'apperceurent ils deuinrent aussi effrayez que si vn mort leur fust aparu, pour demander execution testamétaire. En mesme temps qu'ils m'enuisagerét, ie les reclamay d'vne couple de st, st, & autant de hem hem, mais quoy que ie fisse, au lieu de venir à moy, ils me tournerent le dos & s'en vót sans dire mot l'vn d'vn costé l'autre de l'autre. Iacolin se remit en memoire le st, st, que ie luy fis quand il se retira si honteux, la queuë entre les iambes, craignát le Roland furieux dont ie le menaçay: & le cousin Lambruche, s'imagina que ie le voulois gausser sur ce qu'il m'auoit prié de tenir secret; de façon qu'ils disparurent tous deux en mesme instant. Toutefois, le Bachellier Lambruche fut le plus aduisé: A vn moment de là, il me vint baiser les mains, & m'aporter humblement, les douze reales de dédommagement cy-deuant dit; en mettant le doigt sur la bouche. Or comme le taire & le parler dépendent de la bouche, ie ne con-

Mm iij

ceuz pas bien son intention; ie ne
pus distinguer s'il me faisoit signe
que ie me teusse où que ie parlasse:
tellement que pour mieux assener
au but ou ie visois ie pris la pire explication: & puis i'auois empoché
l'argent, il n'y auoit plus rien à perdre. Voyant donc vn bel auditoire
au tour de moy, & chacun plus attentif qu'en vn sermon de Theologien, ie commençay à me ietter sur
la friperie du Bachellier, & à dire fi,
fi, en me bouchant le nez en mesme
temps. Qu'y a-t'il Madame Iustine?
me dirent alors les spectateurs, ie
croy que vous estes tretous punais,
répondis-je. Et quoy, auous perdu
l'odorat, ne sentez vous point comme put le sieur Lambruche que voila? ie me trompe fort s'il ne sent le
miel de latrine. Moy Madame, dit-
il, comme tout surpris; helas ouy
Monsieur le Bachellier foireux, sans

doute vous ne vous estes pas assez laué dans la mare de Leon. Vrayment il faut confesser que vous eustes à faire là à vne vilaine femme, de vous auoir enduit d'vn si sale mortier! comment estes-vous retourné en vne si grande enfance que vous ne puissiez dire caca? En suitte de ce propos, ie luy lasche vn torrent de moqueries si furieux, qu'il ne sçauoit où se fourrer tant il fut honteux. Ce nom de Bachellier foireux ne chut pas à terre il fut pris à la volée par de bós ioüeurs qui estoiét là, & sa renommée en fut depuis si tachée, qu'il ne put en toute sa vie trouuer de sauon assez pour la lauer.

LA SOEVR MAL-TRAITEE.

Iustine arriue en sa maison paternelle: Est mal receuë de ses freres, qui s'emparent & la dépoüillent de toutes ses bagatelles & ioyaux d'or qu'elle auoit gangnez en ses courses. Les plaisantes côtestations qu'elle a auec eux. Ils la mettent en procez. Et elle voyât que la Iustice fauorise ses aduersaires, elle appelle en vne autre Iuridiction: Et enfin, elle vole ses freres par vn industrieux stratageme, puis elle se separe d'eux finement.

ME voila donc de retour à Mansille & dans la maison de mon pere; mais dés que ie fus arriuée, ie fus conuertie en butte de tireurs de prix; tous ceux qui m'auoient le plus d'obligation freres & sœurs, me lancerent mile traits d'inimitié, de conuoitise, & d'enuie, & cette guerre la dura assez de temps, & encore trop pour me desabuzer de l'attente que i'auois que leurs mauuaises volontez finiroient: ce qui ne se deuoit point esperer pourtant, attendu que tant que mon induidu demeureroit en existence, leurs animositez ne cesseroient point de pululer. A mon abord ils me firent seulement mauuaise mine, puis ils ouurirent leurs gueules sur moy, comme s'ils n'eussent voulu engloutir toute viue, apres cela ils me montrerent les déts, les mains, puis les ongles, & tout le reste suiuant le mesme ordre. Comme la haine est vn feu qui mine l'ame, mes sœurs n'auoient autre chose pour crier aprés moy, que de m'apeller libertine, & coureuse de guilledou, & de cette qualité cy, ils me battoient les oreilles à tout moment, prenant vn singulier plaisir à la repeter; car outre qu'ils la tenoiét pour injurieuse, ils l'estimoiét aussi vne élegante façon de parler, moy comme discrette sans faire semblant de rien ny me piquer de leurs propos, ie ne leur répondis que par maniere de raillerie & d'ironnie, sans qu'ils me pussent accuser de les offencer: i'auois toujours mes échapatoires prestes pour détourner le sens de leur intelligence, estimant que cette façon de repartir étoit la meilleure de toutes & la plus seure pour se vanger, c'est vn fruit meur pour celuy qui le donne & tres verd pour celuy qui le reçoit. Ie ne tiens pas pour injure leur disois-je le nom de coureuse que vous me donnez : c'est signe que ie ne suis ny casanniere ny paresseuse, & que ie tâche à paruenir. Que sçauez vous si dans la vie que ie fais, ie ne menageray point quelque mariage auantageux, qui honnorera toute ma lignée, & fera appeller nostre maison la maison des Iustins? combien de filles ont elles esté a la Comedie & au bal, où à dessein elles estoiét enuoyées par leurs peres & meres, feignant que c'estoit à la derobée & sans permission, pour rendre des témoignages d'extreme affection, seulement afin d'aquerir & gangner quelque ieune léuron de mary, de ceux qui n'ont pas la veuë courte, ie veux dire qui ne regardent point les choses de si prés? allez allez, la boule rencontre quelquefois mieux les quilles que l'on ne pense : on void souuent leuer le lievre aux endroits les plus deserts de gibier : Au reste, ne me reprochez point tant mes courses, i'y gangneray peut-estre des pommes d'or côme vne autre Atalante.

Et quoy, penseriez vous que ie demeurasse toujours ceans enfermée entre quatre murailles ainsi qu'vne Nonne? non non, ne vous y attendez pas vous ne le verrez iamais vesquissiez vous autant que Mattieusalé. Il n'y a point encore eu de Religieuse dans nostre race; il ne sera pas dit que ie sois la premiere qui ait fait la nique au monde, au Diable, & à la chair.

Toutes ces gentilles reparties, estoient pour eux vn Soleil de Mars qui les assommoit en faisant semblant de les rejoüir. Enfin ils rechercherent toutes les inuentions du monde pour m'arguer & dépiter: soubs ombre de remonstrances ils donnoient air à leur mal-veüillance; & tout cela, par ce que ie leur demandois le mien, & la part qui m'apartenoit en la succession de mes nobles geniteurs. O interest

tu as plus de pouuoir que la nature!
Elle me donna des freres & tu les
conuertis en serpens! Ils me firent
cent rodomontades, ils me mena-
cerent, & si ie voulois dire vray ils
me mirent les mains dessus mon visage non pas pour me confirmer ny
agencer ma coifure. Ha Dieu, il ny
à point de plus méchans ny de plus
cruels bourreaux pour vne femme
que des freres! Quand ils veulent ou-
trager vne pauure sœur, & retran-
cher ses plaisirs ils s'attribuent l'autorité de peres: Vn mauuais frere,
est vn ennemy aussi puissant que
nostre propre chair, dont nous ne
pouuons nous deffendre qu'à grand
peine: Quiconque dit frere, il dif-
fere, i'entends parler de ceux en qui
l'amour est corrompu comme le
nom. Pour mes sœurs elles n'em-
brassoient point mon party, tant
s'en faut, elles seruoient pluftost de

boutefeu à la colere de mes freres, disans que ie faisois la Damoiselle de haut parage, & qu'elles ne pouuoient suporter mon humeur superbe: elles semoient vn mauuais bruit de moy par tout pour ébrecher mon honneur, comme s'ils eussent deu estre exants de participer à mon scandale. Ils disoient que i'estois vne dissipiere, que i'auois plus tiré de mon pere & de ma mere que tous les enfans de la maison. En cela ils auoient raison, car ie leur auois rauy tout le fonds qu'ils possedoient en richesse d'esprit & d'entendement, & ne leur en auois pas laissé vn grain à partager entre eux: mais pour le regard du bien patrimonial, ie n'en auois guere consommé, la moitié du temps, ie m'entretenois & mangeois à d'autres despens que ceux de la maison, en quoy ils ne pouuoient rien pretendre si cen'estoit par ma gratification.

C'est l'humeur ordinaire des gens brutaux & barbares, de se delecter à persecuter les personnes de merite & d'entendemét: C'est pourquoy, les sages peignoient la rusticité souz la figure d'vne corneille, & la Noblesse par vn aigle, d'autant que l'aigle est autant noble de naturel comme il est libre de condition, & la corneille autant enuieuse que vilaine & rustique; Elle machine sans cesse quelque mal contre l'aigle, & quand elle ne peut faire pis, elle se plante deuant luy, & se met à racasser & grimasser: mais l'aigle tout genereux ne fait point de cas des moqueries d'vn vil oiseau qui est son vassal & sur qui il a vn empire si puissant, que mesme l'aigle estant mort ses plumes mangét & consommét celles de la corneille.

Cette derniere consideration, ne me seruoit pas de consolation contre mes aduersaires: car ie les eusse bien voulu manger durant ma vie, & non pas attendre aprés ma mort, veu qu'alors nous seruons de pasture au lieu de manger les autres.

Ordinairement aussi les ignorans enuient les sçauants, car tout necessiteux conuoite ce qui luy máque. Le rat s'éleue contre l'Elephát, & luy fait guerre par ce que l'Elephant possede tout ce qui defaut à l'autre. Il est de complexion si douce & si amoureuse, que le sein d'vne pucelle le peut charmer d'amour combien que ce soit vne femelle de diferente espece: & comme le rat est si abiect qu'il n'a point d'autre origine que la seule corruption des araignes & des ordures relantes des caueaux: car peu souuent vn rat engendre vn autre rat, de là viét, qu'il ne ne peut aymer l'animal auquel consiste la faculté d'engendrer que les Philosophes apellent divine à ce que i'ay ouy dire: Et certes, c'est vne loüange fort haute pour vne chose qui vient de si bas. Il y a plusieurs autres proprietez en l'Elephant comme sont la magnanimité, la grandeur, la compagnie, l'industrie, le goust des viandes, la gratitude du bien qu'on luy fait & mille autres excellences qui ne sont point au rat, c'est pourquoy ne prenant pas garde que l'Elephát le peut engloutir côme vn moucheron, il tâche à le guerroyer, toutefois à sa grande confusion, non pour autre chose, que parce qu'autant qu'il est incomparable à l'Elephant autant luy porte-t'il d'enuie.

Enfin, mes sœurs estoient comme des rats & moy comme vn Elephantine, car bien que la nature ne

Nn

m'ait pas doüée d'vne trompe si visible, ie ne laisse pas d'en auoir vne, laquelle quoy qu'imperceptible fait quelquefois plus de mal que celle de l'Elephant. Apres auoir enduré vne infinité de rigoureux traitements & des freres & des sœurs, il me falut entrer en procés auec eux pardeuant la iustice de Mansille, laquelle fut rigoureuse iustice pour moy, & benigne misericorde pour eux: & ayant fait plusieurs diformes formalitez & galimatias d'écritures, où l'on n'entendoit que le haut Aleman & le bas Breton, ie fus condemnée à estre desheritée, attendu ie ne sçay quoy, & aux depens pour faire l'habillement complet. Helas, la verge de iustice fut de fer pour moy & de beurre pour mes parties aduerses. Et d'ailleurs, mes freres consentoient librement que mes sœurs allassent à heures indeuës, soliciter le procés & informer la iustice de leurs affaires & luy exhiber leurs pieces: Dieu nous veüille deliurer d'estre obligez de plaider en telles mangeoires, ie veux dire auditoires, où l'argent est la principale piece du proces; où la subornation se pratique, & où la faueur expedie les actes.

Voyant donc chaque iour que le Soleil de la Iustice de Mansille ne me monstroit que l'enuers de son visage n'ayant point de clarté pour moy, par ce que ie ne faisois pas reluire l'image du Soleil dans la main du iuge, ie me deliberay d'aller chercher vne region où cet astre là fust de sarge à deux endroits pour estre aussi beau d'vn costé que d'autre & éclairer également à chacun. En cette resolution, ie prens le chemin de Rioseco, afin de me pouruoir par voye d'apel contre cette inique sentence. C'est chose étrange, que plusieurs enfans de mesme pere & mere ne puissent viure ensemble: ce sont des canons excessiuement chargez, qui creuent quand le feu s'y met; ce sont des plates pressees dans la terre où elles sont nées, qui s'étoufent l'vne l'autre & ne profitent iamais si l'on ne les separe.

Il me semble, Lecteur, que tu es en peine de sçauoir comment ie pus sortir si promptement des mains de ces Tyrans. Attés vn peu ie m'en vay te satisfaire. Tu verras comment ie pris mon escousse pour faire le saut bien à propos vne apres-disnée, qui fut enuiron huict iours auant ma sortie, ie m'en allay trouuer vn certain Iouuenceau agile, alaigre, & *ingamba* comme dit l'Italien, à qui ie donnois quelquesfois de fauorables audiences: ie luy conte l'outra-

ge que j'auois receu de mes freres &
sœurs, & la resolution où j'estois de
r'auoir par quelque inuention, mes
ioyaux qu'ils me retenoiét, puisque
ie ne le pouuois faire par la raison.
Et parce que ce galád cy m'aymoit
auec passion, ie le coniuray par l'affection qu'il me portoit, de m'assister en ceste occasion, & de m'estre fidelle; que ie le priois de se
trouuer sur les quatre heures du
matin auec vne échelle à la porte
de nostre logis, l'asseurant qu'il
me trouueroit à la fuz pour l'attendre, à la fenestre, & que là, ie luy
donnerois vn paquet de mes besongnes, & qu'à l'instant il s'enfuiroit
chez luy où il auroit soin de serrer
soigneusement ce que ie luy deuois
deliurer, iusqu'à ce que ie le luy demandasse. M'ayant donné toutes
les asseurances verbales que ie pouuois desirer de sa fidelité, nous

Nn iij

nous separasmes. Ie ne fis iamais projet qui me succedast plus heureusement que cettuy-là, car de bonne fortune, mes freres amenerent souper auec eux quelques goinfres, qui firent ripaille iusques à plus de minuict, & mes sœurs aussi. Et durant que le premier somme auoit assommé mes controolleurs & tuteurs, ie leuay la serrure d'vn coffre, où ils auoient enfermé mes ioyaux, soubs pretexte disoient ils de m'empescher de vreder, mais c'estoit pluſtoſt à deſſein de s'en emparer. Ie pris donc mon bien où ie le trouuay, & quelque chose du leur pardeſſus qui prouenoit de la succeſſion & d'aſſez bonne valeur. Cela fait, ie romps sans bruit les vitres d'vne feneſtre qui regardoit sur la ruë, & iuſtement comme i'acheuois l'ouurage i'entendis mon confident qui venoit auec le signal concerté, & son échelle: car l'amour estant aueugle, il obeit aussi les yeux clos, sans regarder aux inconueniens de telles entreprises, ie luy mis incontinant le trousseau de mon butin entre les mains, que i'auois arraché de celles de mes corsaires; & l'embrassant pour l'obliger dauantage ie fais tomber l'échelle sur le paué, & me mis en mesme temps à sonner l'alarme, en criant au larron, au voleur, & fis vn bruit de diable capable d'éueiller les sept dormans: Et comme tout le monde fut debout, ie laissé choir par la fenestre, vne gondole & vne tasse d'argét, afin de faire passer la fourbe pour vne verité. Le voisinage accourt à ces clameurs, & tous en chemise, alloiét couráts deçà & delà côme des Lutins ou des ames dânées, sans sçauoir où ils aloiét principalement mes freres, car à peine estoiét ils dessaoulés. Cependant, feignant d'auoir esté fort effrayee de cet accident, ie ne bougeois de dessus la fenestre comme en sentinelle, pour prendre garde qu'on n'amassât les deux pieces que i'auois laissé tomber dans la ruë, car l'obscurité qu'il faisoit à cette heure là (c'estoit sur la fin d'Automne) auoit empesché que mes freres les aperceussent en sortant du logis; & comme ils reuenoient de leur chasse où ils n'auoiét rien pris, i'allume vne chandelle, & la presentant par la fenestre, ils aduisent la gondole & la tasse, qui leur fit croire que les larrons les auoient laissé choir en fuyant. De façon qu'estans r'entrez & ne sachant à qui en recrire, nous nous regardions tretous fort ébaubis. Pour moy, ie faisois semblant d'estre hors de moy d'épouuétemét

& prenant occasion de faire l'hypocrite, & contrefaire la pieuse, ie faisois passer l'action pour vne iuste punition de Dieu, du cruel traictement qu'ils m'auoient fait: depuis cet heure là, afin d'autorizer d'auantage ma persuasion, ie ne m'ãquois point de me leuer toutes les nuits & de faire vn tintamarre comme de Lutins ou d'esprits qui eussent raudé par le logis. Cependant, ie leur mettois dans la ceruelle que c'estoit mauuais signe, & que telles rumeurs ne se faisoient iamais dans vne maison, que cela n'en presageast la ruyne. Et feignant d'en auoir vne extréme aprehension, ie me mis vn iour deuant vn tableau de pieté qui estoit chez nous pendu contre vne muraille: si c'estoit par honneur ou par oprobre que nous auions pendu la pieté chez nous, ie n'en sçaurois que dire: tant y a qu'estant à genoüil deuant cette peinture, ie tins ces propos: ie fais vn vœu inuiolable: & eux d'ouurir les oreilles, croyant que ie fisse vœu de me rendre Religieuse, ce qui leur faisoit sauter le cœur, le foye, le moust, & les tripes d'allegresse, esperant que i'alois renoncer à ma legitime & à mes droits patrimoniaux, mais les camus eurent vn pied de nez, quand ils ouïrent la suitte du vœu. Ie fais, dis-je, vn vœu inuiolable, de ne pas coucher ceans cette nuict, car ie crains que la maison ne bouleverse & que sa ruine & ma mort, ne me surprennent en peché mortel, de haine, de rancœur & de vindicte, car il n'y a pas seulement ceans dedans des voleurs du bien d'autruy, mais aussi des larrons de la vertu de patience & semble que tous les diables y soient deschainez. Ie dis ces paroles cy, auec vn geste si éfarouché & si effrayé, que ie leur fis peur car bien qu'ils dissent que ie fusse fole, ils estoient tellement épouuentez, qu'ils me laisserent prendre toutes mes hardes, pensant tout de bon que la frayeur me tenoit au cu & aux calsons, & que ie m'alois sauuer chez quelque voisine, mais i'auois intétion de faire retraire plus loin ; ie les laissay dans cette pensee là, & m'en allay trouuer vn certain marchand qui negocioit à Rioseco, auec lequel ie conuins pour seruir d'escorte & de guide à mon asnesse & à moy, car nous estions inseparables.

LE PROFIT TROUVÉ
dans la pauureté.

Iustine fait vne raillerie contre les iuges iniques. Rencontre d'vn soliciteur de proces qui la veut seduire, & induire à mettre ses pieces entre ses mains, mais elle luy témoigne qu'elle est plus fine que luy. Elle s'loge auec de pauures fileuses de laine, où elle fait des merueilles, car elle trouue du gain dans leur misere.

C'est vne coustume fort ancienne de graisser les mains aux officiers des Tribunaux; ie ne sçaurois dire aux officiers de Iustice, puis-qu'ils n'en font pas l'exercice. On leur graisse les mains, afin de les rendre pliantes & mieux disposees à faire des tours de souplesse, au profit de ceux qui les oignent le plus. O sceptre de Iustice, quád ie te considere, ie te trouue fort merueilleux, tu as si peu de corps, tu es si court, & si delié, & neantmoins, tu porte plus d'ombrage que l'arbre de Nabico de Nazor (comme disoit cette bonne femme qui venoit du sermon) & cet ombre la, sert de voile & de couuerture à beaucoup de malefices qui passent pour actes de iustice. Ie ne dis pas cecy sans cause; ie sçay assez iustement apliquer les choses quand la fantaisie m'en prend. Estant arriuee à Rioseco, ie ne voulus penser à autre chose qu'à faire vuider mon procés; ie m'imaginois que cela se iettoit en moule, & que l'expedition en seroit plus briefue que les accents des Religieuses: mais vn mien soliciteur qui faisoit mes affaires, & encore mieux les siennes; me defabuza de cette creance, me donnant à entendre qu'vn procés de partage eſtoit fort long. Ces nouuelles là me faſcherent beaucoup, iugeant qu'il auoit intention de bien employer ſa plume & ſon encre, aux depens de la pauure plaideuſe nouice: ie commençay à me gratter où il ne me demangeoit pas: & comme il vid que ces longues eſperances m'atriſtoient, craignant qu'vn autre ne me ſolicitaſt pour l'inſtaler en ſa place & s'emparer de ma marchandiſe qu'il ſe deſiroit conſeruer; il m'enſeigna vn certain ſentier pour accourcir le chemin de mes affaires: diſant que par la route qu'il me vouloit faire prendre, il y auoit autant de deffence pour negocier, comme il s'en trouue à faire vn voyage à cheual & auec des éperons, ou de le faire à potences, à vne lieüe par iour tout au plus, & quelquesfois encore retourner en arriere: & neantmoins, c'est la voye ordinaire, disoit-il. O le sfingalant! il croyoit me donner beaucoup à deuiner; le pauure badaut, ignoroit que ie sceusse l'vsage de la pratique qu'il me vouloit aprendre, mais pour luy faire connoistre que ie n'estois pas si niaize qu'il pensoit; Monsieur luy dis-ie, l'abreuiation que vous me proposez pour mon affaire ne me plaist pas; si vous n'auez point de plus pront expedient l'issuë, n'en sera guere bonne; ie preuoy que ce sera le procés de Parmus, qui plaida toute sa vie pour r'auoir vn meschant basteau qu'on luy auoit pris; c'est pourquoy, mouchez vous plus loin. Alors pour essayer à me faire prendre goust à sa sauce: Non Madame me dit-il, ie ne vous ments point, telle cliente est venuë à moy à pié mal chauffée & sans denier ny maille, qui s'en est retournee auec vne sentence fauorable tous frais faits, & de l'argent dans sa bource & à cheual ou en coche, & tout cela par ma conduite & mon industrie.

En suite de ce discours, il me dit que ie ne méprisasse pas les offres qu'il me faisoit; que c'estoit beaucoup; & qu'il ne s'emploioit pas ainsi pour tout le monde; & repetoit souuent cette comparaison de celuy qui chemine à pied, & de l'autre qui va à cheual.

Ce soliciteur du diable, n'auoit point d'autre conclusion pour sa harangue ny pour son amour, que cette friande similitude; &
pour

pour luy rompre les chiens, & luy faire cesser les discours elegants dont il vouloit faire ostention de l'abisme de ses aduis, ie luy dis, Monsieur, faites estat que mon procés est de l'Infanterie & non pas de la Cauallerie, & partant, ie veux qu'il chemine à pied & à potences, & si lentement qu'il voudra: ie ne me haste pas tant que vous pourriez penser. Cét Aparieur, ie veux dire ce Soliciteur, voyant ma resolution, tempera ses chaleurs par mes froideurs, & me promit finalement d'y aporter toute la diligence qui luy seroit possible: Neantmoins, cela traisna en grande longueur: mais non pas tant qu'il eust fait, si ie ne luy eusse serré le bouton. I'auois vn soin particulier d'entretenir l'encre au cornet à force d'argent, & par ainsi, ie ne perdois nule occasion, au moins à ce que ie puis entendre en matiere de procés. Ie ne donnois iamais rien par aduance, car les praticiens sont comme les tailleurs quand on les paye auant que la besongne soit faite, c'est le vray moyen d'allonger l'ouurage au lieu de l'abreger, ils reculent plutost que d'aduancer. I'attendois humblement à la porte de l'Auditoire auec des pistoles à la main, que ie faisois sonner comme des cimbales pour les faire dancer le branle que ie desirois. Ce qui me faschoit le plus de toutes mes peines, c'est que ie ne pus iamais gangner sur l'Aduocat, qu'il pressast d'auantage ses écritures qu'il ne faisoit, car il mettoit vne si large espace entre les lettres & les lignes, qu'il sembloit qu'elles fussent pestiferées & qu'elles ne s'ofassent aprocher, ny aussi qu'il prist le payement de ses salaires deuant les gens, & non pas à la mode des Medecins : Encore y en a-t'il parmy la faculté qui ont quelque courage, car ils sont honteux de prendre de l'argent de leurs fourbes & de les vendre comme des Charlatans ; c'est pourquoy ils le prennent en cachette & par derriere en faisant des reuerences & remerciments, mais les chicanneurs & artisans de procés, Procureurs, Aduocats, Greffiers & autres, pour du galimatias & des bourdes qu'ils vous donnent, le cu sur le siege, ils prennent vostre argent, aussi effrontement que si c'estoit vne restitution d'vn bien qui leur apartinst. Ce terme de *rendre Iustice*, sent le chancy & le rance parmy eux, il est trop vieux pour en vzer ; Au lieu de dire *rendre Iustice*, ils ostent la premiere lettre de ces deux mots & mettent l'v au lieu : ainsi qu'ils me le firent experimenter en peu de temps que ie seiournay à Rioseco, en me remplissant le cœur d'esperance & vuidant ma bourse de finance.

Ie voyois bien que mon argent s'en alloit le grand galop: mais ie me consolois quelquefois sur mes bagues & ioyaux: En effet, à cette heure-là, i'estois assez embaguenaudée & embabiolée, pour leuer vne petite boutique en vne foire. A la fin ayant tiré iusques à la lie du tonneau de ma bourse, mesme aprés auoir aidé à manger mon asnesse auec les Procureurs, les Greffiers, & Soliciteurs (ce qui me fit grand mal au cœur, car à force de nous entr'aimer cette beste & moy, nous auions conuerty l'amitié en parenté) il fut question de resoudre par quel moyen ie ferois de l'argent, ie consultois à part moy, s'il seroit à propos de vendre quelqu'vne de mes pieces, qui sont les meilleurs amis & les plus soluables cautions, quand on est en necessité; mais, ie craignois de les donner à vil prix, comme il est infaillible en telles occasions, aprés les auoir gangnées en de si agreables combats, & d'ailleurs, il me sembloit que ces ioyaux auroient regret de se separer de moy, tellement qu'aprés toutes ces considerations, ie concluds que ie cherchois de l'argent par quelque autre voye.

Et quoy Iustine dis-je en moymesme, n'es-tu pas celle qui sçais trouuer des Indes parmy des roches arides? n'és-tu pas celle qui sçais changer la poussiere des chãps en sable d'or? Est-ce pas toy qui deliuras si courageusement vn Crucifix d'entre les mains d'vn Iuif?

La la, prens courage; ne te défie point de ta bonne fortune; tu franchiras facilement ce passage cy, puis que tu es la mesme qu'auparauant, & que tu as le mesme esprit. Ainsi m'animant le courage, & faisant de necessité vertu, aprés auoir sondé les humeurs du peuple de Rioseco, & consideré l'occasion presente & l'esperance future, ie trouuay vne assez fauorable inuention: Ecoute la, Lecteur; mais ne me presse pas, car bien que ie sois soudaine pour inuenter, ie suis lente à raconter.

En arriuant à Rioseco, ie m'allay loger dans vne rüe où il y auoit force femmes qui filoient de la laine pour faire des draperies; entre lesquelles il y auoit trois notables vieilles, qui representoient naïfuement les trois Parques filant & tranchant le fil de la vie, l'vne de ses femmes là estoit mon hostesse, & se nommoit Veruze, laquelle toutefois ne faisoit ce mestier de fileuse, que quand elle trouuoit des heures de reste dans vn certain autre exercice dont elle se mesloit, & que tu sçauras cy-aprés. Ie rends graces à ma destinée, qui a toujours eu vn soin particulier de me loger en des maisons signalées. Aprés auoir contemplé la mine & la suffizance de mon hostesse, ie m'imaginay que ie pourrois bien proffiter quelque chose auec elle non pas à filer, car par mal-heur, ie n'ay iamais apellé bien, que le bien qui me venoit seulement du babil & de l'industrie, & non pas du trauail. Et d'autant que pour m'entremettre dans vn ouurage si mecanique comme estoit cettuy-là, il estoit necessaire de raualer ma vanité, ie me resolus de changer de peau comme la couleure, c'est à dire d'habillement & non pas d'habitudes. Comme il fut pensé il fut executé: ie serray & empaquetay soigneusement, tous mes agios & mes affiquets, mes coliers, chaines, bagues & anneaux, comme aussi mes meilleurs vestemens, mes iupes, mon voile & ma mante de crespon, bordée & brodée de grains & de papillotes de iayet; enfin, ie me déguisay en pauure seruante; n'ayant sur moy qu'vne cotte assez courte de grosse bure, vne manteline blanche, comme les filles les portent en nostre païs, qui sont faites comme ces câpes dont les femmes de France vsoient autrefois contre la pluye: i'estois donc faite en vraye fille

IVSTINE. 585
qui gangnoit sa vie non pas à filler, mais à filer (afin que ie m'explique) car il me semble, Lecteur, que tu cherches à aluzionner sur ce mot. Ie n'estois pas trop déchirée pour le regard de ma personne & de mon visage; i'estois soigneuse de le tenir propre & net; car quelque vertueuse que soit vne femme, elle n'est iamais guere negligente de telle mondanité: Pour mon particulier, i'ay toujours estimé que les meilleurs moules à former les bonnes inuentions: ce sont les attraits & les graces du visage; ie ne me sçaurois si bien expliquer que ie le sçay pratiquer.

Estant donc en cét équipage, i'allay deux fois demander de la laine pour filer, en la compagnie de Veruze ma vieille hôtesse: nous l'allions querir en la maison d'vn ieune marchand drapier, qui estoit assez disposé à rire, pour peu qu'on luy en eust donné matiere. J'auois déja instruit Veruze de demander plus de laine qu'elle n'auoit accoustumé d'en prendre, afin que ie luy aidasse à filer: elle la demanda dóc de bonne grace, & le marchand la luy donna encore de meilleure façon, mesme il me promit qu'il y auroit toujours chez luy de la laine à filer pour moy.

Les compagnons de mestier qui trauailloient chez luy me donnoiét leurs petits quolibets, que i'eusse suportez auec moins de mépris, sans cette odeur d'huile & de graisse qui me dégoutoit & me faisoit grand mal au cœur: En effect, i'estois si pontieuse & si delicate, que quand il me faloit toucher à ces instruméts huileux, ie deuenois rouge comme écarlatte, du dédain que i'auois; plus cela m'estoit penible,

& plus y auoit-il de plaisir à me regarder: car mon vermillon donnoit quelque éclat à mon visage. O profit mesquin! quiconque se veut rassasier de toy, il faut qu'il te mange en se bouchant le nez, comme l'on fait la perdrix qui commence à sentir. O profit mécanique, ie ne m'étonne plus si tu animes les hômes à passer les Oceans dans des nauires de bois fragile, l'exposant à mile effroyables naufrages, puisque tu as pû resoudre Iustine à se dépoüiller de ses attours & ioyaux, pour faire societé auec vne hideuse vieille, conuerser auec vne puante racaille de cardeurs & fileurs de laine, & nauiger pardessus des mers d'huile & de graisse infecte. Enfin l'amorce du gain me fit surmonter tous ces grassieux obstacles: Celuy qui mit des impós sur les vrines, disoit que l'argent qui en prouenoit ne sentoit pas mauuais.

A force donc d'aller querir & reporter la laine chez le marchand drapier, tantost auec mon hôtesse & tantost auec les voisines, ie me fis si bien connoistre de tous les maistres, qu'ils m'immatriculerent au Catalogue de leurs ouurieres, & me promirent de me donner de la besongne sur ma bonne mine, & sans que i'eusse besoin d'amener de cautions ny de répondans auec moy. Me voyant donc ainsi bien introduite, ie dis vn iour à ces trois Parques. Mes bonnes meres, i'ay grand pitié des incommoditez que vous auez, à peine vous pouuez-vous remuer, & vous ne faites qu'aller & venir querir de l'ouurage & le reporter en la maison du marchand, & cependant,

IVSTINE.

vous perdez assez de temps à ces voyages là, pour filer chacune pour le moins trois liures de laine plus que vous ne faites; ce qui preiudicie grandemét à vostre gain & à vostre santé; car vous ne marchez toutes trois qu'auec beaucoup d'enk.á; l'vne de vous est hoyée, l'autre est pouacre & gouteuse, & l'autre éhanchée, ce qui fait que vous vous tuez & abregez vos iours en vous hastant de marcher pour venir à vostre tâche : là dessus, i'ay aduisé vn expedient pour vous soulager & pour vous seruir à peu de salaire : Si vous voulez, à present que ie suis cónuë chez le maistre qui vous donne à trauailler, i'yray querir la laine, & la reporteray quand vous l'aurez façonnée ; ie remets la recompense de mes vaccations à vostre discretion ; toutefois, si vous vous en raportez à la mienne, ie ne vous demande à chacune qu'vne piece de trois blancs par iour ce n'eſt que quatre ſols vn liard moins, voyez ſi cela vaut le parler, & la peine de vous tuer & perdre le temps comme vous faites? Les vieilles tindrent conſeil ſur la propoſition: il y eut diuerſes opinions là deſſus, les vnes dirent que c'eſtoit aſſez d'vn ſou: mais Veruze mon Hôteſſe, qui eſtoit la Doyenne du Chapitre, leur fit accepter le party. Le contract du marché eſtant fait, elles s'en allerent toutefois enſemble chez les maiſtres, leur conter le traité qu'elles auoient fait auec moy, & quant & quant, répondre de ma fidelité, afin qu'ils me miſſent librement la laine entre les mains. Les marchands furent grandement réjoüis de cét accord, parce qu'ils n'auroient plus deuant leurs yeux les effroyables visages de ces trois Megeres; & par ainsi, j'acheminay mon dessein comme ie pouuois desirer.

Penserois-tu, Lecteur, que i'eusse intention de filer auec elles? i'eusse mieux aimé estre écorchée & que ma peau eust esté filée en cordes de raquette. Non mon frere non, i'allois querir la laine & les en chargeois, ie leur recommandois de la filer vny & delié, puis ie la reportois & apportois l'argent. Est-ce là cette grande inuention que tu nous chantois, me diras-tu? quoy, pour gangner si peu, nous faloit-il faire vn si grand brouhaha? Tout beau, tout beau, donne toy patience cher amy, & sçache qu'à force de passer & repasser cette laine par mes mains, ie faisois vn proffit plus grand qu'il ne te semble, que i'auois apris de certaines fameuses fileuses. Que si comme elles m'aprirent la methode de filer la laine, elles m'eussent enseigné celle d'enfiler des chapelets, elles y eussent mieux fait leur salut & m'eussent moins abusée. Mais tu ne vois comme ie fais môtre icy de mes infirmitez, non pas auec vn stile de deuotion, de peur de t'ennuyer, mais auec le plus grotesque ramage dont ie me puisse aduiser pour te recreer.

Dés que i'arriuois chez le marchand, les ouuriers à l'enuy l'vn de l'autre quittoient leurs mestiers, prenoient les poids & les balances, afin de pezer les liures de laine qu'il me faloit bailler pour porter à mes vieilles, comme leur factrice & agente generale. Et alors,
tantost

tantost par negligence de celuy qui pezoit, qui s'amuzoit plutost à m'éuizager qu'à ajuster ses poids; tantost pour m'obliger, tantost pour mon caquet, & tantost par vn tour de main que ie donnois à la balance ie trouuois ordinairement, deux, trois onces, & quelquefois plus d'vn quarteron dauantage que les poids qu'ils me contoient. Considere vn peu où cela aloit sur trente ou quarente liures: Ie donnois le poids au plus iuste à mes vieilles, & gardois le surplus pour moy: quand elles me rendoient la laine pour la reporter, ie la mettois en lieu humide pour quelque temps, & s'estant humectée ie l'alois rendre vitemét, par ainsi, ou d'vne part ou d'autre, du moins & du plus, il ne se passoit iour que ie n'eusse de bō trois, quatre & cinq liures de laine filée qui se védoit chacune trois, quatre & cinq

Pp

reales & quelquefois sept qui montoient à trente cinq sols, selon que la laine estoit. Au surplus, ie trouuay encore moyen d'augmenter le talent par cét artifice: i'achettois de la fille d'vn Tissier ou Tisserand en drap, vne grande quantité de ces poils & nœuds bourruz qu'on arrache des draps de laine auec des pincettes; laquelle me les bailloit pour vne piece de pain: car la pauure fille disoit que le pain aloit si viste en sa maison, qu'elle ne le pouuoit attraper qu'auec les ailes des desirs: Ie meslois discrettemét de ces nœuds parmy la laine filée que ie rendois, monstrant en cela que i'estois fort fidelle puis que ie rendois la bourre aussi bien que la laine: De façon, que i'acquis le renom d'estre la plus fidelle & la plus ménagere de toutes les fileules. Et pour ce sujet, ils m'aportoient souuét la laine au logis pour m'exanter de la peine de l'aller querir, mais ie ne prenois pas plesir à ce soulagement là: car, estāt pezée en mon absence, il estoit à croire que le poids y estoit si iuste, que ie n'y trouuois pas mon conte; en tels rencontres, ie leur faisois reporter la laine chez eux, leur donnāt à entendre que ie ne voulois riē receuoir en cachette, mais deuant des témoins: car il arriue souuent de rudes disgraces aux fēmes, pour receuoir de la laine en secret: tellement qu'ils s'en retournoient auec leur laine, & ie l'allois querir à leur dommage & à mon profit.

En ce trafic là, ie remis l'ame dans le corps de ma bourse; i'amassay force petit argent dōt ie fis vn autre gain, i'achettay vne nouuelle asnesse bien meilleure que celle de la sollicitatiō de mō procez m'auoit cōtrainte de védre, laquelle me couta cinquante francs, (car telles bestes estoient de haut prix en ce païs là) & la mis entre les mains d'vn homme, qui la loüoit pour voiturer des Dames d'honneur, qui s'alloient pourmener en des metairies autour de la ville : car alors, il y auoit des filles, des femmes, & des veufues, qui sembloient estre du naturel des naueaux, qu'il faut remuer & hocher de peur qu'ils ne se brulent au cu de la marmitte.

LA VIEILLE * MORISQUE.

Iustine, represente les mœurs de son Hôtesse qui feignant d'estre, Chrestienne tenoit toujours de la loy Mahometane.

En Espagne on apele ainsi les Maures qui se sõt faits Chretiẽs desquels on doute tousiours de la foy

Comme les grands fleuues se pourmeinent pompeusement par les contrées de la terre, humiliant les plantes qui bordent leurs riuages & leur passant superbement par dessus la teste en signe de souueraineté. Et comme leur orgueil diminuë, & leur autorité s'aneantit quand ils aprochent de l'Empire de Neptune & qu'il se trouuent en sa presence, deuant laquelle ils deuiennent muets & sans mouuement: Ainsi, moy qui auois toujours paru glorieuse, fiere & altiere, parmy les Bohemiens, des pipeurs, Barbiers, Hôtelliers, &

Bachelliers, que i'auois deferrez, sans en trouuer vn seul qui eust la hardiesse de venir aux prises contre l'industrie & la subtilité de mon esprit; dés que ie fus auprés de cette Morisque mon hôtesse, de cette vieille sorciere, bizayeule de Celestine, toute la rouë de ma vanité se défit; ie bessay le cou, en signe d'humiliation; ie perdis le caquet & l'éfronterie & me trouuay si diferente de ce que ie soulois estre que ie ne me reconnoissois plus moy mesme: Elle me fit pourtant vne courtoise reception lors que ie mis pied à terre chez elle; & quand elle eut par le discours, examiné la capacité de mon esprit, elle conceut vne certaine affection pour moy, iugeant que ie serois propre à receuoir les instructions de son art: Les Heretiques & les Sorciers, ont vn instinct à desirer des heritiers de leur profession : ils ressemblent aux verolez qui veulent boire dans tous les verres & les tasses, afin d'insinuer leur mal aux autres. C'estoit vne Morisque indomptée qui sçauoit mieux l'Alcoran que le *Pater noster* : vn enfant d'vn an l'eust facilement recónu, nó seulemét en ses paroles mais aussi en ses œuures, desquelles ie toucheray quelques particularitez, nó pas pour scádaliser le Lecteur, mais pour luy aprendre à ne se pas fier à ces vieilles hypocrites, qui semblét mener vne vie pieuse & exéplaire, & leurs œuures ne reluisent qu'au chandelier du diable. Vn iour luy demádant pourquoy elle auoit tát vescu sans se marier, elle me répondit qu'elle ne s'estoit iamais voulu mettre en la sujession d'vn mary; qu'elle auoit toujours aimé à estre maistresse & non seruante cóme la pluspart des femmes : que quand elle auoit eu affaire d'homme, elle n'en auoit iamais manqué, tantost gratis, & tantost en leur payát leurs salaires, & que par ainsi elle auoit conserué sa liberté. Au reste, elle estoit rauie de ioye quand on faisoit quelque execution publique d'vn criminel: Et bien qu'elle fust boiteuse, elle alloit aussi viste qu'vn Basque, & se trouuoit des premieres à la place & des plus hautes perchées, pour voir cét infame spectacle, & la nuict suiuant, elle alloit visiter ce miserable corps, & ayant fait des coniuratious au pied de la potence elle rapportoit de la corde & quelque dent du pendu, que le diable luy donnoit: car autrement il luy estoit impossible de grimper à cause de son incommodité de hanche.

Si le Ciel ne m'eust retirée de sa main, ie fusse quasi tombée en tentation de la careſſer; car voyant qu'elle eſtoit ſi ſçauante en Necromance i'auois preſque enuie de la prier de me reſſuciter mon pere comme la ſorciere de Saül fit reſſuciter Samuël, car ayant toujours mon procés en la teſte ie luy euſſe demandé de quelles gens il y auoit le plus aux Enfers; ie m'aſſeure qu'il m'euſt dit que c'eſtoit de Procureurs & d'Aduocats farcis de méchás Magiſtrats & qu'ils y bruloient cóme dés éclats de ſapin gommeux. Mais à Dieu ne plaiſe, que ie requiere perſonne de ſe mettre dans le cercle du Diable; Elle euſt bien deſiré m'enſeigner ſa doctrine; & meſme ſi i'euſſe voulu me ſeruir des choſes qu'elle me diſoit, i'aurois amaſſé en vne nuit beaucoup de ſang pour faire des boudins: mais ie refuzay de preſter l'oreille à ſes perſuaſions, par ce que toute ma vie, i'ay redouté les arts qui se font à demy endormy, comme ceux-là du sortilege: car à ce que ie voyois, Veruze tomboit le plus souuent dans vn assoupissement lethargique durant lequel elle conuersoit auec le Demon, qui luy contoit des choses qu'elle me communiquoit; que s'il me faloit commencer à les reciter ie n'aurois iamais acheué. Il est bon de sçauoir vn petit de tout, non pas pour vzer de ce qui est mauuais, mais pour se garentir de ceux qui font mal principalement des sorciers, compositeurs de charmes. Neantmoins, quoy que ie luy veisse faire i'en receuois tant de demonstration d'amitié que ie me fusse estimée mile fois plus méchante qu'elle, si ie luy eusse rendu quelque deplaisir, veu que nous sommes naturellement tenuz d'aimer ceux qui nous font du bien:

& puis, n'estant point adherante à ses œuures ny à ses intentions, ie ne me sentois point obligée de les reueler à l'inquisition. Nous viuions ensemblement comme la mere & l'enfant, & encore qu'elle prist grand plaisir aux mignardises, aux caresses, & aux seruices que ie luy faisois, il ne fut iamais en mon possible de mettre la main sur son mâgot, au point que ie le pensois tenir c'estoit à l'heure qu'il estoit le plus eloigné de moy. I'auois à faire à vne matoise, qui en sçauoit à moy & à mes maistres : & ie confesse que son genie auoit vn tel ascendât sur le mien, que quand elle eust laissé son coffre ouuert, ie n'eusse pas eu la hardiesse de luy faire tort d'vn denier, au contraire i'aurois fait comme le Dracq qui s'enfuit quand il vid les portes de la ville de Corougne ouuertes croyant que ce fust vne attrapoire qu'ó luy eult tenduë; car qui se voudroit iouer au Diable? ce ne sera pas moy ie craindrois trop le reuire-marion.

L'HOIRIE VSVRPEE.

Iustine décrit la mort subite de son hostesse la Morisque. S'empare du petit fonds d'argent content qu'elle auoit & s'adopte pour petite fille & heritiere de la deffuncte. Fait passer la fourbe pour verité & s'aproprie tout ce que la vieille auoit delaissé.

VN iour enuiron sur les dix-heures du soir, comme i'estois deshabilée pour me mettre au lict, il s'éleua vne furieuse tempeste d'éclairs, de tonnerres, & de vents impetueux qui faisoit dresser les cheueux de la teste, aux bestes & aux gens: & moy qui auois belles aftres, i'allumay vn cierge benît & courus au benistier: La vieille qui ne craignoit rien de ces orages là, s'en va en mesme temps dans vne autre chambre; ie croyois qu'elle s'allast coucher, ie ne sógeois point à elle. Il est vray que si l'on songe qu'en dormant, il m'estoit alors impossible de songer: car ie ne pouuois dormir tant i'estois épouuentée de la tempeste; à la fin, voyant qu'elle continuoit si long-temps, & émuë de ie ne sçay quelle inquietude qui procedoit d'vne autre cause que celle du tonnerre, à moy inconnuë pourtant, ie m'habille & m'en vais dans la chambre de la vieille pour chercher compagnie, & m'alleger de cette agitation de cœur & d'esprit qui me tourmentoit; mais à peine fus-ie entrée, que je veis la vieille étenduë toute platte par terre le nez deſſouz & rendant le dernier ſoupir de ſa vie. J'eus vn peu de ſouleur de la voir en cette poſture, & neantmoins, ie fus ſoulagée de la frayeur du tonnerre & des éclairs, car ie m'allay imaginer que c'eſtoient les Diables qui venoient au deuant de l'ame de cette vieille damnée, & que les éclairs eſtoient les flambeaux, & les tonnerres les tambours dont ils ſolemniſoient l'entrée de leur amie aux Enfers. Ie la retourne & la taſte, & la trouuant froide comme la glace, & qu'il n'y auoit ny fraude ny deception, ie commençay à reſpirer à mon aiſe & à regarder de toutes parts, me figurant que i'eſtois la Dame & maiſtreſſe du bien qu'elle pouuoit auoir laiſſé : car elle m'auoit grandement obligée de mourir ſagement & ſans bruit.

La premiere chose que ie fis, ce fut de lier piés & mains à la defunte, car bien que ie la tinsse morte, ie ne laissois pas toujours de craindre qu'il n'y eust de la tricherie en son jeu: cela fait, ie me mets à fureter par tout afin de m'emparer de ce qui estoit plus facile à détourner: ie pris son clauier, & aprés auoir éprouué les clefs à la serrure d'vn coffre que ie crus étre l'archiue de ce qu'elle auoit de plus precieux, ie l'ouuris auec la clef & trouuay; ô, la grande ioye que i'ay de me raméteuoir encore ce moment là, ie trouuay dis-je 50. doubles pistoles enuelopées & entortillées de peur qu'elles ne s'éuétassent, de chiffons de toile, qui n'étoiét bós qu'à faire de la méche pour vn fuzil d'écolier. Et ayant vn iour ouy dire à vn certain sermóneur, cóseillát de faire ce qu'il ne faisoit pas, qu'il faloit méprizer l'or & l'argét,

& le fouler aux pieds, ie decousis quelques points des semelles de mes souliers & de mes bas de chausses & en mis moitié dans les vns & moitié dans les autres entre deux semelles ; & par ainsi i'obseruois les admonitiós du prescheur: Apres cette diligence, ie m'en vais retrouuer ce mal-heureux corps, & voyant qu'il m'auoit laissé faire ma main sans remuer, & qu'il estoit bien mort, ie le delie; & comme le iour estoit déja venu ie m'en alay apeller trois vieilles de ses plus proches voisines pour voir le spectacle, & quand elles eurent arrouzé ce beau corps d'vne offrande de larmes de morueaux & de crachats, nous l'éseuelismes & la disposâmes à estre mise en terre sainte comme si elle fust morte bonne Chrétienne: nous la mismes à la porte sur deux treteaux boiteux comme leur maistresse, &
puis

puis i'arrengeay au tour d'elle, ses rouets, ses broches, & tous ses autres engins à filer, comme on fait les armes & les dépoüilles des grands guerriers à leurs pompes funebres: Et pour faire de la terre le fossé, ie pris le deüil auec vne assez bonne robe noire des habillements de Veruze, puis i'apellay le Sacristain de la parroisse & marchanday ses funerailles afin d'en auoir meilleur marché. Que s'il ne se fust accommodé auec moy, il n'eust rien eu du tout; i'eusse declaré la methode de la vie & de la mort de la vieille, qui l'eust empéchée d'estre traitée en Catholique Madame me dit-il, ie ne marchádepoint auec vous, cóme ie fais auec les autres, ie ne vous veux pas écorcher, vo˜ meritez courtoisie: & quand il n'y auroit autre raison que la vie recluse dont vous auez vescu auec vostre grand mere, ie ne pren-

Qq

dray que ce qu'il vous plairra. Mais d'où vient cela qu'estant de nostre parroisse, ie ne vous aye point veüe à la Messe? Monsieur, luy dis-je, la bonne femme me menoit toujours à la Messe de l'aube du iour, afin que personne ne me vist. Pauure, belle, & chaste! dit-il, voila de grandes merueilles. Aprés ce petit dialogue, elle fut portée au cimetiere, sans biere, sur vne ciuiere, & à fort petit bruit, car on n'y entendit, ny chant ny cloche, ny sonnette. Les voisines qui m'auoient accompagnée à l'enterrement, en essayant de me consoler, car ie faisois fort l'affligée; me disoient, il est mort auiourd'huy vne femme de bien s'il y en a au monde c'estoit vne demy-sainte, & pour l'estre tout à fait, il ne luy faloit qu'vne chose c'estoit de hanter ses voisines: mais on ne la voyoit non plus qu'vn loup-garou. Ce reproche là, me seruit d'vn fort bon aduertissement, ie reconnus qu'il me seroit facile de leur persuader que i'estois sa petite fille, comme ie l'auois dé-ja dit au Sacristain, & qu'elle m'auoit fait venir auprés d'elle pour estre son heritiere : puis, pour capter leur beneuoléce, ie leur laissay prendre à chacune vne piece de meuble de peu de valeur, des biés delaissez par la deffúte, que ie voiois aussi qu'elles conuoitoient, afin disoiét elles, d'auoir dequoy se souuenir de la Beate, de façó qu'il me fut aisé de me rédre habile à succeder.

La Iustine qui n'a pas toujours les yeux ny les oreilles bouchées, eut incontinant le vent de la mort soudaine de la Morisque, & aussitost, elle enuoya vn de ses officiers apliquer le sceellé afin de conseruer le bien, en attendant qu'il se presentast heritier legitime ainsi que les Loix l'ordonnent. Comme cet Officier entra, ie feignis d'ignorer ce qu'il venoit faire, iugeât qu'il ne faloit pas d'abord luy declarer que ie fuſſe petite fille de la decedée, de peur qu'il ne reconuſt la fourbe, de ſorte, qu'en faiſant la negligéte, ie fis paſſer la menterie pour vne verité, & en voicy la maniere.

Ie m'alay mettre dans vn coin, comme laiſſant tout à l'abandon pleurant & ſoupirant; mais iettant des larmes qui à mon aduis eſtoient d'eau forte: car elles euſſent eſté capables de mordre ſur vn cœur de fer: helas mes amis vous voyez auiourd'huy vne fille grandement deſolée. Cette pauure femme eſt morte cette nuit entre mes bras ſans que i'aye peu eſtre ſecouruë de perſonne, ſinon depuis vne heure que ces honneſtes femmes là ſont venuës m'aider à l'enſeuelir & l'enterrer, que Dieu veuille recompenser leur charitable assistance. Ha ma pauure grand-mere que vous m'auez bien laissée au besoin! que feray-je en ce monde sans vous? hé dequoy vous ay-je seruie, pour estre morte si tost aprés que vous m'auez apellée auprés de vous? moy qui restois seule en ce monde, de tant de neueux & nieces que vous auiez, & qu'il a pleu à Dieu d'apeller comme vous? ha mal-heureuse, faut il que i'aye esté reseruée pour vous clorre les yeux? Helas il eust bien mieux valu que vos mains eussent fermé les miens! car i'ay perdu auiourd'huy la mere-grand de toutes les grand-meres, & la cresme des femmes d'honneur. Helas ouy, répondirét les trois vieilles d'vn mesme ton, nous portons nostre part de la douleur. Mais Madame prenez patience puis que vostre grand-mere est maintenant entre les bras de Dieu.

Comme le Commiſſaire oüit ce diſcours qu'il ſembloit que ie fiſſe dans vne grande naïfueté, il crut que j'eſtois la petite fille & l'vnique heritiere de la maiſon, ainſi que les voiſines le confirmoient: Ie ne ſçay dit-il pourquoy on m'a fait venir ceans, puis qu'il n'y a rien à gangner, attendu que cette pauure fille eſt heritiere de la defunte: & moy pour dóner encore le fil, ie me tourne deuers luy; comment Monſieur heritiere, luy dis-je, helas, il y a bien dequoy porter cette qualité là, pour trois ou quatre chiffons de meubles à faire de la cendre, qui ſont ceans. Là deſſus le Commiſſaire eut tant de compaſſion de moy, que peu s'en falut qu'il ne me donnaſt l'aumoſne: i'auois pourtant aſſez tiré de luy, l'ayant emeu à pitié; il eſt vray, que le peu d'eſperance de profit, viuifia sa Foy pour croire tout ce que ie disois.

Donques, auec toutes mes simagrées ie conjuray ce malin esprit qui venoit troubler mon repos, & m'empefcher de fonder vne bonne vie sur vne méchante mort; il s'en ala, la queuë entre les jambes comme vn loup qui a failly sa proye, & me laissa maistresse absoluë de la succession; Dieu luy veuille faire misericorde en quelque part qu'il soit; sa facilité me fit vn extreme plaisir. Que s'il eust examiné l'affaire de prés, il luy eust esté aisé d'en découurir la verité, veu que ie n'auois point d'autre titre ny d'autre droit pour m'aproprier la succession que mon efronterie. Ie ne sçay pas s'il y auroit quelque Casuiste qui trouuast de la coulpe en cette action; mais par ma

Theologie, ie me persuade que ie meritay pluſtoſt que d'offencer, veu que ce bien là, eſtoit en danger de tomber entre les mains de quelque méchant Moriſque; & ſi cela fuſt aduenu, c'euſt eſté mettre des armes entre les mains des infidelles à qui nous les auons oſtées: Et pour garétir l'Eſpagne, & toute la Chrétienté de tel inconuenient, il me ſembla tres-iuſte de m'introduire & me nommer heritiere pure & ſimple, ſans aucun ſcrupule de conſcience.

Toutefois s'il y a de mauuaiſes circonſtances dans le procedé du principal, Dieu les veuille abſoudre & s'il y a de bons rencontres ie les dedie au Lecteur pour s'é recréer. A tout hazard, ie voudrois trouuer tous les iours quatre-vingt mille vieilles cóme celle là, de qui ie puſſe acquerir du bien auec ſi peu de mal, quoy que ce ne fut pas peu de peine de me voir contrainte à pleurer en vne occasion où i'auois plutost enuie de rire, à cause des cent pistoles que i'auois butinées: Neantmoins, il me falut laisser tomber des larmes, qui auoient grand peine à se détacher: car elles n'estoient pas meures; & cela ne se fit pas sans effort, De façon, que seulement pour auoir arresté le cours du torrét d'allegresse qui me boüillonnoit dans le cœur, & mis mes yeux en presse pour en faire distiler des larmes, ie pense auoir bien gangné les cent doublons: Car il faut que tu sçaches Lecteur, que depuis que mon pere m'eut empreint la figure de la cruche sur les flancs comme ie t'ay raconté au commencement de celiure, iusqu'à cette heure là, mes yeux auoient bouché les acqueducs de leurs pleurs; mesme quand

Au discours de l'Hôtellier expert.

mes freres furent si impudents, que de m'apliquer la quinte majour de leurs doigts sur mes ioües, il me fut impossible d'en pleurer: car i'ay les yeux fort secs, ie ne sçay si c'est que ie me sois naturalizée au terroir de Rioseco, & que la secheresse de ce nom là se soit transmise à mes yeux & à mon cerueau.

I'oubliois à te dire, Lecteur, que ce fut vn plaisir incomparable, d'oüir les regrets funebres que ie fis sur la fosse de ma chere grandmere, quand on la liura aux taupes & aux vers, ie criois comme si i'eusse esté aux douleurs de l'enfantement, & si haut, que ie ne sçay cóment mes clameurs ne m'éleuerent pas au Ciel étoilé & ne me conuertirent en Hiades pluuieuses comme furent changées les sœurs d'Icare à cause de la mort de leur fous de frere qui fut rosti au Soleil, & boüilly dans l'eau des feruétes larmes de ses sœurs. Sans doute, il faloit que ce frere là fust meilleur que les miens, puis qu'il fut pleuré auec tant d'excés; ou bien que ces sœurs là fussent aussi foles que luy, d'auoir voulu auec des cheuaux de cire, vaincre ceux du puissant Phaëton. Auec toutes ces grimaces d'hypocrite, & mes doleances artificielles, ie fus reputée la vraye petite fille & legitime heritiere: & ie gagerois bien, qu'entre toutes les pleureuses qui furent, sont & seront au monde; volontaires, forcées, ou loüées il n'y eut, n'y a, ny n'y en aura iamais de mieux salariée que Iustine.

LE SACRISTAIN PIQUÉ d'Amour.

Plaisante relatiõ des artifices d'vn Clerc d'Eglise pour prendre accez auprés de Iustine, mais elle se defait ciuilement de luy. Il ne se rebute pas pour cette premiere fois, il s'en reua la visiter, & elle l'éconduit encore doucement. Il perseuere en son dessein, & retourne encore attaquer la place, pour la troisiéme fois, se seruant d'vn ingenieux pretexte, mais Iustine coniure ce mauuais esprit, auec des menaces de main-mise, ce qui le fait desister de ses pretentions.

A Peine vingt-quatre heures estoient elles completes, depuis les pompes funebres de l'enterrement de ma mere grand-gâlu; & à peine eus-ie pris possession de l'hoirie vsurpée: comme ie visitois les houbilles de la deffuncte, & que ie vuidois les guenilles du coffre, où i'auois trouué la glorieuse pierre philosophale, enuelopée dans des infames drapeaux, voicy venir le Sacristain qui auoit fait & ordonné les ceremonies des funerailles, lequel me venoit demander l'argent à quoy nous auions conuenu qui estoit cinq ducats, en l'honneur & reuerence des cinq sens corporels: La terre du cimetiere est fort chere à present on n'é a guere pour beaucoup d'argét, & le siecle est auiourd'huy si peruerty, que ie croy que quicoque seroit si sot de penser faire voyage en l'autre monde sans argent, il luy seroit bien force de se faire ietter dans la mer, & prendre son chemin par eau & non pas par terre. Mais ie voy bien que ceux qui sont fauteurs & adherans à ces desordres m'imposent silence, c'est pourquoy ie reuiens à mon Sacristain, lequel commençant son discours par vn elegant auant-propos; Madame, dit-il, si nous estions comme les bourreaux qui se font payer auant la besongne, ie ne viédrois pas maintenant vous importuner; mais excusez moy, il faut que chacun viue de son mestier : Et pour vous témoigner que ie ne desire pas vous incommoder, ie me contenteray pour cette heure d'vn ducat, & du reste, vous prendrez tel terme qu'il vous plaira; ie viendray par fois vous le demander, pourueu que ie ne vous sois point desagreable. Monsieur, luy répondis-ie, les droits de la sepulture ne sont pas comme les loüages de maisons qui se payent par termes : ie serois marrie, que vous qui allez tousiours aprés la Croix, prissiez la peine de venir tant de fois ceans pour si peu de chose ; ce seroit prophaner vostre condition sacrée: C'est pourquoy, desirant ne pas commettre d'indecence en vostre endroit, voicy toute la somme dont nous auons conuenu, tenez Monsieur, à Dieu ie vous baise les mains.

Luy, me voyant parler de ce stile là, s'imagina que ie regrettois cet argent, si bien que pensant me complaire, il m'offrit d'en diminuer ce qui me sembleroit bon. Monsieur le Sacristain, luy dis-ie, ie suis femme de parole, ie tiens le marché que nous auons fait ensemble, il n'est pas raisonnable de vous en faire tort, à chacun le sien n'est pas trop: & puis, il ne vous apartient que fort peu du total de cette somme là, il vous en faut rendre conte ; &

partant, ie vous cóseille de ne point faire de liberalitez du bien d'autruy & de vous retirer plutost sur vostre gain que sur vostre perte.

A la fin comme il vid que ie n'estois pas chausseure à son pied, il prend hónestement congé de moy, & me fit plus de reuerences qu'il n'y en a en tous les Couuents d'Espagne. Son départ me fut tres-agreable : car ayant esté amorcée par le toupillon de pistoles que i'auois trouué il me faisoit mourir d'impatience qu'il ne s'en fust allé, afin de continuer la visite des chifons que i'auois commencée, pour voir si ie ne rencontrerois point quelque autre benefice. Mais, ie ne iouïs guere de l'absence de ce Sacristain ; il ne se rebuta pas pour les propos que ie luy tins; Dés le lendemain il reuient au logis, & aprés plusieurs discours extrauagants en matieres Ecclesiastiques

stiques, il me dit que le principal sujet de sa venuë, estoit pour exercer la Charité & me demander si ie ne voulois point faire quelque seruice pour ma grand-mere. A cette demáde, ie fis le geste du poüilleux, & commençay à friponner comme s'il m'eust demangé par tout; Monsieur le Sacristain, luy dis-ie, le meilleur, & le plus agreable seruice que nous puissiós faire vous & moy à la deffuncte, c'est de ne nous point accoster l'vn l'autre, & que vous n'essayez pas dauantage à prédre accez auprés de moy: car il n'y auoit rié que la deffuncte craignist tant, que de me voir parler à des Sacristains. Il faut reseruer ces honneurs funebres pour les grands & les riches, il ne m'apartient pas tant de brauerie; & puis, vos seruices sót trop chers ie n'y pourrois pas fournir; il n'y a ceans pour tout bié que

Rr

trois chaires de paille, deux roüets, vn pot, vne cruche, deux panniers, & quelque friperie d'habillemēts; aduisez s'il y a là dequoy payer tant de seruiteurs & de seruices. Là dessus il prit occasion de poursuiure son projet, & de me faire ses offres, qui furent de faire faire le seruice à ses dépens, & par ainsi, il se disposoit d'honorer mon ayeule à l'Eglise & de l'offenser dans sa maison : Et moy qui entendois son honnorifique dessein. Seigneur Sacristain, luy dis-ie, vous estes excessif en courtoisies, & comme toutes les extremitez sont vicieuses, ie vous prie par charité Chretienne, de n'estre plus si soigneux du bien des morts, de peur que vous ne fissiez dommage aux viuants. Mais à propos, dites moy ie vous prie est-ce vous qui loüiez l'autre iour la chasteté, en laquelle ma grand-mere m'auoit nourrie, parmy sa pauureté, & que vous teniez pour vne merueille? Et quoy au lieu de deffendre & conseruer l'integrité vous tâchez à la corrompre, qu'est-ce à dire cela? Ie voy bien que c'est, vous tenez du Lion, quand vne fois il a touché quelque chose auec sa gueule, il ne profite iamais; aussi vne chasteté loüée de vostre bouche, est vne piqueure de ver & vn présage de sa détruction. Estes-vous si insensé, de penser que deux iours aprés la mort de mon ayeule, ie vouluſſe perdre l'honneste reputation que i'ay acquise depuis tant de temps?

Or comme il n'y a point de parfait amoureux qui ne soit fous & presomptueux, cettui-cy crut, que de luy remonstrer le peu de jours qui s'estoient passez depuis le deceds de la vieille, estoit signe qu'il pouuoit esperer quelque douceur de moy à l'auenir, & que c'estoit tacitement luy demander terme pour me resoudre d'adherer à ses fantaisies. En effect, trois semaines aprés cette derniere entreveuë, il me vint reuoir sous pretexte de me demander si ie voulois faire le bout de l'an de ma grand-mere. Dame ce fut là, que ma discretion manqua, ie luy parlay d'vn tó plus aigu que ie n'auois encore fait. Seigneur Poliphéme (car il n'auoit quasi qu'vn œil) ne vous échapez pas d'auantage, cessez de m'importuner, & sçachez que dés l'heure que vous eustes fait l'enterrement de ma grand-mere, i'ay dit adieu aux Sacristains pour tout le reste de ma vie, ne desirant auoir aucun commerce auec eux pour quelque cause que ce soit; vn Sacristain me sent le tombeau d'vne lieuë loin. Et venez-ça Monsieur le

Clergeon, en quel Calendrier a vous trouué, que l'an s'accomplisse en trois semaines, pour me venir rompre la teste, en m'aduertissant de faire le bout de l'an? Or soyez aduerty, que quand le Soleil retournera en arriere, & qu'il terminera son cours en vingt-deux iours, dans lesquels vous dites que l'année est comprise, commencée & acheuée, alors ie termineray & finiray la fin de vos pretensions. Et en attendant ce temps-là, brizons icy; qu'il ne vous aduienne plus de passer le seüil de cette porte: & sçachez, que mon ayeule m'auoit promise à vn homme du mestier de la guerre, qui a déja pris mon honneur en sa protection, & qui a bon nez; s'il sent vne fois vostre piste, & s'il sçait que vous me veniez offrir ces honneurs, vous pouuez vous asseurer que la plus petite piece qui restera de voſtre corps ce ſera l'oreille. Ie n'auois pas acheué ce dernier mot, que mon Sacriſtain eſcampa ſans compliment, renonçant aux ſeruices & emoluments des bouts de l'an, & deſiſtant de toutes ſes pretentions : car il s'imagina que celuy dont ie le menaçois, le tenoit déja au cu & aux chauſſes, & onques puis ie ne le veis.

L'ARGENT TRIOMPHE
de tout.

Diligences de Iustine, pour s'asseurer & se preualoir de la succession vsurpée de la Morisque sa grand-mere adoptée. Fait inuentaire & vente de ses biens: & ayant gangné son proces à force d'argent, elle s'en retourne à Mansille à cheual sur vne asnesse, laquelle fut cause d'vn plaisant petit deuis qu'elle eut auec vn Curé qui se trouua chez ses freres à son arriuée. Et au bout d'vn peu de temps, elle commence à faire des desseins de se marier & se met le bouquet sur l'oreille pour ce sujet.

A Force de fureter, déueloper, & chercher dãs les coffrets, murailles, & mortoises du logis, ie trouuay deux obligations passées pardeuant Nottaires, l'vne contre vne Morisque morte, & l'autre côtre vne viuante, que ie connoissois, mais ie la craignois, parce qu'elle sçauoit bien que ie n'estois pas parente de Veruze, & que sa succession ne m'apartenoit point; tellement, que de peur qu'elle ne me rendist quelque mauuais office, ie m'aduisay de l'aller trouuer auec son papier. Dame Acrimoine, luy dis-je: car elle s'apeloit ainsi, voicy vne obligation de cinquante liures que vous deuez à ma grandmere Veruze, laquelle m'en a fait don pour en retirer le payement de vous: mais ie ne m'en veux pas preualoir ny vous en inquieter, sçachant bien que vous me pouuez faire plaisir en autre chose. La Morisque comme fine qu'elle estoit, entendit bien mon dire à demy mot; si ie découure qu'elle n'est point heritiere, disoit elle à part-soy, la Iustice se saisira du bien; & cette fille-cy pour se vanger de moy exhibera mon obligation, on me contraindra de payer; & n'en ayant pas le moyen, on m'enfermera dans vne boiste de pierre, il vaut donc mieux que nous nous taisions toutes deux, trop grater cuit, trop parler nuit.

Ayant ainsi raisonné, nous fismes ensemble vne promesse solemnelle, car il n'y a gueres de brigands si depravez, qui ne pratiquent quelque sorte de foy entr'eux: nous fismes donc serment mutuel, elle de ne se souuenir iamais de Veruzeny de sa race, & moy de ne songer iamais à son debte: Toutefois, le bon bout demeura de mon costé; ie garday son obligation pour seruir d'antidote contre le venin de sa langue, si d'auenture le Demon venoit à la tenter de troubler mon repos. Pour le regard de l'autre obligation, elle me fut autant inutile que cette-cy; car encore que les heritiers de la Morisque fussent aizez, & soluables, ie n'ozay pas leur en faire demande, craignant qu'ils ne demandassent en quelle qualité i'estois porteuse de cette obligation, & qu'elle ne seruist à m'apauurir plutost qu'à m'enrichir. Quand il est question de recouurer des debtes, c'est chercher des noises: quiconque se veut maintenir en bonne intelligence auec quelqu'vn, qu'il ne luy preste iamais rien, ou bien qu'il ne luy demande iamais son deub, autrement d'vn amy il en fait vn ennemy: ainsi de peur de faire des querelles, il me falut resoudre au silence, & écrire au dos de mes papiers pour ce, cy neant.

Ayant donc bien cimenté l'vsurpation de ma succession, & me voyant tant de croix à la main pour faire fuir mes Diables de freres, tant de lions & de chateaux, pour me fortifier cont'reux; & tant de fleches pour les combatre: car toutes ces choses là se trouuoient aux quatruples de Veruze, il me prit fantaisie de reprendre l'instance que i'auois contre eux, esperant d'obtenir sentence en ma faueur, en pratiquant ce Prouerbe de nostre langue; *trahe la bolsa abierta, y entrar se te ha en ella la buena sentencia*. Cette resolution estant prise, ie fis faire la criée & l'encant des meubles de ma grand-mere adoptée: Les deniers de la vente monterent enuiron à cent liures tous frais faits, outre 25. liures que ie payay des loyers de la maison que Veruze debuoit,

Figures marquées sur les pistoles d'Espagne.

Ouure ta bourse & l'on y mettra telle sentence que tu voudras.

dont toutefois ie ne débourſay rié, ie fis ſi bien la neceſſiteuſe & la piteuſe, que les proprietaires s'aproprièrent de pluſieurs vieilles vtenſiles de rebut, dont ie ne me pouuois defaire, & entré autres d'vn vieux baſt de mon afneſſe que ie fis preſque valoir autant que s'il euſt eſté neuf: & comme l'vn de ces creanciers emportoit ce baſt, i'oüis qu'il dit, il n'y a remede on ſe paye d'vn méchant debte comme on peut, quand ce ne ſeroit que des fétus.

Cela fait, ie pars de Rioſeco, & prens le chemin de Manſille gaye comme Perote, montée ſur vne fort bonne afneſſe accompagnée d'vn homme que i'auois loüé pour me feruir d'eſcorte, & ayant ſur moy, couſu par-cy par-là, dâs mes habillements prés de mile liures en or. Comme ie me veis vn ſi grand fôds, il me vint vne celeſte inſpiration, de faire quelques petits presens à mes freres & sœurs pour essayer à nous accorder ensemble: car il faut acheter la paix; & puis *Dadinas quebrantan pennas*, dit on en nostre païs, mais cette pensée là ne fut qu'vn ombre leger, qui passa dans mon esprit comme vn éclair: Le Genie de l'auarice m'ala faire imaginer que si ie donnois quelque chose à mes freres, c'estoit leur donner sujet de glozer sur mes actions, & d'estre en peine comment vne fille comme moy, gangne tant de bien en si peu de temps. De sorte, que ie resolus de cacher mon ieu: Il n'y auoit que l'asnesse qui m'incommodoit: car ie ne la pouuois pas cacher dans mes habits, *locu era plenu*: mais ie m'aduisay de dire qu'elle venoit d'vne bonne vieille deuote qui me l'auoit laissée par testament, & chargée de la vendre aprés son deceds, & d'employer l'argent en œuures pieuses comme à faire dire des Messes: Et le bon du conte fut, qu'en arriuant auprés de mes freres en cét arroy, & qu'il fut question de l'asnesse & des conditions du legs, il se trouua là vn certain Curé, lequel oyant parler de la vendre pour dire des Messes, s'aduance à l'instant deuers moy, disant que si ie la luy voulois donner qu'il s'offroit d'en dire ce qu'il en faudroit, suyuant l'estime & la suputation qui en seroit faite. Monsieur, luy dis-je, tres volontiers ie le ferois: mais ie suis obligée de suyure l'intention de la testatrice qui a ordonné que les Messes soient celebrées auec assistance de Diacre & Souzdiacre: & cela ne se peut pas effectuer en l'Eglise de vostre vilage où vous estes tout seul. Tu vois, Lecteur comme le Curé m'auoit attrapée au passage, si ie n'eusse ru-zés, comme ie fis. En fin bon gré malgré, i'entre dans la maison où ie ne fus pas trop la bien venuë. Neantmoins ils me craignoient tous, à cause de la sentence que i'auois obtenuë contre eux, qui estoit vne vraye sentence d'excommunion pour ces larrons domestiques. En vertu d'icelle, ie nommay vn Curateur à ma deuotion, qui estoit vn homme d'armes que ie connoissois de plus prés que de loin; & de bonne fortune, qui auoit alors quelque inclination à me vouloir du bien. Ie ne fis pas élection de cét homme cy, tant pour aucune fantaisie d'affection que i'eusse: mais seulement parce qu'il auoit dents & ongles, pour en vzer quád il seroit besoin contre mes aduersaires, ie veux dire côtre mes freres, dont la rage s'augmenta par la faueur de ma sentence. Il estoit veuf & logeoit dans la mesme maison où mes freres se tenoient, de façon, que ie recourois aisément à luy en toutes mes necessitez, à quoy il se treuuoit toujours fort disposé: Neantmoins, il me sembla qu'il valoit mieux se conioindre à vn homme qui fust legitimement interessé à la conseruation de mon petit bien, i'entens par nom & loy de mariage : & en cette pensée là, ie me resolus de changer d'estat, & de me mettre le bouquet sur l'oreille pour témoigner que ie voulois prédre party. Quelques vnes de mes amies me conseilloient de faire des vœux de superstition pour bien échoir au rencontre d'vn bon mary : mais voyāt que la plus part de leurs propositions n'auoient nule aparéce de raison, ie n'en tenois conte, &

trouuois

trouuois par experience qu'il y a plus de receptes superstitieuses pour se marier, qu'il n'y en a pour la douleur de dents. Il me souuient que ie fis vn iour foüetter vne femme, sur ce qu'elle me dit que ie me leuasse à l'aube du iour la veille sainct Iean, & que la premiere creature que ie rencontrerois par la ville, seroit vne image du mari qui m'estoit destiné: Ie le fis comme elle me le dit, & ie ne fus pas plutost hors du logis, que ie trouuay vn asne qui venoit rossignolant droit à moy: ie me détourne & passe outre, & à cent pas de là, ie trouuay vn Clerc chaponné. Me voila bien paruenuë dis-ie alors. Ie laissay donc là toutes ces folies & me deliberay de busquer fortune, & chercher mary hors de mon païs; en partie pour m'esloigner de ces bourreaux, entez en tige de freres, & en partie, par ce que les choses qui viennent de loing, sont plus exquises & plus precieuses que celles de la patrie: En cela, i'imitay la tourterelle qui se voyant démariée s'éloigne de son nid, & ne reuient point qu'elle ne soit emmariolée. Quand à ce qui est de rencontrer vn bon mary, c'est vn coup de hazard comme quand on achette des melons; on ne sçait pas si le melon que l'on prend est meur, ou verd; s'il est tout de semence ou tout de chair: Il est vray que l'on dit que le bon melon doit auoir trois qualitez, à sçauoir, pezant, marqué de caracteres, & odorant; De façon que choisissant vn mary suiuant ces signes là, ie puis dire que ie trouuay la pie au nid, & que ie rencontray bien en mary, attendu que celuy que le sort me donna estoit si pezant qu'il n'y auoit mulet ny limonnier plus pezant que luy: comme auſſi, n'y auoit il perſonne, qui euſt vn plus noble caractere puis qu'il portoit celuy du Roy ſur l'épaule; ſans mettre en ligne de conte, vne balafre qu'il auoit au-trauers de la trongne: Et quant à l'odeur, il eſtoit incomparable, car on le ſentoit aprocher de deux cens pas, à cauſe de cette balafre.

L'IMPVDENT PRETENdant.

Iuſtine ayant témoigné de vouloir prendre party, le premier qui ſe preſenta pour mary, fut vn Tourneur de ſabots & de toupies. Son abord, & ſes propos ridicules offrant ſon ſeruice. L'examen que Iuſtine fait de ſes qualitez, ſurquoy elle forme vne raillerie: Puis s'offençant de ſon inſolente & temeraire recherche, elle le congedie par menaces.

IL y a deux choſes entre-autres, qui ne ſe peuuent cacher dans les bourgades, la mauuaiſe reputation, & les filles à marier, parce qu'il y a ſi peu de monde que tout ſe ſçait & ſe publie incontinant. Or comme i'épandois par tout vne odeur de veille de noces, ie ne voyois que Muguets, Fringans & Galans passer & repasser autour de nostre logis. Le premier, qui eut la chose de declarer sa pretention, ce fut vn certain barbepoignant autant necessiteux de richesse, d'esprit, & d'adresse, qu'il estoit excessif en amour & en souplesse de corps: car à dire le vray, il estoit d'assez belle taille, & grand espadacin, mais il auoit la teste petite, & pas plus grosse que celle du manche d'vne viole qui estoit vn indice de peu de ceruelle : Au reste, son visage estoit si troüé de marques de petite verole, qu'il sembloit que ce fust vne couloire de poterie à passer des pois. Ayant fait quelques demonstrations de son dessein, où il y auoit plus de plaisir & de goust que de coust ; il crut s'estre dé-ja insinué en mes bonnes graces ; & que mon mariage estoit vn ieu de *quinola* où l'on n'écarte point, s'en vint vn iour à moy brusquement & à l'étourdy me faire cette élegante harangue : Madame Iustissine, me dit-il, si vous me voulez accepter pour seruiteur domestique, pour estriller vostre mule, pour seller vostre cauale, pour couler vos lesciues, lauer vos draps, recoudre vos chausses, bref pour faire toutes les autres fonctions de cette nature, me voicy tout prest, ie me donne à vous, disposez de moy comme il vous plaira ; & croyez que ie ne suis point fous, si ce n'est d'amour, encore ne le suis-ie pas pour toutes, mais pour vous seule que i'ayme déja comme mon éponge.

Ie trouuay cette façon de parler & d'expliquer ses intentions, à demy plaisante & à demy offensiue ; ie balançois dans le doute, pour sçauoir si ie la deuois prendre pour raillerie ou pour iniure, mais de peur de passer pour trop scrupuleuse, ie fis semblant d'en rire : Quand il falut dire de quel mestier il se mesloit, il commença à begayer & heziter en me voulant répondre à la fin, parmy la confusion où cette question le mit il me repart : Madame, vn esprit coniuré par vne si belle bouche que la vostre ne peut nier la verité, & partant, ie vous diray que ie ne me mesle pas seulement d'vn office, mais de plusieurs, & plus encore qu'il n'y en a dans les liures de Ciceron: Mes offices se font à diuers temps; en vne saison ie fais vne chose, en l'autre vne autre; En Esté ie m'occupe à vn exercice qu'on appelle Tourneur ;

en hyuer ie fais des armes ; & outre cela si on me met vn cheual entre les mains, il n'y a personne qui le sçache mieux manier que moy ; au demeurant, noble comme vn Esperuier ; ie suis Mendoce, Guzman, Cabrera, &c. Bref ie suis vn homme qui ne m'endors pas sur la besongne.

M'ayant ainsi bien informée de ses qualitez & conditions, ie ne iugeay pas qu'il y eust rien de specieux pour me donner enuie de le receuoir pour mary, neantmoins, ie ne voulus pas l'éconduire d'abord ; ie tins la réponce en suspens, de peur qu'il m'aduint ainsi qu'à la Deesse Delie, laquelle estant recherchée en mariage par Apollon, elle le rebuta parce qu'il estoit mal vestu & à la legere ; Luy se voyant congedié passa outre ; & quand elle vid qu'il entraisnoit aprés soy toutes ces legions d'astres qui le suiuoient comme ses seruiteurs, elle se repentit, & iura de pleurer sa faute de temps en temps, mesme d'en porter le deuil; & de là, sont venües les eclypses & les deluges de Delie qu'on apelle autremét la Lune. Tellement donc que ie ne voulus pas rejetter ce pretendant là, qu'vn autre n'eust mordu à l'apas : Ie trouue vne grande simplicité aux Dames à marier d'en vzer autrement ; il ne faut iamais que la place demeure vuide; vne tauerne qui n'a point de biberons ne peut rien debiter. Ainsi quand d'autres oyseaux de meilleur plumage & de plus beau ramage, furent venuz au reclame & au leurre que ie leur iettois, i'enuoyay querir mon espadassier & luy fis cette réponce. Seigneur Greluche, il s'apeloit ainsi, i'ay meuremét pensé sur l'affaire que vous me proposastes l'autre iour; & m'estant exactement enquestée de vos facultez, qualitez & conditions, sur la relation que vous m'en fistes, i'ay trouué que vous m'auez abuzée de plus de moitié de iuste prix. Et pour vous dire le vray, quand vous me fistes entendre que vous estiez tourneur en Esté, ie crus que vostre seigneurie passoit le temps en esté, dans les Tournois & les Ioustes: & cela me sembloit fort à propos, d'autant que l'Esté dilate le sang & delie les membres; & par consequent c'est la saison la plus propre aux courses de bagues & autres galanteries de Cauailliers & de Dames: & ie suis de naturel d'aimer grandement les personnes de cette profession, mais à ce que i'ay pu comprendre depuis, c'est qu'en Esté vous estes tourneur de toupies & de sabots pour les enfans. Et pour le regard des armes que vous dites, c'est qu'en hyuer pour vous échaufer & gangner voſtre pain, vous battez le fer & l'enclume chez vn armeurier qui fait des corps de cuyraſſes, & vous apellez cela faire des armes: Du reſte, i'auois compris que vous fuſſiez quelque braue eſcuyer & ſçauāt au manege des cheuaux : mais c'eſt que vous ſeruez quelque fois les courtiers & marchands de cheuaux, qui ſignifie en bon langage, que vous eſtes excelent palefrenier: voila ce que i'ay apris de vous & de voſtre renómée.

Alors, le pauure malôtru, auec aſſez de vergongne, mit le chapeau à la main, diſant Madame, vous auez trouué la feve du gâteau; c'eſt la pure veritance que tout ce que vous auez dit; vous voyez le ieune hóme à voſtre ſeruice & à voſtre commādement. Ie ne fus iamais plus étonnée ny plus en colere que de luy voir aduoüer ingenuement les reproches que ie luy faisois, parce que i'estois hôteuse en moy mesme, qu'vn tel marault eust esté si éfronté que de me venir offrir son seruice: & pretendre d'estre mon mary & mon maistre; mais à la fin, ie pris patience, considerant qu'il est permis à chacun de tenter sa bonne fortune; que cettuy-cy se vouloit pousser & mettre au monde du mieux qu'il pouuoit; & que i'estois libre d'élire ou de reprouuer ce que bon ou mauuais me sembleroit: De sorte, que pour passer ma colere ie me vengeay de son insolence en gaufferies. Et quoy galand mon amy, luy dis-je entr'autres railleries, quand vous auez esté si impudent que de vous presenter deuant moy, vous sembloit-il que ie fusse curieuse d'auoir vn mary d'vn office qui l'obligeast à demeurer de pied ferme en la maison ? Ne vous imaginiez vous point qu'eſtát tourneur ie vous euſſe fait prouiſion de cornes pour faire des cornets d'écritoire à tout le païs ? Et par voſtre foy Seigneur Greluche dite moy ie vous prie à quoy pretendiez vous que ie vous deuſſe eſtre propre au meſtier dont vous eſtes, ſi ce n'eût eſté en cét exercice là ? Madame répont-il, ſi nous euſſiós matrimonié enſemble vous m'euſſiez pu ſeruir à filer de cette petite ficelle qu'on apelle du foüet pour faire des cordes de toupie, & auec cela, vous euſſiez aiguiſé & afilé les pointes de fer, & les clouds des ſabots quant-&-quant, de façon que tout le gain fuſt demeuré chez nous. Ie fus ſi outragée de cette belitreſſe réponce, que ie ne pus diſſimuler mon ire. Va Truád que tu és luy dis-je, la quenoüille eſt vn outil de vieille, ie ne ſuis pas encore en terme d'en vzer; neantmoins, ie commencerois volontiers des cet-heure, le meſtier de fileuſe de cordes pour te foüetter, te donner l'eſtrapade & pour te pendre. Que ſi tu és iamais ſi fous, d'aprocher ma porte de cent pas ie te feray donner cent coups d'eſtriuiere, depuis le ſommet de ta teſte de toupie, iuſques à la plante du pied: & ſur tout, garde toy de méprendre; ne dis mot, de peur que dés-à preſent ie ne te faſſe éprouuer iuſques où s'étend mon pouuoir. Ce galand me voyant ainſi fulminer contre luy, ſe retire à reculons, s'imaginant que ie fuſſe quelque Magicienne, qui le deuſt faire accabler d'vne legion de Demons; deſorte que peu à peu il diſparut de deuant mes yeux comme vn ombre.

LES FOVS AMOVREVX.

Iustine, deduit des raisons pour prouuer qu'il est aduantageux à vne fille à marier d'auoir beaucoup de pretendans: Puis elle decrit les qualitez extrauagantes de ceux qui la recherchoient; & conclud que la condition plus specieuse & plus considerable des amants, c'est la liberalité; sur quoy elle fait vne notable remarque, à propos des proprietez & vertus de l'argent.

TOut ainsi que la beauté du corps humain ne consiste pas a estre toute d'yeux; car les hommes seroient autant d'Argus; ny toute de piés, ce seroit vne Poësie; ny toute de bras, ce seroit vne Mer; ny toute de mains, ce seroit vne rame de papier; mais la beauté requiert aussi, qu'il y ait des ongles, des dents, des sourcils, des cheueux & d'autres excrements. Ainsi l'honneur que peut auoir vne fille de s'estre veuë desirée & recherchée, ne consiste pas tant à faire monstre des amants qu'elle iugeoit dignes d'estre receuz: mais aussi, doit elle faire connoistre ceux qu'elle a refuzez. Ie forme ce discours sur cét argument comme seruant a releuer d'auantage la peinture de mon histoire. Ceux que les Dames refusent, honnorent leur merite comme les épines font les rozes comme les testes des tyrans vaincuz honnorent les pieds des guerriers victorieux, & comme les captifs, liez au ioug des chariots, des triomphans. Il me seroit fort aisé d'écrire vn raisonnable volume, des diuers rencontres que ie fis en telles occasions durant le

peu

peu de temps que ie demeuray fille: en effet dés qu'vne fille s'embarque dans la proposition du mariage c'est vn nauire exposé à toute sorte de vents; Or comme ayant esté souuentefois combattue & agitée, entre plusieurs conditions d'hommes qui aspiroient à mes bonnes graces par la voye du mariage, ie m'en vais faire en gros, vne peinture des mœurs diuerses de ces Messieurs là; car d'en vouloir parler en detail ce seroit entreprendre de conter les atômes du Soleil & les faux sermens des marchands.

Aucuns de mes amoureux, prenoiét la grauité & l'humeur serieuse pour mente & galantise, croyant qu'elle me pluft & que i'eusse quelque affinité auec le Dais & la grandeur. Ceux-cy passoient par ma ruë, tous enduits de cette gomme, & marchoiét auec vne morgue & vne quarré si bien compassée, qu'ils sembloient estre des Senateurs d'Athenes, mais par ces actiós là ils témoignoient euidemment leur peu d'esprit en ce qu'ils ne voyoient pas que le feu corporel des mines, aneantit la grauité des plus hauts & plus fermes rochers, les arrache de leur centre, & les emporte iusques par dessus les nuées: & ces amants-cy, qui par maniere de dire n'estoient que des plumes s'imaginoient que le feu interieur de leur amour, les changeoient en pierres & en roches de grand poids. Ie ne tiens pas qu'Amour, aime tát à tenir le pied ferme, ce seroit croire qu'il ne porteroit des ailes que par bien-seance: ce seroit penser que le feu morfond & que l'eau deseche.

Autres, se vouloiét introduire en mon affection, en faisant ostentation de leur belle taille quoy qu'ils fussent contrefaits : ceux-cy, mettoient tout leur esprit à paroistre droits & bien proportionez à force d'emboutisseures de cartons & de cauenas & à changer d'habits de toutes couleurs; comme aussi, pour corriger les defauts de leurs laides iambes, ils faisoient faire des bas renforcez par le molet. Ils me firent reconnoistre qu'vne des sortizes reprochables aux Espagnols, c'ét de ne penser à autre chose qu'à se vestir : mais ces gens là sont ignorans, & ne voyent pas qu'Amour est nud, aueugle, & enfant, qui ne sçait, ny ne se peut habiller. Ie les cóparerois volótiers à vn certain petit animal qui a tát de piés, que nº apelós *Ladilla*, parce qu'il s'atache si fort aux habillemés, qu'ó ne l'é peut iamais faire sortir qu'é l'arrachant à beaux ongles & le tuát; mais il ne faut pas vzer de cette cóparaisó là,

a Morp.

Tt ij

il y a des delicats qui ne la trouueroient pas bonne; celle-cy leur plairoit dauantage: Ie dis donc que ce sont des Amants & des Narcisses deux mesmes, & non pas de celles qu'ils recherchent: leur amour est vn feu de si peu de force qu'il ne les enflame que par dehors, comme ceux qui se frottent d'eau de vie qui sont froids par dedans: & à proprement parler, ce sont des amoureux d'entre cuir & chair, dont les flames ne penetrent pas iusques au cœur.

Autres s'étudioient à se faire croire extremement passionnez & tous fonduz d'amour. Ceux cy marchoient par ma ruë auec des gestes de gens rauis & étonnez, faisant de leur cœur vn Vulcá, de leur front vn Ciel, & de leurs yeux des foudres, dont ils sembloient vouloir embrazer ma maison & ma personne: Dés qu'ils me voyoient, ils changeoiét de postures, & conuertissoiét leurs regards extrauagants, en œillades pieuses & deuôtes, & auec cette mine modeste, ils essayoient de repasser deuant les miroirs de mes yeux; puis en tournant la ruë, ils se blotissoient comme des *Zanis* contre le coin, pour me guetter, s'imaginant qu'ils estoient fort déguisez & cachez. Et par hazard, & sans y penser, ie leur donnois vne once de guignes, ie leur naurois le cœur; en mesme temps, ils me rendoient graces auec tát de tours de souplesses, de tourdions de fesses, de pieds derriere, de pieds deuant, d'inclinations de corps & de mouuements de teste, deça & delà, qu'ils sembloient auoir tous les membres disloquez & tous les os déboistez: Ie passois fort bien mó temps de ceux la, vn amoureux qui va tout d'vn coup aux extremitez de sa derniere perfection est comme vne pomme de capendu, qui fleure bon & qui est colorée auant que d'estre meure. Ie ne croiray iamais qu'vn galand soit amoureux, qui commencera plutost à faire paroistre son affection, par les yeux & par les gestes, que par les mains. Vn amoureux qui a des mains mortes, & des yeux vifz n'est qu'vn ombre & vne chimere d'amour il est vray que si ces extazes, ces rauissements, & tous ces autre signes de passion se rencontroiét auec des actes de largesse & de liberalité, ie dirois que ceux là tiendroient la route royale & q'uils chemineroient par le grand chemin & par le plus seur.

Quoy, pour ietter des regards à la fenestre d'vne Dame, repandre des larmes, élancer des soupirs, pensent-ils rendre des preuues de l'excellence d'vn amour? non non ien é croy rien: à quoy faire peindroit on Amour ayant les yeux bandez? c'est se moquer, de croire que l'amour consiste à guetter & lorgner: vn braue & galant amoureux, c'est celuy qui clost les yeux, & qui ouure mains; qui ferme la bouche, & qui ouure la bourse.

Il y en auoit d'autres qui s'imaginoiét que Iustine aimast la proüesse, & fist cas des Rolands; & pour ce sujet, ils passoient deuant ma porte, faits comme des trophées de Bellonne couuerts de toutes sortes d'armes, de rondaches, de pistolets, de poignards de Bohemiens sur le roignon, de longues queuës d'estocades & d'épées à giboyer, qui leur pendoient au cu traisnant à terre plus de deux pas aprés eux: mais cela ne leur seruoit que de parade: Il est vray que quelques nuits, pour monstrer leur vaillance,

Tt iiij

ils faisoient des tintamarres de sorciers où il ne paroissoit personne, & chamailloient courageusement sur les pierres, d'où ils faisoient sortir le feu. Il me souuient qu'vne fois, vn de ces brauaches passa souz mes fenestres, & auant que de faire son saue ordinaire, il se mit à filer & retordre vne de ses moustaches, tandis qu'il tenoit l'autre en detrempe dás sa bouche, & quand elles furent toutes deux retorses, il fit vn soufle qui seruit de gomme pour les roidir. Cela fait, il met la main sur la garde de son épee, & regarde si elle ne tenoit point au bout; puis il visite sa dague; & finalement, enfonçant son chapeau dans sa teste ou sa teste dans son chapeau, & dressant le bord de deuant, leua les yeux à ma fenestre & me dit: Ma Princesse, y a-t'il quelque temeraire qui vous ait faschée : car par la

IVSTINE. 665

mort, par la cha., ie l'extermineray en vn instant. Monsieur, luy repartis-ie, si vous vouliez exterminer celuy qui me fasche & m'importune, vous n'auriez pas loisir de faire vostre testament, mais ie vous prie neantmoins de n'en rien faire, puissiez vous viure longuemét afin d'estre le plaisant des Dames. Il se retira fort content de moy, faisant vanité de cette réponce comme d'vne faueur.

O que ces gens là sont ignorãts, qui pensent que les femmes se repaissent de proüesses & de vaillances, ils ne cõsiderent pas que Cupidõ ne porta iamais d'épée, de dague, de plastron, ny de bouclier, qu'il ne ioüa iamais de l'espadon ny de la halebarde. De vray ce sont deux passions fort diferentes pour se bien accorder ensemble que la proüesse & l'Amour, l'vne est feroce, tyrannique, cruelle, turbulente, & épouuentable : & l'autre, quand elle se rencontre en vn cœur noble, ce n'est que courtoisie, douceur, mignardise, & modestie : d'où l'on peut inferer, que celuy qui mene Amour, par les precipices de la fierté & de l'arrogãce, ne sçait que c'est qu'Amour ; ou bien son Amour est vn mulet de montagne, qui ne va que par les affreux & aspres passages, & partant, il luy faut vn bast, & vne bonne charge de bois sur le dos pour le domter.

Ie ne me veux pas amuzer à faire le recit d'vne infinité de pretendãs de plusieurs autres sectes, ny les extrauagantes folies qui sortirent de la bouche de quelques vns : Ie ne feray point aussi mention des poulets de papier qu'ils m'enuoyoient en si grãd nõbre, que ma seruante en fournissoit les Apotiquaiquaires, merciers & beurriers de nostre bourgade. Que s'ils eussent aussi bien esté de plume & de chair, cóme ils estoient de papier & d'écre, ie leur eusse fait vne tres-honneste reception. Deuine, Lecteur, à quoy ie cópare ces Amáts de belle aparence & de nul aport? ils resséblét à ces jaquemars d'horloges, qui font semblant de rópre la cloche & ne donnent iamais: ce sont de ces tónerres qui font force bruit & ne tombent point: enfin, ils ressmblét au feu qui apreste la viáde & ne la mange pas. De quoy seruent des accidents sans substance? des plumes sans chair? de la paille sans grain? & des aparences sans verité? c'est pure folie, de penser que tout ce faste puisse cótenter vne femme, pour mon regard.

Ie renonce à tels amoureux;
Ie ne les croy ny ne les veux.

Vn certain Licencié de mes amis,

qui se trouua en la bataille Gramatique, d'où s'échaperent plusieurs verbes, les vns estropiez & les autres sans nez & sans oreilles, disoit, qu'Amour se declinoit par deux cas seulement, à sçauoir *Datif* & *Genitif* du premier on en vze auát le mariage, & du secód, quand le mariage est fait, Les plus sociables voisins qui se puissent trouuer, ce sont ceux cy, *aimer & donner*: cóme aussi, quád ils sont éloignez l'vn de l'autre il n'y a point de distance si desagreable: l'argent est l'ame de toutes choses; il auance & fait croistre tout; c'est l'aune où l'on mezure aujourd'huy le merite & la vertu d'vn homme: En effet, l'argent a toutes les parties requises en vn amant; premieremét il est beau, principalement le iaune, parce qu'il tient du Soleil, qui est le pere de la lumiere, & que le blác ne symbolize qu'auec la Lune qui emprunte sa beauté du Soleil, il est noble par dessus tout; il a des saget- tes comme Cupidon, pour navrer les cœurs; il a des lacs pour asseruir des sujets, des Lions pour châtier; des colonnes pour se fortifier; des chasteaux & des tours pour se deffédre; & des couronnes pour marque de souueraineté; bref pour l'honeur & pour le profit, il n'est rien tel que l'Argent; ce nom là comprend tout. De sorte, Lecteur, que faisant reflection sur ces cósiderations, tu peux iuger si ie n'ay pas assez d'entendement pour connoistre les bonnes choses. I'ay toujours fait experience, que plus vn homme a les mains larges, & plus il a de capacité; c'est signe aussi qu'il a de grandes ailes au cœur, puis qu'il le fait voler hors de soy. Nous autres femmes sommes Chiromanistes, nous iugeons aux mains des bonnes ou mauuaises

Remarques sur les marques des monoyes d'Espagne.

qualitez des hommes, tellemét que si l'Amour ne se manifeste par les mains nous luy baisons les mains.

LE MARIAGE EXTRAuagant.

Des necessitez que la femme a de l'homme. Des qualitez de l'Epoux de Iustine. Raisons pourquoy elle a pris vn tel party. Trois causes principales, qui peuuent prouoquer les femmes à l'Amour.

LEs Anciens ont inuenté diuers Hycrogliphes, pour représenter la complexion & la nature de la femme, mais ils s'accordent presque tous, c'est à dire, que son inclination est de chercher mary, cóme vne estaye pour l'apuyer, vne force pour la deffédre, & vn ombre pour se mettre à l'abry; aux peintures mesme qu'ils font de nous, à peine nous font-ils voir qu'il n'y ait vn homme auprés de nous. Aucuns ont figuré la femme par la colombe, d'autant que rarement la void-on sans mâle: Autres la comparent au lierre, en ce que cette plante ne peut bien profiter si elle ne trouue quelque chose à quoy se prendre; mais aussi à force de s'attacher aux murailles elle les fait tomber: come il arriue souuét à l'homme à qui s'atache par trop. Autres auteurs l'ont dépeinte par les quatre Elemens, & mesmement par le Ciel; c'est à sçauoir à la terre à cause de sa bassesse, à l'eau à cause de son murmure, à la mer pour sa fecondité; à l'Air pour son incostance, au feu pour sa colere, & au Ciel pour sa beauté: et tout ainsi que ces choses là cherchét leur cétre, & leur naturelle region pour se coseruer, & que le Ciel cherche aussi les pôles come des piuots & essieux, surquoy il tourne, ainsi, la femme demande l'homme pour la deffendre; & d'autant qu'elle sortit de l'homme comme de son centre, aussi veut-elle y retourner pour sa conseruation.

Outre les communes & generales obligations & necessitez, que nous autres femmes auons d'estre associées aux hommes, ie ressentois en mon particulier, que l'homme m'estoit grandement vtile en l'estat où ie me voyois, & sans beaucoup marchander, ie me deliberay de me marier auec ce personnage dõt i'ay cy deuant parlé, qui logeoit en la maison de mes freres, & qui auoit porté les armes; celuy dis-ie que i'auois nómé Curateur & deffenseur, au procez de partage de la succession de feu mes pere & mere, entre mes freres & moy. Il ne falut pas employer beaucoup de temps à faire nos aproches, nous nous regardasmes dafmes feulement entre deux yeux, & aprés nous eftre fixement enui-fagez, durant quelques moments chacun meditât à part-foy, à quoy fa côpagnie luy feroit propre, nous nous entreprifmes mutuellement. Quant à ce qui eft des graces & des belles parties de cét homme, ie penferois luy faire tort, que de les celer, mais pour garder l'équité par tout, ie deduiray quant-&-quant fes defauts & demerites; il n'y a chofe au monde, où il ne fe trouue du bon & du mauuais entre-meflé, & c'eft beaucoup, quand le mal n'excede point le bien: car encore que pour exprimer l'excelence d'vn homme, nous difions qu'il eft comme l'or, fi eft-ce toutefois, que ce n'eft pas vn or purifié dans le creuzet. Cettui-cy donc, auoit efté fergent de bâdes & grandement eftimé parmy les gens de fon meftier; Il s'apelloit La Piaf-

V v

fe; nom qui venoit à son humeur comme l'anneau au doigt, il n'aimoit que la brauerie & les beaux habits; il se vantoit d'estre issu de noblesse champestre; iamais mot ne luy sortoit de la bouche, qu'il ne fust accompagné de quelque allegatiõ de sa noblesse & de *foy de Gẽtil-homme*, de peur que le mépris ne la fist oublier: en effet, sans cette ordinaire repetition, il y auoit grand dãger qu'elle ne s'aneãtist & qu'on ne le traitast de vilain, plutost que de Gentil-homme. Il estoit si long de corpulence, qu'ayant vn iour demandé licence à certaine femme de l'aller visiter, elle ne luy permit qu'à condition qu'il se feroit vn nœud, auãt que d'etrer chez elles. Il auoit les yeux petits, étincelants, signe d'vn esprit jouial & venerien; le nez pointu, marque de prudence & viuacité; la bouche petite; le front ridé, indice de forte imagination; le col court, signe de pauureté; large d'épaule, témoignage de vaillance demarche plus de la pointe du pié que du talō, signe de ialoux; Mais auoit deux choses qui le pouuoient rendre meprisable de toute honneste femme: La premiere, il passoit les nuits dans les Academies berlādieres, & l'autre qu'il estoit excessiuement ribaud, & couroit tous les iours les lieux infames. Pour le regard de cette cōpexiō cy, ie ne m'en mettrois pas fort en peine: car ie m'asseurois bien, s'il me vouloit adherer, de le mater de telle sorte qu'il n'iroit pas chercher de la besongne hors de la maison; mais pour la premiere, ie n'y pouuois pas remedier; il auoit si peu de retenuë dans le ieu, qu'on eust dit à le voir dans l'exercice, qu'il iouoit à debuoir, ou bien à payer au bout du

Vv ij

iugement, où l'argent ne vaudra non plus que des feüilles mortes. Mais pourquoy publiay-ie si librement ses perfectios? ie dis mal d'vn gage que ie reçois; ie monstre au doigt les vices d'vn homme que ie prends pour mary. Comment est-ce, dira quelqu'vn, que Iustine, qui fait la fine, s'est laissee duper en cette affaire cy? elle qui se pique de r'afiner la finesse & de voir si clair en toutes choses? ie pourrois repartir là dessus, que *quien quiere bestia sin tacha à pie se anda*: mais ie veux satisfaire à cette curiosité, & faire remarquer quant-&-quant vn conseil digne d'estre recueilly, non pas seulement par nostre republique Narquoise, mais aussi de quelque autre secte que ce soit: Ie veux mostre les sentiers, par où le cœur d'vne femme marche le plus ordinairement: peut-estre y en aura-t'il

Quiconque veut vne beste sans tache aillé à pied.

de ceux qui vont par ces chemins là, qui me donneront quelque loüange pour mon droit d'aduis. Que tous ceux donc, qui font la cour aux femmes, sçachent qu'on ne les gangne que rarement par le merite d'vne sincere passion; elles sont lentes à venir à ce point là: leur Amour est vn fruict qui ne naist pas en elles, où s'il y naist, il n'y meurit pas si ce n'est auec des soins fort penibles, des caresses de perseuerances, & de seruices: c'est vn fruict qu'il faut quelquefois faire meurir sur la paille: & s'il y auoit quelque espece de fruict qui meurit dans la bourse, on en pourroit faire vne parfaite comparaison. Il est donc à notter, que la femme est animée à l'Amour, par trois raisons principales. La premiere, & qui precede toutes les autres, c'est par le *don*

& le *lucre* : Nous autres femmes, n'eſtimons l'extraction illuſtre, la vertu, & le merite, que comme du billon ou de l'argent caſſé, dont on fait peu de cas ; il faut de la monnoye plus valable, & de meilleure miſe pour nous contenter ; nous preferons librement l'vtile & le profitable à l'honnorable : Bref, l'intereſt eſt la premiere & principale choſe qui nous attire à l'amour.

La ſeconde raiſon qui nous conuie à vouloir du bien à vn homme, c'eſt la *ſoumiſſion* : c'eſt de le voir à tout moment dans des actes d'humilité, reconnoiſſant noſtre excellence, s'inclinant deuant nous, reſpectant noſtre beauté, proteſtant qu'il eſt indigne de nous ſeruir ; & nous reputant des Reines meritiſſimes : ce point-cy, est de grande efficace en nostre endroit ; son fondement est aussi fort naturel, & si ie ne me trompe, en voicy la cause. Nous autres femmes nâquismes esclaues & sujettes pour nos pechez ; & comme tout seruage & sujession est haïssable, quoy que celle-cy soit par l'ordre de la nature & pour nostre bien, neantmoins, sçachant combien la souueraineté est aimable, nous sommes rauies d'alegresse & de ioye, quand on nous met le sceptre en main, & qu'on nous donne pouuoir absolu sur les vies & sur les ames, encore que nous sçachions bien que cét Empire là, soit de petite durée : car c'est vn sceptre de fumée, qui se fait de feu d'etoupe. Dans cette vanité qui nous flate si fort, nous aymons à estre saluées

& adorées de nos Amants ; nous prenons vn singulier contentemét à les voir aller & venir pardeuant nos portes, s'exposant à la pluye, à l'ardeur, à la neige, à la foudre, aux tonnerres & tempestes; en nous imaginant qu'ils sont nos esclaues, & qu'ils endurent toutes ces peines pour témoigner combien nous sommes excelentes par dessus eux, & comme ils nous voüent toute sorte d'obeïssance. Mais quand ie considere toutes ces actions là, & la fin où elles tendent, ou ie ne l'entens pas, ou il me semble que toutes ces humilitez là, ne tendent qu'à nous surmonter, & ces seruices là qu'à nous asseruir ; mais puis qu'il plaist aux Dames d'apeller cela, *seruir*, baste, ne les desaduoüons point.

Le troisiéme moyen, est aussi fort puissant pour domter nos volontez

& conquerir nos affections, c'est la *perseuerance*, ou pour mieux dire, l'importunité: la raison en est palpable; car estant nées pour donner plaisir à l'home, il n'y a rien qui contreuienne plus à nostre naturel, que d'en laisser aller quelqu'vn mécontent. De là, vient le soin que nous auons de nous parer & nous ajuster pour les recréer & estre agreables à leurs yeux. Comme aussi de leur opiniastre importunité procedent les faueurs que nous faisons aux temeraires, & que nous preferons souuent le plus laid au plus beau, par ce que c'est le plus importun & persecutant; d'autant qu'vn homme de merite, se lasse de faire long-temps la cour à vne femme qui ne sçait pas discerner vn honeste homme d'auec vn indigne.

Peut-estre Lecteur, me demanderas tu à quel propos ie fais vne si longue digression; mais ne t'en estonne pas; quand il est question de faire vn grand sault, il se faut reculer & prendre sa course en arriere: De mesme pour m'excuser, & rendre raison de mon extrauagant mariage, il m'a esté necessaire d'establir les fondements que ie t'ay monstrez: encore dois-je prier Dieu, que la maison se puisse tenir dessus, & qu'elle ne vienne point à fondre. Ne t'émerueille dont point de mon erreur; s'il s'en fit iamais qui meritast excuse c'est la mienne. I'ay dit qu'il y a trois choses qui animent & prouoquent les affections d'vne femme, à sçauoir *l'interest, la presomption, & l'importunité* : Premierement l'interest me solicita de prédre party, car n'ayant personhe qui me peust soustenir & proteger, la sentence que i'auois obtenuë contre mes freres, eust esté de nule vertu, ny iamais ie n'eusse retiré mon bié de leurs mains. La presomption, me le coseilloit aussi, puis qu'en me mariát auec vn tiercelet de noblesse, ie me retirois de la chiasse populaire où ie nâquis; & outre ces cósideratiós là, ie fus tellemét importunée & persecutée de cét home, qu'à toute-heure il me venoit faire des plaintes de mes rigueurs, vzant des propos comuns des amants passiónez; vous me tuez, disoit-il, vous me cósommez, prenez ce poignard, & que ie meure par vos mains, tigresse, cruelle; & tout le reste des autres badineries qui se dient en telles occasions. Tant y a, que ie m'expediay des lettres de Noblesse sans reclamer l'autorité Royale: i'estois agreable à ses yeux, & il ne déplaisoit pas aux miens: le Damoiseau valoit bien la Damoiselle, & la Madame le Monsieur. La conuoitise aluma mó feu, l'importunité l'atiza,

& la vaine gloire le souffla: quel Diable n'eust trebuché parmy tant de pieges? Nous ne conferasmes point nos desseins & conuentions matrimoniales à mes freres; ie sçauois bié le prouerbe qui dit *quien sus propositos parla, no se casa*: tres asseurement si ie leur eusse decouuert mon intention, ils m'eussent oposé mile obstacles, & iamais n'eussent permis que i'eusse couru la bague de mariage, auec ce Caualier chanssi & à demy moisi: Et quand les pretentions qu'ils auoient sur mon bié ne les eussent pas incitez à m'en détourner, l'antipatie naturelle, qui est entre les vilains & les nobles, les y eust excitez. Les Anciens representoient autrefois vn rustique par vn tertre ou coline de terre; & vn Noble, ils le figuroient par le Soleil; voulant donner à entendre, qu'encore que la terre reçoiue tant de biens du Soleil, elle tâche neantmoins comme rustique & ingrate, d'epaissir l'air, offusquer & troubler la belle & claire lumiere de cét astre adorable; & luy, comme tout noble & genereux, conuertit ses vapeurs en rosée, dequoy il fertilize la terre, quoy qu'indigne de telles graces, & le fait comme l'estomac pour digerer ses cruditez, & l'alambic de ses vapeurs exhalées. Ainsi, le rustique, combien qu'il reçoiue de l'honneur & du profit d'vn Gentil-homme, il ne le sçauroit aimer; au contraire, il luy rend du déplaisir quád il en a le pouuoir.

Il y a vne fable en quelque liure, qui dit qu'il y eut vne dispute entre les Nobles & innobles animaux, d'ou s'ensuyuit la publication d'vne guerre fort sanglante. Mais il fut deliberé, que le diferent seroit remis à vuider par le cóbat de deux animaux seulement l'vn d'vn party & l'autre de l'autre. De la part des Nobles, l'Aigle fut nommé, & le Dragon de l'autre part: ils se mirent tous deux au champ, le Dragó proceda en tout comme vn vilain, & lâche de courage: d'abord qu'il aprocha l'Aigle, il luy dit, que pour combatre auec armes égales, le duël se deuoit faire à terre, & qu'il faloit que l'Aigle luy prestast vne de ses ailes: l'Aigle consentit librement à la demande du Dragon, & luy conceda tous ces auantages. Et venant en teste l'vn deuant l'autre, dés la premiere atteinte, le Dragon se retira, disant qu'il ne vouloit plus combatre. l'Aigle luy demanda pourquoy il quittoit si tost la partie: ie le vous vay dire répond-il, ou vous me vaincrez, ou ie vous vaincray: si ie crains que vous me m'ostiez la vie, ie fais sagement de quitter le duël: & si dauenture ie vous l'ostois, ie sçay que le naturel des aigles est de venir en troupes, visiter le corps mort de leur espece iusques à ce qu'il soit du tout corrompu; & ie vous hay si fort, vous & toute vostre race, que i'ayme mieux n'estre point vainqueur que de voir si souuent des animaux de vostre sorte. Considere vn peu Lecteur iusques où va la haine des rustiques enuers les nobles: elle est si grande, qu'vn iour en deuisant du mariage auec Colinet, & mon petit frere: & luy temoignant que i'auois le cœur haut & ambitieux, il fit cette imprecation contre moy que ie fusse maudite dit-il si i'épousois iamais vn noble, si bié que voyát l'excessiue aduersió que ma lignée auoit aux gés de cette condition là, ie ne trouuay pas qu'il fust à propos de leur rié decouurir de mon projet, sinó à

l'heure mesme que Monsieur de Lapiaffe & moy, alasmes à l'Eglise où nous menasmes insensiblement, mes freres: & lors que le Curé nous fit les admonitions en tel cas accoustumées, & que mes freres ouyrent nommer Iustine, en qualité d'épouze de Lapiaffe, & qu'elle frota son groüin contre sa trongne, ils demeurerent ébaubis & penaux, comme des fondeurs de cloches qui ont laissé ébuler leur métal Ils commencerent à se regarder l'vn l'autre, puis à ietter tretous les yeux sur moy, comme s'ils m'eussent voulu deuorer; & moy, combien que ie fusse à l'Eglise, ne pouuant souffrir les menaces qu'ils me faisoient sans dire mot ie fis le pot à deux anses en mettant mes deux poings sur mes hanches & affermissant ma teste sur le cou, auec vn ton plus *superius* que *bassus*. Et bien leur dis-je m'a
vous

m'a vous tâtôt assez mirée & enuisagée? c'est moy en personne; ne me
recónoissez vous point? Pourquoy
me regardez-vous auec tát d'étone-
ment? vous auez bonne fressure,
Dieu vous sauue les tripes, vous plai-
gnez vous de ce que ie ne vous ay
pas aduertis de cette feste cy? non
non, ie ne dis pas tout ce que ie fais.
Lisez, lisez Monsieur le Curé, acheuez voſtre myſtere & qu'ils en dient
tout ce qu'ils voudront; pourueu
qu'ils ne ſcachent point faire de ces
nœuds, qu'on dit qui empeſchent
la conſommation du mariage, ie ne
me mets pas en peine de leur étón-
nement. Par ainſi, ie fus mariée, &
par ainſi, ie vágeay mon cœur; mes
frères, voyant le * Panderon en ſi *Expliqué
bonne main que celle de Lapiaffe, cy deuát.
n'oſerent ouurir la bouche pour dire vne ſeule parole, & falut qu'ils
vomiſſent iuſques au dernier de-

Xx

nier, ce qu'ils auoient de mon bien dés cette heure-là, ie commençay à prendre l'air de la Noblesse; mais pour tout cela, mes freres ne m'en portèrent pas plus grand respect ils ne faisoient pas plus de cas de ma personne, pour l'acquisition de ce nouuel honneur. Sur ce sujet, il me souuient de ce boucher, qui ne voulut point adorer l'Image de Venus, parce qu'elle auoit esté faite d'vne piece de son étau, où il auoit accoustumé de tailler sa chair. Ie l'ay veuë, dit-il en plateau de bois, sur quoy i'ay souuent decoupé ma chair, c'est pourquoy ie ne la sçaurois reuerer. Ainsi, mes freres qui connoissoient mon extraction, ne pouuoient se resoudre à m'honnorer ny me rendre le respect qui m'estoit deub, parce que la grande connoissance engendre le mepris.

LES NOCES FACETIEVSES.

Iustine, recite les plaisantes contestations qui arriuerent entre les femmes qui la coifferent en Epouzée, & les diuers caprices de ses Attourneresses. Ce qui se passa au festin, & la notable anxieté où elle se trouua quand il falut aller au lict nuptial.

LE lendemain de cette solemnité, faite à la face de nostre Mere saincte Eglise, il falut assembler les parens & amis pour boire auec eux le vin du marché: Et afin d'estre en habit décent pour honnorer la compagnie, il fut besoin de me mettre en arroy & en harnois d'epouzée. Dés le matin, les plus entendues de mes voisines vinrent chez nous pour m'attiffer: elles me plantent dans vne chaire, & se mettent quatre femmes autour de moy comme quatre Dames d'attour; ie m'abandonne à elles pleine d'obeïssance, & leur mets ma pauure teste entre les mains de laquelle ils se iouèrent comme si c'eust esté vn balon: ils me la pelotoient de l'vne à l'autre, chacune desirant me coiffer à sa teste, surquoy il y eut de grandes querelles: Ce que l'vne agençoit l'autre le defaisoit; ce n'est plus la mode, disoit l'vne, vous luy faites le front trop grand, le plus petit est le plus beau en ce temps-cy: vous n'y entendez rien, disoit l'autre: tellement, qu'aprés plusieurs contestations meslées d'injures & de dementis, ils s'aloient décoiffer & arracher les cheueux pour me bien coiffer, quand voicy arriuer celle qui deuoit estre ma Paranimphe, qui estoit vne feme d'vne grosse grauité, & d'vne agreable taille, vn peu moins deliée qu'vn tonneau, & quasi aussi ronde & aussi souple. On eut toutes les peines du monde à la faire entrer dans nostre chambre, car la porte estoit trop étroite, ou la personne estoit trop large: elle dégoutoit de sueur de toutes parts de la fatigue qu'elle auoit euë à monter les degrez & à passer le détroit de la porte: enfin, quád elle eut bié souflé & repris son halcine, elle se sied sur le pied d'vn lict: car il n'y auoit point de chaire assez large pour l'asseoir; & voyant qu'on auoit déja commencé à m'attourer, elle fait ses protestations de nulité & prend tout le monde à partie, disant qu'on n'auoit rié fait qui valust; qu'il faloit que chacun se meslast de sa charge, & non pas de celle d'autruy; qu'il n'apartenoit qu'à la Marcine à coiffer l'epousée,

& qu'elle ne sçauoit qui auoit esté si hardie que de me toucher auāt elle, qu'au moins on ne l'auoit deu faire, sans luy en demāder licence: tellement que celles qui auoient commencé l'ouurage se mettant sur les reparties, il y eut vn nouueau tintamarre: que si i'eusse esté alors en l'estat où ie suis maintenant, ayant la teste *in puribus*, c'eust esté vne naifue representation des noces de Pellée & de Thetis. En mesme téps, cette venerable Mareine se met sur pié, & tirant vn papier d'épingles de son tablier, elle commence à détortiller les tresses de cheueux & détaché tous les rubās & cordons, dont mes premieres Attourneresses m'auoient garroté la teste (il faut bien dire que les testes des femmes soient foles, puis qu'il faut tant de liens pour les tenir) La voila aprés à me patroüiller de nouueau selon sa

in puris naturalibus.

fantaisie, elle me fait des passe-villons & des tortillons, où elle m'arracha plus d'vne grosse poignée de cheueux; mais qui pis fut, à chaque épingle qu'elle vouloit attacher, elle en éprouuoit toujours la pointe dessus ma teste, & si elle eust continué comme elle auoit commencé elle m'eust mise en piteux équipage. Cependant, quand elle m'eust percée iusques à la ceruelle, il me faloit exercer la patience, ie n'osois sonner mot, ny me plaindre quoy que l'on me fist ; car ils disent que les Epouzées doiuent tout endurer, comme si elles estoient bestes ou insensibles le jour de leurs noces. Mais par la grace de Dieu, le Magistrat de nostre bourgade de Mansille, arriua là dessus auec sa femme qui me deliura des tyranniques mains de cette attourneuse de Proserpine : Et qu'est-ce à dire cela ?

dit la Magistrate, l'épouzée n'est pas encore coiffée & il est si tard? ie voy bien que c'est, vous autres femmes ne la faites qu'empescher; vous la pensez seruir & vous luy nuisez; laissez la coiffer toute seule à sa mode, elle aura plutost fait & en viendra mieux à bout que personne.

Il estoit fort aisé d'obtenir cela de la cōpagnie, car déia les premieres ne vouloiét plus mettre la main sur moy, elles estoient dépitées contre la Mareine; & elle, estoit fort lasse de la peine quelle auoit prise sans rien faire. On me pousse dans vne garderobe, & me donna t'on toutes mes besongnes & vn miroir, & ie m'accommoday toute seule. A tout moment ma Mareine s'aprochoit de la porte & me crioit ses aduis, qu'il faloit faire comme cecy, & puis comme cela, pour estre à la mode: & moy pour auoir paix, ie luy répondois; aussi fay-ie ma Mareine. Il me souuint alors de la fable du Cocheuis & de la Hupe qui se defierent à qui seroit la mieux coiffée, l'Aloüette recourut à l'aduis & conseil de plusieurs autres oiseaux, mais la Hupe n'emprunta rien d'aucun oiseau, elle ne se seruit que de sa creste, & neantmoins elle parut la mieux coiffée. Il m'en aduint de mesme; C'estoit alors la mode de porter des porte-fraizes de fil d'archal, qui ressembloient à ces colliers de pointes de fer, que l'on donne aux mastins pour les garentir que le loup ne les étrangle; il m'en falut mettre vn, qui me tenoit engoncée, le cou roide & droit, comme vne poupée; c'estoit bien malgré moy que ie demeurois dans cette contrainte: car i'ay toujours aimé à manier & demener mó corps & mes membres; mais il falut vzer de cette complaisance au preiudice de ma liberté. Cela fait, nous alasmes à table, où le festin se trouua autant bien apresté que bien ordóné, il y en eut plusieurs qui disnerent sans écuelle & sans viande : & entre-autres, de ceux qui furent assis à table, ie pris fort grand plaisir à voir escrimer des machoires deux mortes payes de noblesse, houbereaux de nostre bourgade, & contiez de la part de mon époux, lesquels outre l'excessif rembourrement de leur pourpoint, faisoient des mont-ioyes de morceaux de viádes sur leurs assietes, & sous pretexte de donner à leurs femmes occasion de se souuenir de ma noce, leur enuoyoient cette recolte, & voyant que ie les aperceuois, ils me dirent par forme de galanterie *con licencia de la Seignora Iustina*, mais afin qu'ils sceussét que pour estre l'é pouzée, ie n'eſtois pas deuenuë beſte, ie leur répondis de la meſme maniere *vaya en amor de Dios*; afin de leur faire comprendre, que ie les laiſſois faire, par aumoſne. Le vin ne fut pas mauuais, puis qu'il y eut des conuiez qui s'en chargerent en quantité ; tellemét qu'ils ſembloiét eſtre poſſedez : car ils parloient diuerſes langues, ſans auoir ſeruy de manœuures à l'edification de la tour de Babylonne : Ce ſont ces gens là qui honnorent le plus les banquets des noces, parce que quand ils ſont hors de la feſte, ſi quelqu'vn leur en demande des nouuelles, ils diſent que tout s'y eſt paſſé en ioye & alegreſſe, que l'on y a tant dancé, que meſme ils ont fait dancer la maiſon; qu'ils y ont veu plus de cent lampes ardantes par art d'enchantement, ſans qu'il y euſt vne goute d'huile :

Soit pour l'amour de Dieu.

que tous les danceurs auoient des sonnettes aux iambes, & qu'ils en auoient encore le bruit dās les oreilles: que la pluspart des conuiez venoient d'étranges contrées, & qu'ils parloient si laconiquemét, & d'vn langage si succint, que de toutes les lettres de l'Alphabet, il n'vzoient seulement que de l'S, dequoy ils disoient tout ce qu'ils vouloient. Ma Mareine ne mangea pas beaucoup; elle estoit des depitées de la coifure, mais elle déchargea sa colère sur vne bouteille de quarte, qu'elle suça iusques au bouchon. Ie laisse à penser, si elle n'estoit pas bien disposée à me donner les conseils, dōt les Mareines ont accoutumé d'instruire les ieunes épousées le soir du conflict matrimonial: i'estois donc bien attrapée si ma bonne fortune n'y eust pourueu. Il y eut vne chose remarquable en ma noce; ce fut que le Magistrat de Mansille dáça aussi bien que la Magistrate, & tous les petits Magistreaux, & entre autres vne de ses filles eut si bonne grace à la dance & le pere en fut si content, que comme il estoit Herodes en actions, il l'eust esté en puissance, il luy eust donné la moitié de son Royaume. Nostre Curé fut aussi du bal, quand il fut bien guedé il se mit à dancer son petit couplet, mais pour ce qu'il en fit, cela ne vaut pas le parler. Bref, en ce qui consiste en la dance, ie croy qu'auparauant ma noce, il n'y en auoit iamais eu à Mansille où elle eust esté si glorifiée : car tous les trois Estats de la Republique y auoient contribué du leur, qui plus qui moins, pour solemniser la feste. Plusieurs vau-de-villes y furent chantez, & notamment la chanson *de la belle mal-mariée* qui estoit alors toute fresche ponnuë, laquelle fut vn prognostic des auantures & rencontres estranges, qui m'auinrent en la compagnie de Laplaffe, qui seront mentionnees au second tome prochain venant: Acheuons maintenant cettui-cy, par la conclusion du recit de ma noce.

Dés que la nuict vint, le iour s'en alla, & la feste prit fin. On nous accompagna chez nous mon cher époux & moy auec la fluste & le tambour, & des flambeaux d'éclats de sapin raisineux: car c'est vne coutume qui s'obserue aux noces des illustres de nostre païs: & ayant donné le bon soir bien honnestement à la compagnie, en retournant visage deça & delà comme vne marionnette, nous nous retirasmes mon époux & moy. Mais parmy toutes ces alegresses, il faut que ie te die, Lecteur, que ie me trouuay à ce point là, dans vne grande anxieté; & en voicy la cause.

Quand les ieunes mariées sont assistées de Meres, de tantes, ou d'autres femmes amies, interessées au bien & au mal des pauures idiotes d'épouzées, & lesquelles s'employent à leur oster cette pudeur & honneste vergongne qu'elles ont le soir de leurs noces, lors qu'il faut aller au combat: & l'épouzée se confiant aux diligences de ses amies qui répondent pour elle & ménagent ses interests, fait vne infinité de mines & de simagrées, pour témoigner l'étonnement du duel qu'elle va faire, tellement, que tantost elle resiste & se defend contre ceux qui la veulent mener mettre pourpoint bas, tantost elle fait la retiue; tantost elle se cache, & mile autres façons

pour faire estimer son integrité & se rendre plus desirable à l'Epoux: Et moy à leur imitation, i'eusse bien pu faire ces actions de delicatesse pour donner le goust à la noix, come de pleurer de honte, voyát qu'il me faloit aller coucher auec vn home, & me disposer de n'aler au lit que comme par force, mesme m'y faire porter, en souspirant & gemissant, comme les filles des Gentils qui pleuroient leur virginité au poinct qu'ils l'alloient perdre. Mais comme ie ne vis personne autour de moy, qui me pust aider à ioüer cette farce là, ie ne l'ozay pas entreprendre toute seule, craignát qu'elle ne s'acheuast à ma confuzion & à mon dommage. Mes sœurs en estoient dispensées, à cause de leur condition de pucelles ; outre que l'enuie qu'elles me portoient alors, leur empeschoit de me rédre aucun
bon

bon office: De mes freres, il n'y auoit pas d'aparence d'esperer assistance deux en tel sujet, veu que l'action d'oster la honte, est plus propre aux femmes qu'aux hommes qui l'imposent plutost que de l'oster, tellement, que ie me vis en grande perplexité ne sçachant que faire. Si ie me vay mettre la premiere au lict, disois-ie moy-mesme, on en iugera mal: si ie me vas cacher, peut-estre ne me cherchera-t'on pas: car il y auoit des hostes chez nous, qui conuioient mon mary à iouer; & il estoit d'humeur, que si i'eusse tant soit peu fait la mignarde, il se fust embarqué au ieu, & m'eust bien peu laisser chanter toute la nuict, *soccored con agua el fuego*: car il ne prenoit iamais les cartes ou les dez, à moins que pour y passer la nuict: en soupant ie remarquay qu'il fist deux ou trois parties pour iouer: Ie laisse à penser si ie me fusse vn petit amusée, à vouloir badiner & lanterner auec luy, à quel danger ie me mettois. C'est en quoy ie reconnus que les femmes sont mal auisées, d'épouzer les hommes qui les ont beaucoup veuës & connuës: car la grande familiarité engendre le mépris, & ils vont si lentement en besongne, & auec tant de molesse, que le moindre gazon qu'ils rencontrent leur empestre les pieds. Enfin, aprés auoir ruminé les vnes & les autres raisons, il me sembla que non seulement il n'estoit pas à propos de me faire prier, mais qu'alors le plus conuenable à mon vtilité, estoit de l'aller requerir, & luy faire la cour comme s'il eust esté l'épouzée. Ce fut à quoy ie me resolus, & ce qui me reüsit fort bien. Ie fis experience à cette heure là, de la grande affection qu'il me portoit, parce qu'à mon occasion, il laissa la bale de dez qui estoit sa femelle bien-aimée & à qui il estoit aussi fidelle, à ce qu'il disoit, que le pigeon l'est à la sienne, puis qu'il la suit par tout.

Ie connoissois bien mon integrité, & ne doutois pas que ma Virginité ne laissast des marques honnorables de son excellence, émaillant de rubis liquides, les draps nuptiaux, mais, me souuenant de certaines filles d'honneur, qui furent trompées en telles attentes, il me sembla necessaire d'vzer de preuoyance, pour me garentir des inconuenients dangereux qui arriuent souuent. Que si quelques galantes Dames que ie sçay, sans dire mot, mariées à des hommes scrupuleux, eussent imité

Yy ij

mon adresse & mon accortize, elles se fussent exantées de beaucoup de reproches & de tourmens, que leurs maris incredules leur font iournellement. Il semble à ces gens là qu'il n'y a point de franche Virginité qui ne doiue nauiguer sur la mer-rouge, ny de legitime pucelage s'il n'est habillé de pourpre: mais ils se trompent lourdement; il y a des temps où il arriue de la sterilité, à cause de l'abondance qu'il les auroit nouuellement precedez, outre mile autres certaines raisons, plus propres à estre dites entre la poire & le fourmage, que pour estre écrites. Ie suis tres-asseurée, que Monsieur de la Piaffe n'eut point la conscience chargée pour ce sujet: que si i'eusse douté de mó integrité, i'auois assez d'industrie pour vendre vne piece ébrechée, comme saine & sans tare. Les inuentions des femmes sont admirables en telles occasions, par ce que leur inclination leur sert de liure; l'experience leur en fait leçon; & la necessité la repetition. Mais à la fin tout lasse: ie dis cecy, parce que lors que ie pensois auoir plus de plaisir, il falut que mon corps cedast à la force du sommeil.

Donc si toutes choses lassent, & l'extreme volupté mesme, j'ay iuste sujet Lecteur, de croire que la longue histoire de ma condition virginale t'aura grandement fatigué, il y a trop long-temps que ie t'importune de mon caquet: & desirant t'épargner pour vne autre fois, ie ne te veux pas faire mourir d'ennuy tout d'vn coup, ie prens congé de toy pour reprendre haleine, & te preparer cependant le ragoust du second tome que ie t'ay

Y y iij

promis. Que si tu a pris quelque delectation, au discours des années de ma ieuneſſe, encore peu experimentée, i'eſpere qu'au recit que ie te feray des auentures & ſuccez eſtranges du reſte de mon hiſtoire tu trouueras beaucoup plus de contentement, & de recreation. Tu verras au premier & ſecond liure, quelle vie ie fis auec le Noble Lapiaffe, & comme la mort rompit le lien de noſtre hymenée : au trois & quatriéme, ie t'entretiendray des libertez de mon veuuage, & te conteray mes noces auec vn vieillar doüé de mille rares proprietez ; le ménage que ie fis auec luy, & comme la fin de ſa vie fut le commencement de mes plus heroïques actions, leſquelles m'éleuerent au glorieux rang que ie tiens maintenant, demeurant mariée auec cét inſigne Narquois, Gouzman d'Alfarache, que tu peux auoir connu, pour s'eſtre pourmené par la France ſouz la conduite d'vn ſi bon guide: & finalement, tu verras en tous ces traits, tant de galanteries, d'arts, d'artifices, de fineſſes, & d'experiences, que tu auras ſujet d'aduoüer & de publier, que ie ſuis l'incomparable du ſiecle, & la plus celebre femme qui ſoit en toutes les cours de l'Europe. Adieu Lecteur, il eſt maintenant nuit de noces, ie ſuis freſchement mariée; tu ſçais les embaras ou l'on ſe trouue en tel temps, aye donc égard, que ie dois eſtre bien hodée, & partant bon ſoir & bonne nuit: Dieu te conſerue la ſanté iuſques au reuoir.

FIN.

www.ingramcontent.com/pod-product-compliance
Lightning Source LLC
Chambersburg PA
CBHW071709300426
44115CB00010B/1366